„BÜCHER SIND WIE FALLSCHIRME. SIE NÜTZEN UNS NICHTS, WENN WIR SIE NICHT ÖFFNEN."

Gröls Verlag

Redaktionelle Hinweise und Impressum

Das vorliegende Werk wurde zugunsten der Authentizität sehr zurückhaltend bearbeitet. So wurden etwa ursprüngliche Rechtschreibfehler *nicht* systematisch behoben, denn kleine Unvollkommenheiten machen das Buch – wie im Übrigen den Menschen – erst authentisch. Mitunter wurden jedoch zum Beispiel Absätze behutsam neu getrennt, um den Lesefluss zu erleichtern.

Um die Texte zu rekonstruieren, werden antiquarische Bücher von Lesegeräten gescannt und dann durch eine Software lesbar gemacht. Der so entstandene Text wird von Menschen gegengelesen und korrigiert – hierbei treten auch Fehler auf. Wenn Sie ebenfalls antiquarische Texte einreichen möchten, finden Sie weitere Informationen auf www.groels.de

Viel Freude bei der Lektüre wünscht Ihnen das Team des Gröls-Verlags.

Adressen

Verleger: Sophia Gröls, Im Borngrund 26, 61440 Oberursel

Externer Dienstleister für Distribution & Herstellung: BoD, In de Tarpen 42, 22848 Norderstedt

Unsere „Edition | Werke der Weltliteratur" hat den Anspruch, eine der größten und vollständigsten Sammlungen klassischer Literatur in deutscher Sprache zu sein. Nach und nach versammeln wir hier nicht nur die „üblichen Verdächtigen" von Goethe bis Schiller, sondern auch Kleinode der vergangenen Jahrhunderte, die – zu Unrecht – drohen, in Vergessenheit zu geraten. Wir kultivieren und kuratieren damit einen der wertvollsten Bereiche der abendländischen Kultur. Kleine Auswahl:

Francis Bacon • Neues Organon • **Balzac** • Glanz und Elend der Kurtisanen • **Joachim H. Campe** • Robinson der Jüngere • **Dante Alighieri** • Die Göttliche Komödie • **Daniel Defoe** • Robinson Crusoe • **Charles Dickens** • Oliver Twist • **Denis Diderot** • Jacques der Fatalist • **Fjodor Dostojewski** • Schuld und Sühne • **Arthur Conan Doyle** • Der Hund von Baskerville • **Marie von Ebner-Eschenbach** • Das Gemeindekind • **Elisabeth von Österreich** • Das Poetische Tagebuch • **Friedrich Engels** • Die Lage der arbeitenden Klasse • **Ludwig Feuerbach** • Das Wesen des Christentums • **Johann G. Fichte** • Reden an die deutsche Nation • **Fitzgerald** • Zärtlich ist die Nacht • **Flaubert** • Madame Bovary • **Gorch Fock** • Seefahrt ist not! • **Theodor Fontane** • Effi Briest • **Robert Musil** • Über die Dummheit • **Edgar Wallace** • Der Frosch mit der Maske • **Jakob Wassermann** • Der Fall Maurizius • **Oscar Wilde** • Das Bildnis des Dorian Grey • **Émile Zola** • Germinal • **Stefan Zweig** • Schachnovelle • **Hugo von Hofmannsthal** • Der Tor und der Tod • **Anton Tschechow** • Ein Heiratsantrag • **Arthur Schnitzler** • Reigen • **Friedrich Schiller** • Kabale und Liebe • **Nicolo Machiavelli** • Der Fürst • **Gotthold E. Lessing** • Nathan der Weise • **Augustinus** • Die Bekenntnisse des heiligen Augustinus • **Marcus Aurelius** • Selbstbetrachtungen • **Charles Baudelaire** • Die Blumen des Bösen • **Harriett Stowe** • Onkel Toms Hütte • **Walter Benjamin** • Deutsche Menschen • **Hugo Bettauer** • Die Stadt ohne Juden • **Lewis Caroll** • *und viele mehr….*

Friedrich Nietzsche

Menschliches, Allzumenschliches

Ein Buch für freie Geister

Inhalt

Vorrede 6

Erstes Hauptstück 13

Zweites Hauptstück 36

Drittes Hauptstück 71

Viertes Hauptstück 96

Fünftes Hauptstück 129

Sechstes Hauptstück 166

Siebentes Hauptstück 184

Achtes Hauptstück 198

Neuntes Hauptstück 221

Unter Freunden 255

Vorrede

1.

Es ist mir oft genug und immer mit grossem Befremden ausgedrückt worden, dass es etwas Gemeinsames und Auszeichnendes an allen meinen Schriften gäbe, von der "Geburt der Tragödie" an bis zum letzthin veröffentlichten "Vorspiel einer Philosophie der Zukunft": sie enthielten allesammt, hat man mir gesagt, Schlingen und Netze für unvorsichtige Vögel und beinahe eine beständige unvermerkte Aufforderung zur Umkehrung gewohnter Werthschätzungen und geschätzter Gewohnheiten. Wie? Alles nur – menschlich-allzumenschlich? Mit diesem Seufzer komme man aus meinen Schriften heraus, nicht ohne eine Art Scheu und Misstrauen selbst gegen die Moral, ja nicht übel versucht und ermuthigt, einmal den Fürsprecher der schlimmsten Dinge zu machen: wie als ob sie vielleicht nur die bestverleumdeten seien? Man hat meine Schriften eine Schule des Verdachts genannt, noch mehr der Verachtung, glücklicherweise auch des Muthes, ja der Verwegenheit. In der That, ich selbst glaube nicht, dass jemals jemand mit einem gleich tiefen Verdachte in die Welt gesehn hat, und nicht nur als gelegentlicher Anwalt des Teufels, sondern ebenso sehr, theologisch zu reden, als Feind und Vorforderer Gottes; und wer etwas von den Folgen erräth, die in jedem tiefen Verdachte liegen, etwas von den Frösten und Aengsten der Vereinsamung, zu denen jede unbedingte Verschiedenheit des Blicks den mit ihr Behafteten verurtheilt, wird auch verstehn, wie oft ich zur Erholung von mir, gleichsam zum zeitweiligen Selbstvergessen, irgendwo unterzutreten suchte – in irgend einer Verehrung oder Feindschaft oder Wissenschaftlichkeit oder Leichtfertigkeit oder Dummheit; auch warum ich, wo ich nicht fand, was ich brauchte, es mir künstlich erzwingen, zurecht fälschen, zurecht dichten musste (- und was haben Dichter je Anderes gethan? und wozu wäre alle Kunst in der Welt da?). Was ich aber immer wieder am nöthigsten brauchte, zu meiner Kur und Selbst-Wiederherstellung, das war der Glaube, nicht dergestalt einzeln zu sein, einzeln zu sehn, – ein zauberhafter Argwohn von Verwandtschaft und Gleichheit in Auge und Begierde, ein Ausruhen im Vertrauen der Freundschaft, eine Blindheit zu Zweien ohne Verdacht und Fragezeichen, ein Genuss an Vordergründen, Oberflächen, Nahem, Nächstem, an Allem, was Farbe, Haut und Scheinbarkeit hat. Vielleicht, dass man mir in diesem Betrachte mancherlei "Kunst", mancherlei feinere Falschmünzerei vorrücken könnte: zum Beispiel, dass ich wissentlich-willentlich die Augen vor Schopenhauer's blindem Willen zur Moral zugemacht hätte, zu einer Zeit, wo ich über Moral schon hellsichtig genug war; insgleichen dass ich mich über Richard Wagner's unheilbare Romantik betrogen hätte, wie als ob sie ein Anfang und nicht ein Ende sei; insgleichen über die Griechen, insgleichen über die Deutschen und ihre Zukunft – und es gäbe vielleicht noch eine ganze lange Liste solcher Insgleichen? – gesetzt aber, dies Alles wäre wahr und mit gutem Grunde mir vorgerückt, was wisst ihr davon, was könntet ihr davon wissen, wie viel List der Selbst-Erhaltung, wie viel Vernunft und höhere Obhut in solchem Selbst-Betruge enthalten ist, – und wie viel Falschheit mir noch noth hut, damit ich mir immer wieder den Luxus meiner Wahrhaftigkeit gestatten darf? ... Genug, ich lebe noch; und das Leben ist nun einmal nicht von der Moral ausgedacht: es will Täuschung, es lebt von der Täuschung ... aber nicht wahr? da beginne ich bereits wieder und thue, was ich immer gethan habe, ich alter Immoralist und Vogelsteller – und rede unmoralisch, aussermoralisch, "jenseits von Gut und Böse"? –

2.

– So habe ich denn einstmals, als ich es nöthig hatte, mir auch die "freien Geister" erfunden, denen dieses schwermüthig-muthige Buch mit dem Titel "Menschliches, Allzumenschliches" gewidmet ist: dergleichen "freie Geister" giebt es nicht, gab es nicht, – aber ich hatte sie damals, wie gesagt, zur Gesellschaft nöthig, um guter Dinge zu bleiben inmitten schlimmer Dinge (Krankheit, Vereinsamung, Fremde, Acedia, Unthätigkeit): als tapfere Gesellen und Gespenster, mit denen man schwätzt und lacht, wenn man Lust hat zu schwätzen und zu lachen, und die man zum Teufel schickt, wenn sie langweilig werden, – als ein Schadenersatz für mangelnde Freunde. Dass es dergleichen freie Geister einmal geben könnte, dass unser Europa unter seinen Söhnen von Morgen und Uebermorgen solche muntere und verwegene Gesellen haben wird, leibhaft und handgreiflich und nicht nur, wie in meinem Falle, als Schemen und Einsiedler-Schattenspiel: daran möchte ich am wenigsten zweifeln. Ich sehe sie bereits kommen, langsam, langsam; und vielleicht thue ich etwas, um ihr Kommen zu beschleunigen, wenn ich zum Voraus beschreibe, unter welchen Schicksalen ich sie entstehn, auf welchen Wegen ich sie kommen sehe? –

3.

Man darf vermuthen, dass ein Geist, in dem der Typus "freier Geist" einmal bis zur Vollkommenheit reif und süss werden soll, sein entscheidendes Ereigniss in einer grossen Loslösung gehabt hat, und dass er vorher um so mehr ein gebundener Geist war und für immer an seine Ecke und Säule gefesselt schien. Was bindet am festesten? welche Stricke sind beinahe unzerreissbar? Bei Menschen einer hohen und ausgesuchten Art werden es die Pflichten sein: jene Ehrfurcht, wie sie der Jugend eignet, jene Scheu und Zartheit vor allem Altverehrten und Würdigen, jene Dankbarkeit für den Boden, aus dem sie wuchsen, für die Hand, die sie führte, für das Heiligthum, wo sie anbeten lernten, – ihre höchsten Augenblicke selbst werden sie am festesten binden, am dauerndsten verpflichten. Die grosse Loslösung kommt für solchermaassen Gebundene plötzlich, wie ein Erdstoss: die junge Seele wird mit Einem Male erschüttert, losgerissen, herausgerissen, – sie selbst versteht nicht, was sich begiebt. Ein Antrieb und Andrang waltet und wird über sie Herr wie ein Befehl; ein Wille und Wunsch erwacht, fortzugehn, irgend wohin, um jeden Preis; eine heftige gefährliche Neugierde nach einer unentdeckten Welt flammt und flackert in allen ihren Sinnen. "Lieber sterben als hier leben" – so klingt die gebieterische Stimme und Verführung: und dies "hier", dies "zu Hause" ist Alles, was sie bis dahin geliebt hatte! Ein plötzlicher Schrecken und Argwohn gegen Das, was sie liebte, ein Blitz von Verachtung gegen Das, was ihr "Pflicht" hiess, ein aufrührerisches, willkürliches, vulkanisch stossendes Verlangen nach Wanderschaft, Fremde, Entfremdung, Erkältung, Ernüchterung, Vereisung, ein Hass auf die Liebe, vielleicht ein tempelschänderischer Griff und Blick rückwärts , dorthin, wo sie bis dahin anbetete und liebte, vielleicht eine Gluth der Scham über Das, was sie eben that, und ein Frohlocken zugleich, dass sie es that, ein trunkenes inneres frohlockendes Schaudern, in dem sich ein Sieg verräth – ein Sieg? über was? über wen? ein räthselhafter fragenreicher fragwürdiger Sieg, aber der erste Sieg immerhin: – dergleichen Schlimmes und Schmerzliches gehört zur Geschichte der grossen Loslösung. Sie ist eine Krankheit zugleich, die den Menschen zerstören kann, dieser erste Ausbruch von Kraft und Willen zur Selbstbestimmung, Selbst-Werthsetzung, dieser Wille zum freien Willen: und wie viel Krankheit drückt sich an den wilden Versuchen und Seltsamkeiten aus, mit denen der Befreite, Losgelöste sich nunmehr seine Herrschaft über die Dinge zu beweisen sucht! Er schweift grausam umher, mit einer unbefriedigten Lüsternheit; was er erbeutet, muss die gefährliche Spannung seines Stolzes abbüssen; er zerreisst, was ihn reizt. Mit einem bösen Lachen dreht er um, was er verhüllt, durch irgend eine Scham geschont findet: er versucht, wie diese Dinge aussehn, wenn man sie umkehrt. Es ist Willkür und Lust an der Willkür darin, wenn er vielleicht nun seine Gunst dem zuwendet, was bisher in schlechtem Rufe stand, – wenn er neugierig und versucherisch um das

Verbotenste schleicht. Im Hintergrunde seines Treibens und Schweifens – denn er ist unruhig und ziellos unterwegs wie in einer Wüste – steht das Fragezeichen einer immer gefährlicheren Neugierde. Kann man nicht alle Werthe umdrehn? und ist Gut vielleicht Böse? und Gott nur eine Erfindung und Feinheit des Teufels? Ist Alles vielleicht im letzten Grunde falsch? Und wenn wir Betrogene sind, sind wir nicht eben dadurch auch Betrüger? müssen wir nicht auch Betrüger sein?" – solche Gedanken führen und verführen ihn, immer weiter fort, immer weiter ab. Die Einsamkeit umringt und umringelt ihn, immer drohender, würgender, herzzuschnürender, jene furchtbare Göttin und mater saeva cupidinum -aber wer weiß es heute, was Einsamkeit ist? ...

4.

Von dieser krankhaften Vereinsamung, von der Wüste solcher Versuchs-Jahre ist der Weg noch weit bis zu jener ungeheuren überströmenden Sicherheit und Gesundheit, welche der Krankheit selbst nicht entrathen mag, als eines Mittels und Angelhakens der Erkenntniss, bis zu jener reifen Freiheit des Geistes, welche ebensosehr Selbstbeherrschung und Zucht des Herzens ist und die Wege zu vielen und entgegengesetzten Denkweisen erlaubt –, bis zu jener inneren Umfänglichkeit und Verwöhnung des Ueberreichthums, welche die Gefahr ausschliesst, dass der Geist sich etwa selbst in die eignen Wege verlöre und verliebte und in irgend einem Winkel berauscht sitzen bliebe, bis zu jenem Ueberschuss an plastischen, ausheilenden, nachbildenden und wiederherstellenden Kräften, welcher eben das Zeichen der grossen Gesundheit ist, jener Ueberschuss, der dem freien Geiste das gefährliche Vorrecht giebt, auf den Versuch hin leben und sich dem Abenteuer anbieten zu dürfen: das Meisterschafts-Vorrecht des freien Geistes! Dazwischen mögen lange Jahre der Genesung liegen, Jahre voll vielfarbiger schmerzlich-zauberhafter Wandlungen, beherrscht und am Zügel geführt durch einen zähen Willen zur Gesundheit, der sich oft schon als Gesundheit zu kleiden und zu verkleiden wagt. Es giebt einen mittleren Zustand darin, dessen ein Mensch solchen Schicksals später nicht ohne Rührung eingedenk ist: ein blasses feines Licht und Sonnenglück ist ihm zu eigen, ein Gefühl von Vogel-Freiheit, Vogel-Umblick, Vogel-Uebermuth, etwas Drittes, in dem sich Neugierde und zarte Verachtung gebunden haben. Ein "freier Geist" – dies kühle Wort thut in jenem Zustande wohl, es wärmt beinahe. Man lebt, nicht mehr in den Fesseln von Liebe und Hass, ohne ja, ohne Nein, freiwillig nahe, freiwillig ferne, am liebsten entschlüpfend, ausweichend, fortflatternd, wieder weg, wieder empor fliegend; man ist verwöhnt, wie Jeder,

der einmal ein ungeheures Vielerlei unter sich gesehn hat, – und man ward zum Gegenstück Derer, welche sich um Dinge bekümmern, die sie nichts angehn. In der That, den freien Geist gehen nunmehr lauter Dinge an – und wie viele Dinge! – welche ihn nicht mehr bekümmern ...

5.

Ein Schritt weiter in der Genesung: und der freie Geist nähert sich wieder dem Leben, langsam freilich, fast widerspänstig, fast misstrauisch. Es wird wieder wärmer um ihn, gelber gleichsam; Gefühl und Mitgefühl bekommen Tiefe, Thauwinde aller Art gehen über ihn weg. Fast ist ihm zu Muthe, als ob ihm jetzt erst die Augen für das Nahe aufgiengen. Er ist verwundert und sitzt stille: wo war er doch? Diese nahen und nächsten Dinge: wie scheinen sie ihm verwandelt! welchen Flaum und Zauber haben sie inzwischen bekommen! Er blickt dankbar zurück, – dankbar seiner Wanderschaft, seiner Härte und Selbstentfremdung, seinen Fernblicken und Vogelflügen in kalte Höhen. Wie gut, dass er nicht wie ein zärtlicher dumpfer Eckensteher immer "zu Hause", immer "bei sich" geblieben ist! er war ausser sich: es ist kein Zweifel. Jetzt erst sieht er sich selbst – , und welche Ueberraschungen findet er dabei! Welche unerprobten Schauder! Welches Glück noch in der Müdigkeit, der alten Krankheit, den Rückfällen des Genesenden! Wie es ihm gefällt, leidend stillzusitzen, Geduld zu spinnen, in der Sonne zu liegen! Wer versteht sich gleich ihm auf das Glück im Winter, auf die Sonnenflecke an der Mauer! Es sind die dankbarsten Thiere von der Welt, auch die bescheidensten, diese dem Leben wieder halb zugewendeten Genesenden und Eidechsen: – es giebt solche unter ihnen, die keinen Tag von sich lassen, ohne ihm ein kleines Loblied an den nachschleppenden Saum zu hängen. Und ernstlich geredet: es ist eine gründliche Kur gegen allen Pessimismus (den Krebsschaden alter Idealisten und Lügenbolde, wie bekannt –) auf die Art dieser freien Geister krank zu werden, eine gute Weile krank zu bleiben und dann, noch länger, noch länger, gesund, ich meine ‚gesünder" zu werden. Es ist Weisheit darin, Lebens-Weisheit, sich die Gesundheit selbst lange Zeit nur in kleinen Dosen zu verordnen.

6.

Um jene Zeit mag es endlich geschehn, unter den plötzlichen Lichtern einer noch ungestümen, noch wechselnden Gesundheit, dass dem freien, immer freieren Geiste sich das Räthsel jener grossen Loslösung zu entschleiern beginnt, welches bis dahin dunkel, fragwürdig, fast unberührbar in seinem Gedächtniss gewartet hatte. Wenn er sich lange kaum zu fragen wagte "warum so abseits? so allein? Allem entsagend, was ich verehrte? der Verehrung selbst entsagend? warum diese Härte, dieser Argwohn, dieser Hass auf die eigenen Tugenden?" – jetzt wagt und fragt er es laut und hört auch schon etwas wie Antwort darauf. "Du solltest Herr über dich werden, Herr auch über die eigenen Tugenden. Früher waren sie deine Herren; aber sie dürfen nur deine Werkzeuge neben andren Werkzeugen sein. Du solltest Gewalt über dein Für und Wider bekommen und es verstehn lernen, sie aus- und wieder einzuhängen, je nach deinem höheren Zwecke. Du solltest das Perspektivische in jeder Werthschätzung begreifen lernen – die Verschiebung, Verzerrung und scheinbare Teleologie der Horizonte und was Alles zum Perspektivischen gehört; auch das Stück Dummheit in Bezug auf entgegengesetzte Werthe und die ganze intellektuelle Einbusse, mit der sich jedes Für, jedes Wider bezahlt macht. Du solltest die nothwendige Ungerechtigkeit in jedem Für und Wider begreifen lernen, die Ungerechtigkeit als unablösbar vom Leben, das Leben selbst als bedingt durch das Perspektivische und seine Ungerechtigkeit. Du solltest vor Allem mit Augen sehn, wo die Ungerechtigkeit immer am grössten ist: dort nämlich, wo das Leben am kleinsten, engsten, dürftigsten, anfänglichsten entwickelt ist und dennoch nicht umhin kann, sich als Zweck und Maass der Dinge zu nehmen und seiner Erhaltung zu Liebe das Höhere, Grössere, Reichere heimlich und kleinlich und unablässig anzubröckeln und in Frage zu stellen, – du solltest das Problem der Rangordnung mit Augen sehn und wie Macht und Recht und Umfänglichkeit der Perspektive mit einander in die Höhe wachsen. Du solltest" – genug, der freie Geist weiss nunmehr, welchem "du sollst" er gehorcht hat, und auch, was er jetzt kann, was er jetzt erst – darf ...

7.

Dergestalt giebt der freie Geist sich in Bezug auf jenes Räthsel von Loslösung Antwort und endet damit, indem er seinen Fall verallgemeinert, sich über sein Erlebniss also zu entscheiden. "Wie es mir ergieng, sagt er sich, muss es jedem ergehn, in dem eine Aufgabe leibhaft werden und "zur Welt kommen" will. Die heimliche Gewalt und Nothwendigkeit dieser Aufgabe wird unter und in seinen einzelnen Schicksalen walten gleich einer unbewussten Schwangerschaft, – lange, bevor er diese Aufgabe selbst in's Auge gefasst hat und ihren Namen weiss. Unsre Bestimmung verfügt über uns, auch wenn wir sie noch nicht kennen; es ist die Zukunft, die unserm Heute die Regel giebt. Gesetzt, dass es das Problem der Rangordnung ist, von dem wir sagen dürfen, dass es unser Problem ist, wir freien Geister: jetzt, in dem Mittage unsres Lebens, verstehn wir es erst, was für Vorbereitungen, Umwege, Proben, Versuchungen, Verkleidungen das Problem nöthig hatte, ehe es vor uns aufsteigen durfte, und wie wir erst die vielfachsten und widersprechendsten Noth- und Glücksstände an Seele und Leib erfahren mussten, als Abenteurer und Weltumsegler jener inneren Welt, die "Mensch" heisst, als Ausmesser jedes "Höher" und "Uebereinander", das gleichfalls "Mensch" heisst – überallhin dringend, fast ohne Furcht, nichts verschmähend, nichts verlierend, alles auskostend, alles vom Zufälligen reinigend und gleichsam aussiebend – bis wir endlich sagen durften, wir freien Geister: "Hier – ein neues Problem! Hier eine lange Leiter, auf deren Sprossen wir selbst gesessen und gestiegen sind, – die wir selbst irgend wann gewesen sind! Hier ein Höher, ein Tiefer, ein Unter-uns, eine ungeheure lange Ordnung, eine Rangordnung, die wir sehen hier – unser Problem!" –

8.

– Es wird keinem Psychologen und Zeichendeuter einen Augenblick verborgen bleiben, an welche Stelle der eben geschilderten Entwicklung das vorliegende Buch gehört (oder gestellt ist –). Aber wo giebt es heute Psychologen? In Frankreich, gewiss; vielleicht in Russland; sicherlich nicht in Deutschland. Es fehlt nicht an Gründen, weshalb sich dies die heutigen Deutschen sogar noch zur Ehre anrechnen könnten: schlimm genug für Einen, der in diesem Stücke undeutsch geartet und gerathen ist! Dies deutsche Buch, welches in einem weiten Umkreis von Ländern und Völkern seine Leser zu finden gewusst hat – es ist ungefähr zehn Jahr unterwegs – und sich auf irgend welche Musik und Flötenkunst verstehn muss, durch die auch spröde Ausländer-Ohren zum Horchen verführt werden, – gerade in Deutschland ist dies Buch am nachlässigsten gelesen, am schlechtesten gehört worden: woran liegt das? – "Es verlangt zu viel, hat man mir geantwortet, es wendet sich an Menschen ohne die Drangsal grober Pflichten, es will feine und verwöhnte Sinne, es hat Ueberfluss nöthig, Ueberfluss an Zeit, an Helligkeit des Himmels und Herzens, an otium im verwegensten Sinne: – lauter gute Dinge, die wir Deutschen von Heute nicht haben und also auch nicht geben können." – Nach einer so artigen Antwort räth mir meine Philosophie, zu schweigen und nicht mehr weiter zu fragen; zumal man in gewissen Fällen, wie das Sprüchwort andeutet, nur dadurch Philosoph bleibt, dass man – schweigt.

Nizza, im Frühling 1886.

Erstes Hauptstück

Von den ersten und letzten Dingen

1.

Chemie der Begriffe und Empfindungen. –Die Philosophischen Probleme nehmen jetzt wieder fast in allen Stücken dieselbe Form der Frage an, wie vor zweitausend Jahren.- wie kann Etwas aus seinem Gegensatz entstehen, zum Beispiel Vernünftiges aus Vernunftlosem, Empfindendes aus Todtem, Logik aus Unlogik, interesseloses Anschauen aus begehrlichem Wollen, Leben für Andere aus Egoismus, Wahrheit aus Irrthümern? Die metaphysische Philosophie half sich bisher über diese Schwierigkeit hinweg, insofern sie die Entstehung des Einen aus dem Andern leugnete und für die höher gewertheten Dinge einen Wunder-Ursprung annahm, unmittelbar aus dem Kern und Wesen des "Dinges an sich" heraus. Die historische Philosophie dagegen, welche gar nicht mehr getrennt von der Naturwissenschaft zu denken ist, die allerjüngste aller philosophischen Methoden, ermittelte in einzelnen Fällen (und vermuthlich wird diess in allen ihr Ergebniss sein), dass es keine Gegensätze sind, ausser in der gewohnten Übertreibung der populären oder metaphysischen Auffassung und dass ein Irrthum der Vernunft dieser Gegenüberstellung zu Grunde liegt: nach ihrer Erklärung giebt es, streng gefasst, weder ein unegoistisches Handeln, noch ein völlig interesseloses Anschauen, es sind beides nur Sublimirungen, bei denen das Grundelement fast verflüchtigt erscheint und nur noch für die feinste Beobachtung sich als vorhanden erweist. – Alles, was wir brauchen und was erst bei der gegenwärtigen Höhe der einzelnen Wissenschaften uns gegeben werden kann, ist eine Chemie der moralischen, religiösen, ästhetischen Vorstellungen und Empfindungen, ebenso aller jener Regungen, welche wir im Gross- und Kleinverkehr der Cultur und Gesellschaft, ja in der Einsamkeit an uns erleben: wie, wenn diese Chemie mit dem Ergebniss abschlösse, dass auch auf diesem Gebiete die herrlichsten Farben aus niedrigen, ja verachteten Stoffen gewonnen sind? Werden Viele Lust haben, solchen Untersuchungen zu folgen? Die Menschheit liebt es, die Fragen über Herkunft und Anfänge sich aus dem Sinn zu schlagen: muss man nicht fast entmenscht sein, um den entgegengesetzten Hang in sich zu spüren? –

2.

Erbfehler der Philosophen. – Alle Philosophen haben den gemeinsamen Fehler an sich, dass sie vom gegenwärtigen Menschen ausgehen und durch eine Analyse desselben an's Ziel zu kommen meinen. Unwillkürlich schwebt ihnen "der Mensch" als eine aeterna veritas, als ein Gleichbleibendes in allem Strudel, als ein sicheres Maass der Dinge vor. Alles, was der Philosoph über den Menschen aussagt, ist aber im Grunde nicht mehr, als ein Zeugniss über den Menschen eines sehr beschränkten Zeitraumes. Mangel an historischem Sinn ist der Erbfehler aller Philosophen; manche sogar nehmen unversehens die allerjüngste Gestaltung des Menschen, wie eine solche unter dem Eindruck bestimmter Religionen, ja bestimmter politischer Ereignisse entstanden ist, als die feste Form, von der man ausgehen müsse. Sie wollen nicht lernen, dass der Mensch geworden ist, dass auch das Erkenntnissvermögen geworden ist; während Einige von ihnen sogar die ganze Welt aus diesem Erkenntnissvermögen sich herausspinnen lassen. – Nun ist alles Wesentliche der menschlichen Entwickelung in Urzeiten vor sich gegangen, lange vor jenen vier tausend Jahren, die wir ungefähr kennen; in diesen mag sich der Mensch nicht viel mehr verändert haben. Da sieht aber der Philosoph "Instincte" am gegenwärtigen Menschen und nimmt an, dass diese zu den unveränderlichen Thatsachen des Menschen gehören und insofern einen Schüssel zum Verständniss der Welt überhaupt abgeben können; die ganze Teleologie ist darauf gebaut, dass man vom Menschen der letzten vier Jahrtausende als von einem ewigen redet, zu welchem hin alle Dinge in der Welt von ihrem Anbeginne eine natürliche Richtung haben. Alles aber ist geworden; es giebt keine ewigen Thatsachen: sowie es keine absoluten Wahrheiten giebt. – Demnach ist das historische Philosophiren von jetzt ab nöthig und mit ihm die Tugend der Bescheidung.

3.

Schätzung der unscheinbaren Wahrheiten. – Es ist das Merkmal einer höhern Cultur, die kleinen unscheinbaren Wahrheiten, welche mit strenger Methode gefunden wurden, höher zu schätzen, als die beglückenden und blendenden Irrthümer, welche metaphysischen und künstlerischen Zeitaltern und Menschen entstammen. Zunächst hat man gegen erstere den Hohn auf den Lippen, als könne hier gar nichts Gleichberechtigtes gegen einander stehen: so bescheiden, schlicht, nüchtern, ja scheinbar entmuthigend stehen diese, so schön, prunkend, berauschend, ja vielleicht beseligend stehen jene da. Aber das mühsam Errungene, Gewisse, Dauernde und desshalb für jede weitere Erkenntniss noch

Folgenreiche ist doch das Höhere, zu ihm sich zu halten ist männlich und zeigt Tapferkeit, Schlichtheit, Enthaltsamkeit an. Allmählich wird nicht nur der Einzelne, sondern die gesammte Menschheit zu dieser Männlichkeit emporgehoben werden, wenn sie sich endlich an die höhere Schätzung der haltbaren, dauerhaften Erkenntnisse gewöhnt und allen Glauben an Inspiration und wundergleiche Mittheilung von Wahrheiten verloren hat. – Die Verehrer der Formen freilich, mit ihrem Maassstabe des Schönen und Erhabenen, werden zunächst gute Gründe zu spotten haben, sobald die Schätzung der unscheinbaren Wahrheiten und der wissenschaftliche Geist anfängt zur Herrschaft zu kommen: aber nur weil entweder ihr Auge sich noch nicht dem Reiz der schlichtesten Form erschlossen hat oder weil die in jenem Geiste erzogenen Menschen noch lange nicht völlig und innerlich von ihm durchdrungen sind, so dass sie immer noch gedankenlos alte Formen nachmachen (und diess schlecht genug, wie es jemand thut, dem nicht mehr viel an einer Sache liegt). Ehemals war der Geist nicht durch strenges Denken in Anspruch genommen, da lag sein Ernst im Ausspinnen von Symbolen und Formen. Das hat sich verändert; jener Ernst des Symbolischen ist zum Kennzeichen der niederen Cultur geworden; wie unsere Künste selber immer intellectualer, unsere Sinne geistiger werden, und wie man zum Beispiel jetzt ganz anders darüber urtheilt, was sinnlich wohltönend ist, als vor hundert Jahren: so werden auch die Formen unseres Lebens immer geistiger, für das Auge älterer Zeiten vielleicht hässlicher, aber nur weil es nicht zu sehen vermag, wie das Reich der inneren, geistigen Schönheit sich fortwährend vertieft und erweitert und in wie fern uns Allen der geistreiche Blick jetzt mehr gelten darf, als der schönste Gliederbau und das erhabenste Bauwerk.

4.

Astrologie und Verwandtes. – Es ist wahrscheinlich, dass die Objecte des religiösen, moralischen und ästhetischen Empfindens ebenfalls nur zur Oberfläche der Dinge gehören, während der Mensch gerne glaubt, dass er hier wenigstens an das Herz der Welt rühre; er täuscht sich, weil jene Dinge ihn so tief beseligen und so tief unglücklich machen, und zeigt also hier denselben Stolz wie bei der Astrologie. Denn diese meint, der Sternenhimmel drehte sich um das Loos des Menschen; der moralische Mensch aber setzt voraus, Das, was ihm wesentlich am Herzen liege, müsse auch Wesen und Herz der Dinge sein.

5.

Missverständniss des Traumes. – Im Traume glaubte der Mensch in den Zeitaltern roher uranfänglicher Cultur eine zweite reale Welt kennen zu lernen; hier ist der Ursprung aller Metaphysik. Ohne den Traum hätte man keinen Anlass zu einer Scheidung der Welt gefunden. Auch die Zerlegung in Seele und Leib hängt mit der ältesten Auffassung des Traumes zusammen, ebenso die Annahme eines Seelenscheinleibes, also die Herkunft alles Geisterglaubens, und wahrscheinlich auch des Götterglaubens. "Der Todte lebt fort; denn er erscheint dem Lebenden im Traume": so schloss man ehedem, durch viele Jahrtausende hindurch.

6.

Der Geist der Wissenschaft im Theil, nicht im Ganzen mächtig. – Die abgetrennten kleinsten Gebiete der Wissenschaft werden rein sachlich behandelt: die allgemeinen grossen Wissenschaften dagegen legen, als Ganzes betrachtet, die Frage – eine recht unsachliche Frage freilich – auf die Lippen: wozu? zu welchem Nutzen? Wegen dieser Rücksicht auf den Nutzen werden sie, als Ganzes, weniger unpersönlich, als in ihren Theilen behandelt. Bei der Philosophie nun gar, als bei der Spitze der gesammten Wissenspyramide, wird unwillkürlich die Frage nach dem Nutzen der Erkenntniss überhaupt aufgeworfen, und jede Philosophie hat unbewusst die Absicht, ihr den höchsten Nutzen zuzuschreiben. Desshalb giebt es in allen Philosophien so viel hochfliegende Metaphysik und eine solche Scheu vor den unbedeutend erscheinenden Lösungen der Physik; denn die Bedeutsamkeit der Erkenntniss für das Leben soll so gross als möglich erscheinen. Hier ist der Antagonismus zwischen den wissenschaftlichen Einzelgebieten und der Philosophie. Letztere will, was die Kunst will, dem Leben und Handeln möglichste Tiefe und Bedeutung geben; in ersteren sucht man Erkenntniss und Nichts weiter, – was dabei auch herauskomme. Es hat bis jetzt noch keinen Philosophen gegeben, unter dessen Händen die Philosophie nicht zu einer Apologie der Erkenntniss geworden wäre; in diesem Puncte wenigstens ist ein jeder Optimist, dass dieser die höchste Nützlichkeit zugesprochen werden müsse. Sie alle werden von der Logik tyrannisirt: und diese ist ihrem Wesen nach Optimismus.

7.

Der Störenfried in der Wissenschaft. Die Philosophie schied sich von der Wissenschaft, als sie die Frage stellte: welches ist diejenige Erkenntniss der Welt und des Lebens, bei welcher der Mensch am glücklichsten lebt? Diess geschah in den sokratischen Schulen: durch den Gesichtspunct des Glücks unterband man die Blutadern der wissenschaftlichen Forschung – und thut es heute noch.

8.

Pneumatische Erklärung der Natur. – Die Metaphysik erklärt die Schrift der Natur gleichsam pneumatisch, wie die Kirche und ihre Gelehrten es ehemals mit der Bibel thaten. Es gehört sehr viel Verstand dazu, um auf die Natur die selbe Art der strengeren Erklärungskunst anzuwenden, wie jetzt die –Philologen sie für alle Bücher geschaffen haben: mit der Absicht, schlicht zu verstehen, was die Schrift sagen will, aber nicht einen doppelten Sinn zu wittern, ja vorauszusetzen. Wie aber selbst in Betreff der Bücher die schlechte Erklärungskunst keineswegs völlig überwunden ist und man in der besten gebildeten Gesellschaft noch fortwährend auf Ueberreste allegorischer und mystischer Ausdeutung stösst: so steht es auch in Betreff der Natur – ja noch viel schlimmer.

9.

Metaphysische Welt. – Es ist wahr, es könnte eine metaphysische Welt geben; die absolute Möglichkeit davon ist kaum zu bekämpfen. Wir sehen alle Dinge durch den Menschenkopf an und können diesen Kopf nicht abschneiden; während doch die Frage übrig bleibt, was von der Welt noch da wäre, wenn man ihn doch abgeschnitten hätte. Diess ist ein rein wissenschaftliches Problem und nicht sehr geeignet, den Menschen Sorgen zu machen; aber Alles, was ihnen bisher metaphysische Annahmen werthvoll, schreckenvoll, lustvoll gemacht, was sie erzeugt hat, ist Leidenschaft, Irrthum und Selbstbetrug; die allerschlechtesten Methoden der Erkenntniss, nicht die allerbesten, haben daran glauben lehren. Wenn man diese Methoden, als das Fundament aller vorhandenen Religionen und Metaphysiken, aufgedeckt hat, hat man sie widerlegt. Dann bleibt immer noch jene Möglichkeit übrig; aber mit ihr kann man gar Nichts anfangen, geschweige denn, dass man Glück, Heil und Leben von den Spinnenfäden einer solchen Möglichkeit abhängen lassen dürfte. – Denn man könnte von der metaphysischen Welt gar Nichts aussagen, als ein Anderssein, ein uns unzugängliches, unbegreifliches Anderssein; es wäre ein Ding mit negativen Eigenschaften. – Wäre die Existenz einer solchen Welt noch so gut bewiesen, so stünde doch fest, dass die gleichgültigste aller Erkenntnisse eben ihre Erkenntniss wäre: noch gleichgültiger als dem Schiffer in

Sturmesgefahr die Erkenntniss von der chemischen Analysis des Wassers sein muss.

10.

Harmlosigkeit der Metaphysik in der Zukunft. – Sobald die Religion, Kunst und Moral in ihrer Entstehung so beschrieben sind, dass man sie vollständig sich erklären kann, ohne zur Annahme metaphysischer Eingriffe am Beginn und im Verlaufe der Bahn seine Zuflucht zu nehmen, hört das stärkste Interesse an dem rein theoretischen Problem vom "Ding an sich" und der "Erscheinung" auf. Denn wie es hier auch stehe: mit Religion, Kunst und Moral rühren wir nicht an das "Wesen der Welt an sich"; wir sind im Bereiche der Vorstellung, keine "Ahnung" kann uns weitertragen. Mit voller Ruhe wird man die Frage, wie unser Weltbild so stark sich von dem erschlossenen Wesen der Welt unterscheiden könne, der Physiologie und der Entwickelungsgeschichte der Organismen und Begriffe überlassen.

11.

Die Sprache als vermeintliche Wissenschaft. – Die Bedeutung der Sprache für die Entwickelung der Cultur liegt darin, dass in ihr der Mensch eine eigene Welt neben die andere stellte, einen Ort, welchen er für so fest hielt, um von ihm aus die übrige Welt aus den Angeln zu heben und sich zum Herrn derselben zu machen. Insofern der Mensch an die Begriffe und Namen der Dinge als an aeternae veritates durch lange Zeitstrecken hindurch geglaubt hat, hat er sich jenen Stolz angeeignet, mit dem er sich über das Thier erhob: er meinte wirklich in der Sprache die Erkenntniss der Welt zu haben. Der Sprachbildner war nicht so bescheiden, zu glauben, dass er den Dingen eben nur Bezeichnungen gebe, er drückte vielmehr, wie er wähnte, das höchste Wissen über die Dinge mit den Worten aus; in der That ist die Sprache die erste Stufe der Bemühung um die Wissenschaft. Der Glaube an die gefundene Wahrheit ist es auch hier, aus dem die mächtigsten Kraftquellen geflossen sind. Sehr nachträglich -jetzt erst – dämmert es den Menschen auf, dass sie einen ungeheuren Irrthum in ihrem Glauben an die Sprache propagirt haben. Glücklicherweise ist es zu spät, als dass es die Entwickelung der Vernunft, die auf jenem Glauben beruht, wieder rückgängig machen könnte. – Auch die Logik beruht auf Voraussetzungen, denen Nichts in der wirklichen Welt entspricht, z.B. auf der Voraussetzung der Gleichheit von Dingen, der Identität des selben Dinges in verschiedenen Puncten der Zeit: aber jene Wissenschaft entstand durch den entgegengesetzten

Glauben (dass es dergleichen in der wirklichen Welt allerdings gebe). Ebenso steht es mit der Mathematik, welche gewiss nicht entstanden wäre, wenn man von Anfang an gewusst hätte, dass es in der Natur keine exact gerade Linie, keinen wirklichen Kreis, kein absolutes Grössenmaass gebe.

12.

Traum und Cultur. – Die Gehirnfunction, welche durch den Schlaf am meisten beeinträchtigt wird, ist das Gedächtniss: nicht dass es ganz pausirte, – aber es ist auf einen Zustand der Unvollkommenheit zurückgebracht, wie es in Urzeiten der Menschheit bei jedermann am Tage und im Wachen gewesen sein mag. Willkürlich und verworren, wie es ist, verwechselt es fortwährend die Dinge auf Grund der flüchtigsten Aehnlichkeiten: aber mit der selben Willkür und Verworrenheit dichteten die Völker ihre Mythologien, und noch jetzt pflegen Reisende zu beobachten, wie sehr der Wilde zur Vergesslichkeit neigt, wie sein Geist nach kurzer Anspannung des Gedächtnisses hin und her zu taumeln beginnt und er, aus blosser Erschlaffung, Lügen und Unsinn hervorbringt. Aber wir Alle gleichen im Traume diesem Wilden; das schlechte Wiedererkennen und irrthümliche Gleichsetzen ist der Grund des schlechten Schliessens, dessen wir uns im Traume schuldig machen: so dass wir, bei deutlicher Vergegenwärtigung eines Traumes, vor uns erschrecken, weil wir so viel Narrheit in uns bergen. – Die vollkommene Deutlichkeit aller Traum-Vorstellungen, welche den unbedingten Glauben an ihre Realität zur Voraussetzung hat, erinnert uns wieder an Zustände früherer Menschheit, in der die Hallucination ausserordentlich häufig war und mitunter ganze Gemeinden, ganze Völker gleichzeitig ergriff. Also: im Schlaf und Traum machen wir das Pensum früheren Menschenthums noch einmal durch.

13.

Logik des Traumes. – Im Schlafe ist fortwährend unser Nervensystem durch mannichfache innere Anlässe in Erregung, fast alle Organe secerniren und sind in Thätigkeit, das Blut macht seinen ungestümen Kreislauf, die Lage des Schlafenden drückt einzelne Glieder, seine Decken beeinflussen die Empfindung verschiedenartig, der Magen verdaut und beunruhigt mit seinen Bewegungen andere Organe, die Gedärme winden sich, die Stellung des Kopfes bringt ungewöhnliche Muskellagen mit sich, die Füsse, unbeschuht, nicht mit den Sohlen den Boden drückend, verursachen das Gefühl des Ungewöhnlichen ebenso wie die andersartige Bekleidung des ganzen Körpers, – alles diess nach seinem täglichen Wechsel und Grade erregt durch seine Aussergewöhnlichkeit das gesammte System bis in die Gehirnfunction hinein: und so giebt es hundert Anlässe für den Geist, um sich zu verwundern und nach Gründen dieser Erregung zu suchen: der Traum aber ist das Suchen und Vorstellen der Ursachen für jene erregten Empfindungen, das heisst der vermeintlichen Ursachen. Wer zum Beispiel seine Füsse mit zwei Riemen umgürtet, träumt wohl, dass zwei Schlangen seine Füsse umringeln: diess ist zuerst eine Hypothese, sodann ein Glaube, mit einer begleitenden bildlichen Vorstellung und Ausdichtung: "diese Schlangen müssen die causa jener Empfindung sein, welche ich, der Schlafende, habe", – so urtheilt der Geist des Schlafenden. Die so erschlossene nächste Vergangenheit wird durch die erregte Phantasie ihm zur Gegenwart. So weiss jeder aus Erfahrung, wie schnell der Träumende einen starken an ihn dringenden Ton, zum Beispiel Glockenläuten, Kanonenschüsse in seinen Traum verflicht, das heisst aus ihm hinterdrein erklärt, so dass er zuerst die veranlassenden Umstände, dann jenen Ton zu erleben meint. – Wie kommt es aber, dass der Geist des Träumenden immer so fehl greift, während der selbe Geist im Wachen so nüchtern, behutsam und in Bezug auf Hypothesen so skeptisch zu sein pflegt? so dass ihm die erste beste Hypothese zur Erklärung eines Gefühls genügt, um sofort an ihre Wahrheit zu glauben? (denn wir glauben im Traume an den Traum, als sei er Realität, das heisst wir halten unsre Hypothese für völlig erwiesen). – Ich meine: wie jetzt noch der Mensch im Traume schliesst, so schloss die Menschheit auch im Wachen viele Jahrtausende hindurch: die erste causa, die dem Geiste einfiel, um irgend Etwas, das der Erklärung bedurfte, zu erklären, genügte ihm und galt als Wahrheit. (So verfahren nach den Erzählungen der Reisenden die Wilden heute noch.) Im Traum übt sich dieses uralte Stück Menschenthum in uns fort, denn es ist die Grundlage, auf der die höhere Vernunft sich entwickelte und in jedem Menschen sich noch entwickelt: der Traum bringt uns in ferne Zustände der menschlichen Cultur wieder zurück und giebt ein Mittel an die Hand, sie besser zu verstehen. Das Traumdenken wird uns jetzt so leicht, weil wir in ungeheuren Entwickelungsstrecken der Menschheit gerade auf diese Form des phantastischen und wohlfeilen Erklärens aus dem ersten beliebigen Einfalle heraus so gut eingedrillt worden sind. Insofern ist der Traum eine Erholung für das Gehirn, welches am Tage den strengeren Anforderungen an das Denken zu genügen hat, wie sie von der höheren Cultur gestellt werden. – Einen verwandten Vorgang können wir geradezu als Pforte und Vorhalle des Traumes noch bei wachem Verstande in Augenschein nehmen. Schliessen wir die Augen, so producirt das Gehirn eine

Menge von Lichteindrücken und Farben, wahrscheinlich als eine Art Nachspiel und Echo aller jener Lichtwirkungen, welche am Tage auf dasselbe eindringen. Nun verarbeitet aber der Verstand (mit der Phantasie im Bunde) diese an sich formlosen Farbenspiele sofort zu bestimmten Figuren, Gestalten, Landschaften, belebten Gruppen. Der eigentliche Vorgang dabei ist wiederum eine Art Schluss von der Wirkung auf die Ursache; indem der Geist fragt: woher diese Lichteindrücke und Farben, supponirt er als Ursachen jene Figuren, Gestalten: sie gelten ihm als die Veranlassungen jener Farben und Lichter, weil er, am Tage, bei offenen Augen, gewohnt ist, zu jeder Farbe, jedem Lichteindrucke eine veranlassende Ursache zu finden. Hier also schiebt ihm die Phantasie fortwährend Bilder vor, indem sie an die Gesichtseindrücke des Tages sich in ihrer Production anlehnt, und gerade so macht es die Traumphantasie: – das heisst die vermeintliche Ursache wird aus der Wirkung erschlossen und nach der Wirkung vorgestellt: alles diess mit ausserordentlicher Schnelligkeit, so dass hier wie beim Taschenspieler eine Verwirrung des Urtheils entstehen und ein Nacheinander sich wie etwas Gleichzeitiges, selbst wie ein umgedrehtes Nacheinander ausnehmen kann. – Wir können aus diesen Vorgängen entnehmen, wie spät das schärfere logische Denken, das Strengnehmen von Ursache und Wirkung, entwickelt worden ist, wenn unsere Vernunft- und Verstandesfunctionen jetzt noch unwillkürlich nach jenen primitiven Formen des Schliessens zurückgreifen und wir ziemlich die Hälfte unseres Lebens in diesem Zustande leben. – Auch der Dichter, der Künstler schiebt seinen Stimmungen und Zuständen Ursachen unter, welche durchaus nicht die wahren sind; er erinnert insofern an älteres Menschenthum und kann uns zum Verständnisse desselben verhelfen.

14.

Miterklingen. – Alle stärkeren Stimmungen bringen ein Miterklingen verwandter Empfindungen und Stimmungen mit sich; sie wühlen gleichsam das Gedächtniss auf. Es erinnert sich bei ihnen Etwas in uns und wird sich ähnlicher Zustände und deren Herkunft bewusst. So bilden sich angewöhnte rasche Verbindungen von Gefühlen und Gedanken, welche zuletzt, wenn sie blitzschnell hinter einander erfolgen, nicht einmal mehr als Complexe, sondern als Einheiten empfunden werden. In diesem Sinne redet man vom moralischen Gefühle, vom religiösen Gefühle, wie als ob diess lauter Einheiten seien: in Wahrheit sind sie Ströme mit hundert Quellen und Zuflüssen. Auch hier, wie so oft, verbürgt die Einheit des Wortes Nichts für die Einheit der Sache.

15.

Kein Innen und Aussen in der Welt. – Wie Demokrit die Begriffe Oben und Unten auf den unendlichen Raum übertrug, wo sie keinen Sinn haben, so die Philosophen überhaupt den Begriff "Innen und Aussen" auf Wesen und Erscheinung der Welt; sie meinen, mit tiefen Gefühlen komme man tief in's Innere, nahe man sich dem Herzen der Natur. Aber diese Gefühle sind nur insofern tief, als mit ihnen, kaum bemerkbar, gewisse complicirte Gedankengruppen regelmässig erregt werden, welche wir tief nennen; ein Gefühl ist tief, weil wir den begleitenden Gedanken für tief halten. Aber der tiefe Gedanke kann dennoch der Wahrheit sehr fern sein, wie zum Beispiel jeder metaphysische; rechnet man vom tiefen Gefühle die beigemischten Gedankenelemente ab, so bleibt das starke Gefühl übrig, und dieses verbürgt Nichts für die Erkenntniss, als sich selbst, ebenso wie der starke Glaube nur seine Stärke, nicht die Wahrheit des Geglaubten beweist.

16.

Erscheinung und Ding an sich. – Die Philosophen pflegen sich vor das Leben und die Erfahrung – vor Das, was sie die Welt der Erscheinung nennen – wie vor ein Gemälde hinzustellen, das ein für alle Mal entrollt ist und unveränderlich fest den selben Vorgang zeigt: diesen Vorgang, meinen sie, müsse man richtig ausdeuten, um damit einen Schluss auf das Wesen zu machen, welches das Gemälde hervorgebracht habe: also auf das Ding an sich, das immer als der zureichende Grund der Welt der Erscheinung angesehen zu werden pflegt. Dagegen haben strengere Logiker, nachdem sie den Begriff des Metaphysischen scharf als den des Unbedingten, folglich auch Unbedingenden festgestellt hatten, jeden Zusammenhang zwischen dem Unbedingten (der metaphysischen Welt) und der uns bekannten Welt in Abrede gestellt: so dass in der Erscheinung eben durchaus nicht das Ding an sich erscheine, und von jener auf dieses jeder Schluss abzulehnen sei. Von beiden Seiten ist aber die Möglichkeit übersehen, dass jenes Gemälde – Das, was jetzt uns Menschen Leben und Erfahrung heisst – allmählich geworden ist, ja noch völlig im Werden ist und desshalb nicht als feste Grösse betrachtet werden soll, von welcher aus man einen Schluss über den Urheber (den zureichenden Grund) machen oder auch nur ablehnen dürfte. Dadurch, dass wir seit Jahrtausenden mit moralischen, ästhetischen, religiösen Ansprüchen, mit blinder Neigung, Leidenschaft oder Furcht in die Welt geblickt und uns in den Unarten des unlogischen Denkens recht ausgeschwelgt haben, ist diese Welt allmählich so wundersam bunt, schrecklich, bedeutungstief, seelenvoll geworden, sie hat Farbe bekommen, – aber wir sind die Coloristen gewesen: der menschliche Intellect hat die Erscheinung erscheinen lassen und seine irrthümlichen Grundauffassungen in die Dinge hineingetragen. Spät, sehr spät – besinnt er sich: und jetzt scheinen ihm die Welt der Erfahrung und das Ding an sich so ausserordentlich verschieden und getrennt, dass er den Schluss von jener auf dieses ablehnt – oder auf eine schauerlich geheimnissvolle Weise zum Aufgeben unsers Intellectes, unsers persönlichen Willens auffordert: um dadurch zum Wesenhaften zu kommen, dass man wesenhaft werde. Wiederum haben Andere alle charakteristischen Züge unserer Welt der Erscheinung – das heisst der aus intellectuellen Irrthümern herausgesponnenen und uns angeerbten Vorstellung von der Welt – zusammengelesen und anstatt den Intellect als Schuldigen anzuklagen, das Wesen der Dinge als Ursache dieses thatsächlichen, sehr unheimlichen Weltcharakters angeschuldigt und die Erlösung vom Sein gepredigt. – Mit all diesen Auffassungen wird der stetige und mühsame Process der Wissenschaft, welcher zuletzt einmal in einer Entstehungsgeschichte des Denkens seinen höchsten Triumph feiert, in entscheidender Weise fertig werden, dessen Resultat vielleicht auf diesen Satz hinauslaufen dürfte: Das, was wir jetzt die Welt nennen, ist das Resultat einer Menge von Irrthümern und Phantasien, welche in der gesammten Entwickelung der organischen Wesen allmählich entstanden, in einander verwachsen und uns jetzt als aufgesammelter Schatz der ganzen Vergangenheit vererbt werden, – als Schatz: denn der Werth unseres Menschenthums ruht darauf. Von dieser Welt der Vorstellung vermag uns die strenge Wissenschaft thatsächlich nur in geringem Maasse zu lösen – wie es auch gar nicht zu wünschen ist –, insofern sie die Gewalt uralter Gewohnheiten der Empfindung nicht wesentlich zu brechen vermag: aber sie kann die Geschichte der Entstehung jener Welt als Vorstellung ganz allmählich und schrittweise aufhellen – und uns wenigstens für Augenblicke über den ganzen Vorgang hinausheben. Vielleicht erkennen wir dann, dass das Ding an sich eines homerischen Gelächters werth ist: dass es so viel, ja Alles schien und eigentlich leer, nämlich bedeutungsleer ist.

17.

Metaphysische Erklärungen. – Der junge Mensch schätzt metaphysische Erklärungen, weil sie ihm in Dingen, welche er unangenehm oder verächtlich fand, etwas höchst Bedeutungsvolles aufweisen: und ist er mit sich unzufrieden, so erleichtert sich diess Gefühl, wenn er das innerste Welträthsel oder Weltelend in dem wiedererkennt, was er so sehr an sich missbilligt. Sich unverantwortlicher fühlen und die Dinge zugleich interessanter finden – das gilt ihm als die doppelte Wohlthat, welche er der Metaphysik verdankt. Später freilich bekommt er Misstrauen gegen die ganze metaphysische Erklärungsart, dann sieht er vielleicht ein, dass jene Wirkungen auf einem anderen Wege eben so gut und wissenschaftlicher zu erreichen sind: dass physische und historische Erklärungen mindestens ebenso sehr jenes Gefühl der Unverantwortlichkeit herbeiführen, und dass jenes Interesse am Leben und seinen Problemen vielleicht noch mehr dabei entflammt wird.

18.

Grundfragen der Metaphysik. – Wenn einmal die Entstehungsgeschichte des denkens geschrieben ist, so wird auch der folgende Satz eines ausgezeichneten Logikers von einem neuen Lichte erhellt dastehen: "Das ursprüngliche allgemeine Gesetz des erkennenden Subjects besteht in der inneren Nothwendigkeit, jeden Gegenstand an sich, in seinem eigenen Wesen als einen mit sich selbst identischen, also selbstexistirenden und im Grunde stets gleichbleibenden und unwandelbaren, kurz als eine Substanz zu erkennen." Auch dieses Gesetz, welches hier "ursprünglich" genannt wird, ist geworden: es wird einmal gezeigt werden, wie allmählich, in den niederen Organismen, dieser Hang entsteht, wie die blöden Maulwurfsaugen dieser Organisationen zuerst Nichts als immer das Gleiche sehen, wie dann, wenn die verschiedenen Erregungen von Lust und Unlust bemerkbarer werden, allmählich verschiedene Substanzen unterschieden werden, aber jede mit Einem Attribut, das heisst einer einzigen Beziehung zu einem solchen Organismus. – Die erste Stufe des Logischen ist das Urtheil; dessen Wesen besteht, nach der Feststellung der besten Logiker, im Glauben. Allem Glauben zu Grunde liegt die Empfindung des Angenehmen oder Schmerzhaften in Bezug auf das empfindende Subject. Eine neue dritte Empfindung als Resultat zweier vorangegangenen einzelnen Empfindungen ist das Urtheil in seiner niedrigsten Form. – Uns organische Wesen interessirt ursprünglich Nichts an jedem Dinge, als sein Verhältniss zu uns in Bezug auf Lust und Schmerz. Zwischen den Momenten, in welchen wir uns dieser Beziehung bewusst werden, den Zuständen des Empfindens, liegen solche der Ruhe, des Nichtempfindens: da ist die Welt und jedes Ding für uns interesselos, wir bemerken keine Veränderung an ihm (wie jetzt noch ein heftig Interessirter nicht merkt, dass jemand an ihm vorbeigeht). Für die Pflanze sind gewöhnlich alle Dinge ruhig, ewig, jedes Ding sich selbst gleich. Aus der Periode der niederen Organismen her ist dem Menschen der Glaube vererbt, dass es gleiche Dinge giebt (erst die durch höchste Wissenschaft ausgebildete Erfahrung widerspricht diesem Satze). Der Urglaube alles Organischen von Anfang an ist vielleicht sogar, dass die ganze übrige Welt Eins und unbewegt ist. – Am fernsten liegt für jene Urstufe des Logischen der Gedanke an Causalität: ja jetzt noch meinen wir im Grunde, alle Empfindungen und Handlungen seien Acte des freien Willens; wenn das fühlende Individuum sich selbst betrachtet, so hält es jede Empfindung, jede Veränderung für etwas Isolirtes, das heisst Unbedingtes, Zusammenhangloses: es taucht aus uns auf, ohne Verbindung mit Früherem oder Späterem. Wir haben Hunger, aber meinen ursprünglich nicht, dass der Organismus erhalten werden will, sondern jenes Gefühl scheint sich ohne Grund und Zweck geltend zu machen, es isolirt sich und hält sich für willkürlich. Also: der Glaube an die Freiheit des Willens ist ein ursprünglicher Irrthum alles Organischen, so alt, als die Regungen des Logischen in ihm existiren; der Glaube an unbedingte Substanzen und an gleiche Dinge ist ebenfalls ein ursprünglicher, ebenso alter Irrthum alles Organischen. Insofern aber alle Metaphysik sich vornehmlich mit Substanz und Freiheit des Willens abgegeben hat, so darf man sie als die Wissenschaft bezeichnen, welche von den Grundirrthümern des Menschen handelt, doch so, als wären es Grundwahrheiten.

19.

Die Zahl. – Die Erfindung der Gesetze der Zahlen ist auf Grund des ursprünglich schon herrschenden Irrthums gemacht, dass es mehrere gleiche Dinge gebe (aber thatsächlich giebt es nichts Gleiches), mindestens dass es Dinge gebe (aber es giebt kein "Ding"). Die Annahme der Vielheit setzt immer voraus, dass es Etwas gebe, das vielfach vorkommt: aber gerade hier schon waltet der Irrthum, schon da fingiren wir Wesen, Einheiten, die es nicht giebt. – Unsere Empfindungen von Raum und Zeit sind falsch, denn sie führen, consequent geprüft, auf logische Widersprüche. Bei allen wissenschaftlichen Feststellungen rechnen wir unvermeidlich immer mit einigen falschen Grössen: aber weil diese Grössen wenigstens constant sind, wie zum Beispiel unsere Zeit- und Raumempfindung, so bekommen die Resultate der Wissenschaft doch eine vollkommene Strenge und Sicherheit in ihrem Zusammenhange mit einander; man kann auf ihnen fortbauen – bis an jenes letzte Ende, wo die irrthümliche Grundannahme, jene constanten Fehler, in Widerspruch mit den Resultaten treten, zum Beispiel in der Atomenlehre. Da fühlen wir uns immer noch zur Annahme eines "Dinges" oder stofflichen "Substrats", das bewegt wird, gezwungen, während die ganze wissenschaftliche Procedur eben die Aufgabe verfolgt hat, alles Dingartige (Stoffliche) in Bewegungen aufzulösen: wir scheiden auch hier noch mit unserer Empfindung Bewegendes und Bewegtes und kommen aus diesem Zirkel nicht heraus, weil der Glaube an Dinge mit unserem Wesen von Alters her verknotet ist. – Wenn Kant sagt "der Verstand schöpft seine Gesetze nicht aus der Natur, sondern schreibt sie dieser vor", so ist diess in Hinsicht auf den Begriff der Natur völlig wahr, welchen wir genöthigt sind, mit ihr zu verbinden (Natur = Welt als Vorstellung, das heisst als Irrthum), welcher aber die Aufsummirung einer Menge von Irrthümern des Verstandes ist. – Auf eine Welt, welche nicht unsere Vorstellung ist, sind die Gesetze der Zahlen gänzlich unanwendbar: diese gelten allein in der Menschen-Welt.

20.

Einige Sprossen zurück. – Die eine, gewiss sehr hohe Stufe der Bildung ist erreicht, wenn der Mensch über abergläubische und religiöse Begriffe und Aengste hinauskommt und zum Beispiel nicht mehr an die lieben Englein oder die Erbsünde glaubt, auch vom Heil der Seelen zu reden verlernt hat: ist er auf dieser Stufe der Befreiung, so hat er auch noch mit höchster Anspannung seiner Besonnenheit die Metaphysik zu überwinden. Dann aber ist eine rückläufige Bewegung nöthig: er muss die historische Berechtigung, ebenso die psychologische in solchen Vorstellungen begreifen, er muss erkennen, wie die grösste Förderung der Menschheit von dorther gekommen sei und wie man sich, ohne eine solche rückläufige Bewegung, der besten Ergebnisse der bisherigen Menschheit berauben würde. – In Betreff der philosophischen Metaphysik sehe ich jetzt immer Mehrere, welche an das negative Ziel (dass jede positive Metaphysik Irrthum ist) gelangt sind, aber noch Wenige, welche einige Sprossen rückwärts steigen; man soll nämlich über die letzte Sprosse der Leiter wohl hinausschauen, aber nicht auf ihr stehen wollen. Die Aufgeklärtesten bringen es nur so weit, sich von der Metaphysik zu befreien und mit Ueberlegenheit auf sie zurückzusehen: während es doch auch hier, wie im Hippodrom, noth thut, um das Ende der Bahn herumzubiegen.

21.

Muthmaasslicher Sieg der Skepsis. – Man lasse einmal den skeptischen Ausgangspunct gelten: gesetzt, es gäbe keine andere, metaphysische Welt und alle aus der Metaphysik genommenen Erklärungen der uns einzig bekannten Welt wären unbrauchbar für uns, mit welchem Blick würden wir dann auf Menschen und Dinge sehen? Diess kann man sich ausdenken, es ist nützlich, selbst wenn die Frage, ob etwas Metaphysisches wissenschaftlich durch Kant und Schopenhauer bewiesen sei, einmal abgelehnt würde. Denn es ist, nach historischer Wahrscheinlichkeit, sehr gut möglich, dass die Menschen einmal in dieser Beziehung im Ganzen und Allgemeinen skeptisch werden; da lautet also die Frage: wie wird sich dann die menschliche Gesellschaft, unter dem Einfluss einer solchen Gesinnung, gestalten? Vielleicht ist der wissenschaftliche Beweis irgend einer metaphysischen Welt schon so schwierig, dass die Menschheit ein Misstrauen gegen ihn nicht mehr los wird. Und wenn man gegen die Metaphysik Misstrauen hat, so giebt es im Ganzen und Grossen die selben Folgen, wie wenn sie direct widerlegt wäre und man nicht mehr an sie glauben dürfte. Die historische Frage in Betreff einer unmetaphysischen Gesinnung der Menschheit bleibt in beiden Fällen die selbe.

22.

Unglaube an das "monumentum aere perennius". – Ein wesentlicher Nachtheil, welchen das Aufhören metaphysischer Ansichten mit sich bringt, liegt darin, dass das Individuum zu streng seine kurze Lebenszeit in's Auge fasst und keine stärkeren Antriebe empfängt, an dauerhaften, für Jahrhunderte angelegten Institutionen zu bauen; es will die Frucht selbst vom Baume pflücken, den es pflanzt, und desshalb mag es jene Bäume nicht mehr pflanzen, welche eine Jahrhundert lange gleichmässige Pflege erfordern und welche lange Reihenfolgen von Geschlechtern zu überschatten bestimmt sind. Denn metaphysische Ansichten geben den Glauben, dass in ihnen das letzte endgültige Fundament gegeben sei, auf welchem sich nunmehr alle Zukunft der Menschheit niederzulassen und anzubauen genöthigt sei; der Einzelne fördert sein Heil, wenn er zum Beispiel eine Kirche, ein Kloster stiftet, es wird ihm, so meint er, im ewigen Fortleben der Seele angerechnet und vergolten, es ist Arbeit am ewigen Heil der Seele. – Kann die Wissenschaft auch solchen Glauben an ihre Resultate erwecken? In der That braucht sie den Zweifel und das Misstrauen als treuesten Bundesgenossen; trotzdem kann mit der Zeit die Summe der unantastbaren, das heisst alle Stürme der Skepsis, alle Zersetzungen überdauernden Wahrheiten so gross werden (zum Beispiel in der Diätetik der Gesundheit), dass man sich daraufhin entschliesst, "ewige" Werke zu gründen. Einstweilen wirkt der Contrast unseres aufgeregten Ephemeren-Daseins gegen die langathmige Ruhe metaphysischer Zeitalter noch zu stark, weil die beiden Zeiten noch zu nahe gestellt sind; der einzelne Mensch selber durchläuft jetzt zu viele innere und äussere Entwickelungen, als dass er auch nur auf seine eigene

Lebenszeit sich dauerhaft und ein für alle Mal einzurichten wagt. Ein ganz moderner Mensch, der sich zum Beispiel ein Haus bauen will, hat dabei ein Gefühl, als ob er bei lebendigem Leibe sich in ein Mausoleum vermauern wolle.

23.

Zeitalter der Vergleichung. – je weniger die Menschen durch das Herkommen gebunden sind, um so grösser wird die innere Bewegung der Motive, um so grösser wiederum, dem entsprechend, die äussere Unruhe, das Durcheinanderfluten der Menschen, die Polyphonie der Bestrebungen. Für wen giebt es jetzt noch einen strengeren Zwang, an einen Ort sich und seine Nachkommen anzubinden? Für wen giebt es überhaupt noch etwas streng Bindendes? Wie alle Stilarten der Künste neben einander nachgebildet werden, so auch alle Stufen und Arten der Moralität, der Sitten, der Culturen. – Ein solches Zeitalter bekommt seine Bedeutung dadurch, dass in ihm die verschiedenen Weltbetrachtungen, Sitten, Culturen verglichen und neben einander durchlebt werden können; was früher, bei der immer localisirten Herrschaft jeder Cultur, nicht möglich war, entsprechend der Gebundenheit aller künstlerischen Stilarten an Ort und Zeit. Jetzt wird eine Vermehrung des ästhetischen Gefühls endgültig unter so vielen der Vergleichung sich darbietenden Formen entscheiden: sie wird die meisten, – nämlich alle, welche durch dasselbe abgewiesen werden, – absterben lassen. Ebenso findet jetzt ein Auswählen in den Formen und Gewohnheiten der höheren Sittlichkeit statt, deren Ziel kein anderes, als der Untergang der niedrigeren Sittlichkeiten sein kann. Es ist das Zeitalter der Vergleichung! Das ist sein Stolz, – aber billigerweise auch sein Leiden. Fürchten wir uns vor diesem Leiden nicht! Vielmehr wollen wir die Aufgabe, welche das Zeitalter uns stellt, so gross verstehen, als wir nur vermögen: so wird uns die Nachwelt darob segnen, – eine Nachwelt, die ebenso sich über die abgeschlossenen originalen Volks-Culturen hinaus weiss, als über die Cultur der Vergleichung, aber auf beide Arten der Cultur als auf verehrungswürdige Alterthümer mit Dankbarkeit zurückblickt.

24.

Möglichkeit des Fortschritts. – Wenn ein Gelehrter der alten Cultur es verschwört, nicht mehr mit Menschen umzugehen, welche an den Fortschritt glauben, so hat er Recht. Denn die alte Cultur hat ihre Grösse und Güte hinter sich und die historische Bildung zwingt Einen, zuzugestehen, dass sie nie wieder frisch werden kann; es ist ein unausstehlicher Stumpfsinn oder ebenso unleidliche Schwärmerei nöthig, um diess zu leugnen. Aber die Menschen können mit Bewusstsein beschliessen, sich zu einer neuen Cultur fortzuentwickeln, während sie sich früher unbewusst und zufällig entwickelten: sie können jetzt bessere Bedingungen für die Entstehung der Menschen, ihre Ernährung, Erziehung, Unterrichtung schaffen, die Erde als Ganzes ökonomisch verwalten, die Kräfte der Menschen überhaupt gegen einander abwägen und einsetzen. Diese neue bewusste Cultur tödtet die alte, welche, als Ganzes angeschaut, ein unbewusstes Thier- und Pflanzenleben geführt hat; sie tödtet auch das Misstrauen gegen den Fortschritt, -er ist möglich. Ich will sagen: es ist voreilig und fast unsinnig, zu glauben, dass der Fortschritt nothwendig erfolgen müsse; aber wie könnte man leugnen, dass er möglich sei? Dagegen ist ein Fortschritt im Sinne und auf dem Wege der alten Cultur nicht einmal denkbar. Wenn romantische Phantastik immerhin auch das Wort "Fortschritt" von ihren Zielen (z.B. abgeschlossenen originalen Volks-Culturen) gebraucht: jedenfalls entlehnt sie das Bild davon aus der Vergangenheit; ihr Denken und Vorstellen ist auf diesem Gebiete ohne jede Originalität.

25.

Privat- und Welt-Moral. – Seitdem der Glaube aufgehört hat, dass ein Gott die Schicksale der Welt im Grossen leite und, trotz aller anscheinenden Krümmungen im Pfade der Menschheit, sie doch herrlich hinausführe, müssen die Menschen selber sich ökumenische, die ganze Erde umspannende Ziele stellen. Die ältere Moral, namentlich die Kant's, verlangt vom Einzelnen Handlungen, welche man von allen Menschen wünscht: das war eine schöne naive Sache; als ob ein jeder ohne Weiteres wüsste, bei welcher Handlungsweise das Ganze der Menschheit wohlfahre, also welche Handlungen überhaupt wünschenswerth seien; es ist eine Theorie wie die vom Freihandel, voraussetzend, dass die allgemeine Harmonie sich nach eingeborenen Gesetzen des Besserwerdens von selbst ergeben müsse. Vielleicht lässt es ein zukünftiger Ueberblick über die Bedürfnisse der Menschheit durchaus nicht wünschenswerth erscheinen, dass alle Menschen gleich handeln, vielmehr dürften im Interesse ökumenischer Ziele für ganze Strecken der Menschheit specielle, vielleicht unter Umständen sogar böse Aufgaben zu stellen sein. – Jedenfalls muss, wenn die Menschheit sich nicht durch eine solche bewusste Gesammtregierung zu Grunde richten soll, vorher eine alle bisherigen Grade übersteigende Kenntniss der Bedingungen der Cultur, als wissenschaftlicher

Maassstab für ökumenische Ziele, gefunden sein. Hierin liegt die ungeheure Aufgabe der grossen Geister des nächsten Jahrhunderts.

26.

Die Reaction als Fortschritt. – Mitunter erscheinen schroffe, gewaltsame und fortreissende, aber trotzdem zurückgebliebene Geister, welche eine vergangene Phase der Menschheit noch einmal heraufbeschwören: sie dienen zum Beweis, dass die neuen Richtungen, welchen sie entgegenwirken, noch nicht kräftig genug sind, dass Etwas an ihnen fehlt: sonst würden sie jenen Beschwörern besseren Widerpart halten. So zeugt zum Beispiel Luther's Reformation dafür, dass in seinem Jahrhundert alle Regungen der Freiheit des Geistes noch unsicher, zart, jugendlich waren; die Wissenschaft konnte noch nicht ihr Haupt erheben. Ja, die gesammte Renaissance erscheint wie ein erster Frühling, der fast wieder weggeschneit wird. Aber auch in unserem Jahrhundert bewies Schopenhauer's Metaphysik, dass auch jetzt der wissenschaftliche Geist noch nicht kräftig genug ist: so konnte die ganze mittelalterliche christliche Weltbetrachtung und Mensch-Empfindung noch einmal in Schopenhauer's Lehre, trotz der längst errungenen Vernichtung aller christlichen Dogmen, eine Auferstehung feiern. Viel Wissenschaft klingt in seine Lehre hinein, aber sie beherrscht dieselbe nicht, sondern das alte, wohlbekannte "metaphysische Bedürfniss". Es ist gewiss einer der grössten und ganz unschätzbaren Vortheile, welche wir aus Schopenhauer gewinnen, dass er unsere Empfindung zeitweilig in ältere, mächtige Betrachtungsarten der Welt und Menschen zurückzwingt, zu welchen sonst uns so leicht kein Pfad führen würde. Der Gewinn für die Historie und die Gerechtigkeit ist sehr gross: ich glaube, dass es jetzt Niemandem so leicht gelingen möchte, ohne Schopenhauer's Beihülfe dem Christenthum und seinen asiatischen Verwandten Gerechtigkeit widerfahren zu lassen: was namentlich vom Boden des noch vorhandenen Christenthums aus unmöglich ist. Erst nach diesem grossen Erfolge der Gerechtigkeit, erst nachdem wir die historische Betrachtungsart, welche die Zeit der Aufklärung mit sich brachte, in einem so wesentlichen Puncte corrigirt haben, dürfen wir die Fahne der Aufklärung – die Fahne mit den drei Namen: Petrarca, Erasmus, Voltaire – von Neuem weiter tragen. Wir haben aus der Reaction einen Fortschritt gemacht.

27.

Ersatz der Religion. – Man glaubt einer Philosophie etwas Gutes nachzusagen, wenn man sie als Ersatz der Religion für das Volk hinstellt. In der That bedarf es in der geistigen Oekonomie gelegentlich überleitender Gedankenkreise; so ist der Uebergang aus Religion in wissenschaftliche Betrachtung ein gewaltsamer, gefährlicher Sprung, Etwas, das zu widerrathen ist. Insofern hat man mit jener Anempfehlung Recht. Aber endlich sollte man doch auch lernen, dass die Bedürfnisse, welche die Religion befriedigt hat und nun die Philosophie befriedigen soll, nicht unwandelbar sind; diese selbst kann man schwächen und ausrotten. Man denke zum Beispiel an die christliche Seelennoth, das Seufzen über die innere Verderbtheit, die Sorge um das Heil, – alles Vorstellungen, welche nur aus Irrthümern der Vernunft herrühren und gar keine Befriedigung, sondern Vernichtung verdienen. Eine Philosophie kann entweder so nützen, dass sie jene Bedürfnisse auch befriedigt oder dass sie dieselben beseitigt; denn es sind angelernte, zeitlich begränzte Bedürfnisse, welche auf Voraussetzungen beruhen, die denen der Wissenschaft widersprechen. Hier ist, um einen Uebergang zu machen, die Kunst viel eher zu benutzen, um das mit Empfindungen überladene Gemüth zu erleichtern; denn durch sie werden jene Vorstellungen viel weniger unterhalten, als durch eine metaphysische Philosophie. Von der Kunst aus kann man dann leichter in eine wirklich befreiende philosophische Wissenschaft übergehen.

28.

Verrufene Worte. – Weg mit den bis zum Ueberdruss verbrauchten Wörtern Optimismus und Pessimismus! Denn der Anlass, sie zu gebrauchen, fehlt von Tag zu Tage mehr: nur die Schwätzer haben sie jetzt noch so unumgänglich nöthig. Denn wesshalb in aller Welt sollte jemand Optimist sein wollen, wenn er nicht einen Gott zu vertheidigen hat, welcher die beste der Welten geschaffen haben muss, falls er selber das Gute und Vollkommene ist, – welcher Denkende hat aber die Hypothese eines Gottes noch nöthig? – Es fehlt aber auch jeder Anlass zu einem pessimistischen Glaubensbekenntniss, wenn man nicht ein Interesse daran hat, den Advocaten Gottes, den Theologen oder den theologisirenden Philosophen ärgerlich zu werden und die Gegenbehauptung kräftig aufzustellen: dass das Böse regiere, dass die Unlust grösser sei, als die Lust, dass die Welt ein Machwerk, die Erscheinung eines bösen Willens zum Leben sei. Wer aber kümmert sich jetzt noch um die Theologen – ausser den Theologen? – Abgesehen von aller Theologie und ihrer Bekämpfung liegt es auf der Hand, dass die Welt nicht gut und nicht böse, geschweige denn die beste oder die schlechteste ist, und dass diese Begriffe "gut" und "böse" nur in Bezug auf Menschen Sinn haben, ja vielleicht selbst hier, in der Weise, wie sie gewöhnlich gebraucht werden, nicht berechtigt sind: der schimpfenden und verherrlichenden Weltbetrachtung müssen wir uns in jedem Falle entschlagen.

29.

Vom Dufte der Blüthen berauscht. – Das Schiff der Menschheit, meint man, hat einen immer stärkeren Tiefgang, je mehr es belastet wird; man glaubt, je tiefer der Mensch denkt, je zarter er fühlt, je höher er sich schätzt, je weiter seine Entfernung von den anderen Thieren wird, – je mehr er als das Genie unter den Thieren erscheint, – um so näher werde er dem wirklichen Wesen der Welt und deren Erkenntniss kommen: diess thut er auch wirklich durch die Wissenschaft, aber er meint diess noch mehr durch seine Religionen und Künste zu thun. Diese sind zwar eine Blüthe der Welt, aber durchaus nicht der Wurzel der Welt näher, als der Stengel ist: man kann aus ihnen das Wesen der Dinge gerade gar nicht besser verstehen, obschon diess fast jedermann glaubt. Der Irrthum hat den Menschen so tief, zart, erfinderisch gemacht, eine solche Blüthe, wie Religionen und Künste, herauszutreiben. Das reine Erkennen wäre dazu ausser Stande gewesen. Wer uns das Wesen der Welt enthüllte, würde uns Allen die unangenehmste Enttäuschung machen. Nicht die Welt als Ding an sich, sondern die Welt als Vorstellung (als Irrthum) ist so bedeutungsreich, tief, wundervoll, Glück und Unglück im Schoosse tragend. Diess Resultat führt zu einer Philosophie der logischen Weltverneinung: welche übrigens sich mit einer praktischen Weltbejahung ebensogut wie mit deren Gegentheile vereinigen lässt.

30.

Schlechte Gewohnheiten im Schliessen. – Die gewöhnlichsten Irrschlüsse der Menschen sind diese: eine Sache existirt, also hat sie ein Recht. Hier wird aus der Lebensfähigkeit auf die Zweckmässigkeit, aus der Zweckmässigkeit auf die Rechtmässigkeit geschlossen. Sodann: eine Meinung beglückt, also ist sie die wahre, ihre Wirkung ist gut, also ist sie selber gut und wahr. Hier legt man der Wirkung das Prädicat beglückend, gut, im Sinne des Nützlichen, bei und versieht nun die Ursache mit dem selben Prädicat gut, aber hier im Sinne des Logisch-Gültigen. Die Umkehrung der Sätze lautet: eine Sache kann sich nicht durchsetzen, erhalten, also ist sie unrecht; eine Meinung quält, regt auf, also ist sie falsch. Der Freigeist, der das Fehlerhafte dieser Art zu schliessen nur allzu häufig kennen lernt und an ihren Folgen zu leiden hat, unterliegt oft der Verführung, die entgegengesetzten Schlüsse zu machen, welche im Allgemeinen natürlich ebenso sehr Irrschlüsse sind: eine Sache kann sich nicht durchsetzen, also ist sie gut; eine Meinung macht Noth, beunruhigt, also ist sie wahr.

31.

Das Unlogische nothwendig. – Zu den Dingen, welche einen Denker in Verzweifelung bringen können, gehört die Erkenntniss, dass das Unlogische für den Menschen nöthig ist, und dass aus dem Unlogischen vieles Gute entsteht. Es steckt so fest in den Leidenschaften, in der Sprache, in der Kunst, in der Religion und überhaupt in Allem, was dem Leben Werth verleiht, dass man es nicht herausziehen kann, ohne damit diese schönen Dinge heillos zu beschädigen. Es sind nur die allzu naiven Menschen, welche glauben können, dass die Natur des Menschen in eine rein logische verwandelt werden könne; wenn es aber Grade der Annäherung an dieses Ziel geben sollte, was würde da nicht Alles auf diesem Wege verloren gehen müssen! Auch der vernünftigste Mensch bedarf von Zeit zu Zeit wieder der Natur, das heisst seiner unlogischen Grundstellung zu allen Dingen.

32.

Ungerechtsein nothwendig. – Alle Urtheile über den Werth des Lebens sind unlogisch entwickelt und desshalb ungerecht. Die Unreinheit des Urtheils liegt erstens in der Art, wie das Material vorliegt, nämlich sehr unvollständig, zweitens in der Art, wie daraus die Summe gebildet wird, und drittens darin, dass jedes einzelne Stück des Materials wieder das Resultat unreinen Erkennens ist und zwar diess mit voller Nothwendigkeit. Keine Erfahrung zum Beispiel über einen Menschen, stünde er uns auch noch so nah, kann vollständig sein, so dass wir ein logisches Recht zu einer Gesammtabschätzung desselben hätten; alle Schätzungen sind voreilig und müssen es sein. Endlich ist das Maass, womit wir messen, unser Wesen, keine unabänderliche Grösse, wir haben Stimmungen und Schwankungen, und doch müssten wir uns selbst als ein festes Maass kennen, um das Verhältniss irgend einer Sache zu uns gerecht abzuschätzen. Vielleicht wird aus alledem folgen, dass man gar nicht urtheilen sollte; wenn man aber nur leben könnte, ohne abzuschätzen, ohne Abneigung und Zuneigung zu haben! – denn alles Abgeneigtsein hängt mit einer Schätzung zusammen, ebenso alles Geneigtsein. Ein Trieb zu Etwas oder von Etwas weg, ohne ein Gefühl davon, dass man das Förderliche wolle, dem Schädlichen ausweiche, ein Trieb ohne eine Art von erkennender Abschätzung über den Werth des Zieles, existirt beim Menschen nicht. Wir sind von vornherein unlogische und daher ungerechte

Wesen, und können diess erkennen: diess ist eine der grössten und unauflösbarsten Disharmonien des Daseins.

33.

Der Irrthum über das Leben zum Leben nothwendig. – Jeder Glaube an Werth und Würdigkeit des Lebens beruht auf unreinem Denken; er ist allein dadurch möglich, dass das Mitgefühl für das allgemeine Leben und Leiden der Menschheit sehr schwach im Individuum entwickelt ist. Auch die seltneren Menschen, welche überhaupt über sich hinaus denken, fassen nicht dieses allgemeine Leben, sondern abgegränzte Theile desselben in's Auge. Versteht man es, sein Augenmerk vornehmlich auf Ausnahmen, ich meine auf die hohen Begabungen und die reinen Seelen zu richten, nimmt man deren Entstehung zum Ziel der ganzen Weltentwickelung und erfreut sich an deren Wirken, so mag man an den Werth des Lebens glauben, weil man nämlich die anderen Menschen dabei übersieht : also unrein denkt. Und ebenso, wenn man zwar alle Menschen in's Auge fasst, aber in ihnen nur eine Gattung von Trieben, die weniger egoistischen, gelten lässt und sie in Betreff der anderen Triebe entschuldigt: dann kann man wiederum von der Menschheit im Ganzen Etwas hoffen und insofern an den Werth des Lebens glauben: also auch in diesem Falle durch Unreinheit des Denkens. Mag man sich aber so oder so verhalten, man ist mit diesem Verhalten eine Ausnahme unter den Menschen. Nun ertragen aber gerade die allermeisten Menschen das Leben, ohne erheblich zu murren, und glauben somit an den Werth des Daseins, aber gerade dadurch, dass sich jeder allein will und behauptet, und nicht aus sich heraustritt wie jene Ausnahmen: alles Ausserpersönliche ist ihnen gar nicht oder höchstens als ein schwacher Schatten bemerkbar. Also darauf allein beruht der Werth des Lebens für den gewöhnlichen, alltäglichen Menschen, dass er sich wichtiger nimmt, als die Welt. Der grosse Mangel an Phantasie, an dem er leidet, macht, dass er sich nicht in andere Wesen hineinfühlen kann und daher so wenig als möglich an ihrem Loos und Leiden theilnimmt. Wer dagegen wirklich daran theilnehmen könnte, müsste am Werthe des Lebens verzweifeln; gelänge es ihm, das Gesammtbewusstsein der Menschheit in sich zu fassen und zu empfinden, er würde mit einem Fluche gegen das Dasein zusammenbrechen, – denn die Menschheit hat im Ganzen keine Ziele, folglich kann der Mensch, in Betrachtung des ganzen Verlaufes, nicht darin seinen Trost und Halt finden, sondern seine Verzweifelung. Sieht er bei Allem, was er thut, auf die letzte Ziellosigkeit der Menschen, so bekommt sein eigenes Wirken in seinen Augen den Charakter der

Vergeudung. Sich aber als Menschheit (und nicht nur als Individuum) ebenso vergeudet zu fühlen, wie wir die einzelne Blüthe von der Natur vergeudet sehen, ist ein Gefühl über alle Gefühle. – Wer ist aber desselben fähig? Gewiss nur ein Dichter: und Dichter wissen sich immer zu trösten.

34.

Zur Beruhigung. – Aber wird so unsere Philosophie nicht zur Tragödie? Wird die Wahrheit nicht dem Leben, dem Besseren feindlich? Eine Frage scheint uns die Zunge zu beschweren und doch nicht laut werden zu wollen: ob man bewusst in der Unwahrheit bleiben könne? oder, wenn man diess müsse, ob da nicht der Tod vorzuziehen sei? Denn ein Sollen giebt es nicht mehr; die Moral, insofern sie ein Sollen war, ist ja durch unsere Betrachtungsart ebenso vernichtet wie die Religion. Die Erkenntniss kann als Motive nur Lust und Unlust, Nutzen und Schaden bestehen lassen: wie aber werden diese Motive sich mit dem Sinne für Wahrheit auseinandersetzen? Auch sie berühren sich ja mit Irrthümern (insofern, wie gesagt, Neigung und Abneigung und ihre sehr ungerechten Messungen unsere Lust und Unlust wesentlich bestimmen). Das ganze menschliche Leben ist tief in die Unwahrheit eingesenkt; der Einzelne kann es nicht aus diesem Brunnen herausziehen, ohne dabei seiner Vergangenheit aus tiefstem Grunde gram zu werden, ohne seine gegenwärtigen Motive, wie die der Ehre, ungereimt zu finden und den Leidenschaften, welche zur Zukunft und zu einem Glück in derselben hindrängen, Hohn und Verachtung entgegenzustellen. Ist es wahr, bliebe einzig noch eine Denkweise übrig, welche als persönliches Ergebniss die Verzweifelung, als theoretisches eine Philosophie der Zerstörung nach sich zöge? – Ich glaube, die Entscheidung über die Nachwirkung der Erkenntniss wird durch das Temperament eines Menschen gegeben: ich könnte mir eben so gut, wie jene geschilderte und bei einzelnen Naturen mögliche Nachwirkung, eine andere denken, vermöge deren ein viel einfacheres, von Affecten reineres Leben entstünde, als das jetzige ist: so dass zuerst zwar die alten Motive des heftigeren Begehrens noch Kraft hätten, aus alter vererbter Gewöhnung her, allmählich aber unter dem Einflusse der reinigenden Erkenntniss schwächer würden. Man lebte zuletzt unter den Menschen und mit sich wie in der Natur, ohne Lob, Vorwürfe, Ereiferung, an Vielem sich wie an einem Schauspiel weidend, vor dem man sich bisher nur zu fürchten hatte. Man wäre die Emphasis los und würde die Anstachelung des Gedankens, dass man nicht nur Natur oder mehr als Natur sei, nicht weiter empfinden. Freilich gehörte hierzu, wie gesagt, ein gutes Temperament, eine gefestete, milde und im Grunde frohsinnige Seele, eine Stimmung, welche nicht vor Tücken und plötzlichen Ausbrüchen auf der Hut zu sein brauchte und in ihren Aeusserungen Nichts von dem knurrenden Tone und der Verbissenheit an sich trüge, – jenen bekannten lästigen Eigenschaften alter Hunde und Menschen, die lange an der Kette gelegen haben. Vielmehr muss ein Mensch, von dem in solchem Maasse die gewöhnlichen Fesseln des Lebens abgefallen sind, dass er nur deshalb weiter lebt, um immer besser zu erkennen, auf Vieles, ja fast auf Alles, was bei den anderen Menschen Werth hat, ohne Neid und Verdruss verzichten können, ihm muss als der wünschenswertheste Zustand jenes freie, furchtlose Schweben über Menschen, Sitten, Gesetzen und den herkömmlichen Schätzungen der Dinge genügen. Die Freude an diesem Zustande theilt er gerne mit und er hat vielleicht nichts Anderes mitzutheilen, – worin freilich eine Entbehrung, eine Entsagung mehr liegt. Will man aber trotzdem mehr von ihm, so wird er mit wohlwollendem Kopfschütteln auf seinen Bruder hinweisen, den freien Menschen der That, und vielleicht ein Wenig Spott nicht verhehlen: denn mit dessen "Freiheit" hat es eine eigene Bewandtniss.

Zweites Hauptstück

Zur Geschichte der moralischen Empfindungen

35.

Vortheile der psychologischen Beobachtung. – Dass das Nachdenken über Menschliches, Allzumenschliches – oder wie der gelehrtere Ausdruck lautet: die psychologische Beobachtung – zu den Mitteln gehöre, vermöge deren man sich die Last des Lebens erleichtern könne, dass die Uebung in dieser Kunst Geistesgegenwart in schwierigen Lagen und Unterhaltung inmitten einer langweiligen Umgebung verleihe, ja dass man den dornenvollsten und unerfreulichsten Strichen des eigenen Lebens Sentenzen abpflücken und sich dabei ein Wenig wohler fühlen könne: das glaubte man, wusste man – in früheren Jahrhunderten. Warum vergass es dieses Jahrhundert, wo wenigstens in Deutschland, ja in Europa, die Armuth an psychologischer Beobachtung durch viele Zeichen sich zu erkennen giebt? Nicht gerade in Roman, Novelle und philosophischer Betrachtung, – diese sind das Werk von Ausnahmemenschen; schon mehr in der Beurtheilung öffentlicher Ereignisse und Persönlichkeiten: vor Allem aber fehlt die Kunst der psychologischen Zergliederung und

Zusammenrechnung in der Gesellschaft aller Stände, in der man wohl viel über Menschen, aber gar nicht über den Menschen spricht. Warum doch lässt man sich den reichsten und harmlosesten Stoff der Unterhaltung entgehen? Warum liest man nicht einmal die grossen Meister der psychologischen Sentenz mehr? – denn, ohne jede Uebertreibung gesprochen: der Gebildete in Europa, der La Rochefoucauld und seine Geistes- und Kunstverwandten gelesen hat, ist selten zu finden; und noch viel seltener Der, welcher sie kennt und sie nicht schmäht. Wahrscheinlich wird aber auch dieser ungewöhnliche Leser viel weniger Freude an ihnen haben, als die Form jener Künstler ihm geben sollte; denn selbst der feinste Kopf ist nicht vermögend, die Kunst der Sentenzen-Schleiferei gebührend zu würdigen, wenn er nicht selber zu ihr erzogen ist, in ihr gewetteifert hat. Man nimmt, ohne solche practische Belehrung, dieses Schaffen und Formen für leichter als es ist, man fühlt das Gelungene und Reizvolle nicht scharf genug heraus. Desshalb haben die jetzigen Leser von Sentenzen ein verhältnissmässig unbedeutendes Vergnügen an ihnen, ja kaum einen Mund voll Annehmlichkeit, so dass es ihnen ebenso geht, wie den gewöhnlichen Betrachtern von Kameen: als welche loben, weil sie nicht lieben können und schnell bereit sind zu bewundern, schneller aber noch, fortzulaufen.

36.

Einwand. – Oder sollte es gegen jenen Satz, dass die psychologische Beobachtung zu den Reiz-, Heil- und Erleichterungsmitteln des Daseins gehöre, eine Gegenrechnung geben? Sollte man sich genug von den unangenehmen Folgen dieser Kunst überzeugt haben, um jetzt mit Absichtlichkeit den Blick der sich Bildenden von ihr abzulenken? In der That, ein gewisser blinder Glaube an die Güte der menschlichen Natur, ein eingepflanzter Widerwille vor der Zerlegung menschlicher Handlungen, eine Art Schamhaftigkeit in Hinsicht auf die Nacktheit der Seele mögen wirklich für das gesammte Glück eines Menschen wünschenswerthere Dinge sein, als jene, in einzelnen Fällen hilfreiche Eigenschaft der psychologischen Scharfsichtigkeit; und vielleicht hat der Glaube an das Gute, an tugendhafte Menschen und Handlungen, an eine Fülle des unpersönlichen Wohlwollens in der Welt die Menschen besser gemacht, insofern er dieselben weniger misstrauisch machte. Wenn man die Helden Plutarch's mit Begeisterung nachahmt, und einen Abscheu davor empfindet, den Motiven ihres Handelns anzweifelnd nachzuspüren, so hat zwar nicht die Wahrheit, aber die Wohlfahrt der menschlichen Gesellschaft ihren Nutzen dabei: der psychologische Irrthum und überhaupt die Dumpfheit auf diesem

Gebiete hilft der Menschlichkeit vorwärts, während die Erkenntniss der Wahrheit vielleicht durch die anregende Kraft einer Hypothese mehr gewinnt, wie sie La Rochefoucauld der ersten Ausgabe seiner "Sentences et maximes morales" vorangestellt hat: "Ce que le monde nomme vertu n'est d'ordinaire qu'un fantôame formé par nos passions, à qui on donne un nom honnête pour faire impunément ce qu'on veut." La Rochefoucauld und jene anderen französischen Meister der Seelenprüfung (denen sich neuerdings auch ein Deutscher, der Verfasser der "Psychologischen Beobachtungen" zugesellt hat) gleichen scharf zielenden Schützen, welche immer und immer wieder in's Schwarze treffen, – aber in's Schwarze der menschlichen Natur. Ihr Geschick erregt Staunen, aber endlich verwünscht ein Zuschauer, der nicht vom Geiste der Wissenschaft, sondern der Menschenfreundlichkeit geleitet wird, eine Kunst, welche den Sinn der Verkleinerung und Verdächtigung in die Seelen der Menschen zu pflanzen scheint.

37.

Trotzdem. – Wie es sich nun mit Rechnung und Gegenrechnung verhalte: in dem gegenwärtigen Zustande einer bestimmten einzelnen Wissenschaft ist die Auferweckung der moralischen Beobachtung nöthig geworden, und der grausame Anblick des psychologischen Secirtisches und seiner Messer und Zangen kann der Menschheit nicht erspart bleiben. Denn hier gebietet jene Wissenschaft, welche nach Ursprung und Geschichte der sogenannten moralischen Empfindungen fragt und welche im Fortschreiten die verwickelten sociologischen Probleme aufzustellen und zu lösen hat: – die ältere Philosophie kennt die letzteren gar nicht und ist der Untersuchung von Ursprung und Geschichte der moralischen Empfindungen unter dürftigen Ausflüchten immer aus dem Wege gegangen. Mit welchen Folgen: das lässt sich jetzt sehr deutlich überschauen, nachdem an vielen Beispielen nachgewiesen ist, wie die Irrthümer der grössten Philosophen gewöhnlich ihren Ausgangspunct in einer falschen Erklärung bestimmter menschlicher Handlungen und Empfindungen haben, wie auf Grund einer irrthümlichen Analysis, zum Beispiel der sogenannten unegoistischen Handlungen, eine falsche Ethik sich aufbaut, dieser zu Gefallen dann wiederum Religion und mythologisches Unwesen zu Hülfe genommen werden, und endlich die Schatten dieser trüben Geister auch in die Physik und die gesammte Weltbetrachtung hineinfallen. Steht es aber fest, dass die Oberflächlichkeit der psychologischen Beobachtung dem menschlichen Urtheilen und Schliessen die gefährlichsten Fallstricke gelegt hat und fortwährend von Neuem legt, so bedarf es jetzt jener Ausdauer der Arbeit, welche nicht müde wird, Steine auf Steine, Steinchen auf Steinchen zu häufen, so bedarf es der enthaltsamen Tapferkeit, um sich einer solchen bescheidenen Arbeit nicht zu schämen und jeder Missachtung derselben Trotz zu bieten. Es ist wahr: zahllose einzelne Bemerkungen über Menschliches und Allzumenschliches sind in Kreisen der Gesellschaft zuerst entdeckt und ausgesprochen worden, welche gewohnt waren, nicht der wissenschaftlichen Erkenntniss, sondern einer geistreichen Gefallsucht jede Art von Opfern darzubringen; und fast unlösbar hat sich der Duft jener alten Heimath der moralistischen Sentenz – ein sehr verführerischer Duft – der ganzen Gattung angehängt: so dass seinetwegen der wissenschaftliche Mensch unwillkürlich einiges Misstrauen gegen diese Gattung und ihre Ernsthaftigkeit merken lässt. Aber es genügt, auf die Folgen zu verweisen: denn schon jetzt beginnt sich zu zeigen, welche Ergebnisse ernsthaftester Art auf dem Boden der psychologischen Beobachtung aufwachsen. Welches ist doch der Hauptsatz zu dem einer der kühnsten und kältesten Denker, der Verfasser des Buches "Ueber den Ursprung der moralischen Empfindungen" vermöge seiner ein- und durchschneidenden Analysen des menschlichen Handelns gelangt? "Der moralische Mensch, sagt er, steht der intelligiblen (metaphysischen) Welt nicht näher, als der physische Mensch." Dieser Satz, hart und schneidig geworden unter dem Hammerschlag der historischen Erkenntniss, kann vielleicht einmal, in irgendwelcher Zukunft, als die Axt dienen, welche dem "metaphysischen Bedürfniss" der Menschen an die Wurzel gelegt wird, – ob mehr zum Segen, als zum Fluche der allgemeinen Wohlfahrt, wer wüsste das zu sagen? – aber jedenfalls als ein Satz der erheblichsten Folgen, fruchtbar und furchtbar zugleich, und mit jenem Doppelgesichte in die Welt sehend, welches alle grossen Erkenntnisse haben.

38.

Inwiefern nützlich. – Also: ob die psychologische Beobachtung mehr Nutzen oder Nachtheil über die Menschen bringe, das bleibe immerhin unentschieden; aber fest steht, dass sie nothwendig ist, weil die Wissenschaft ihrer nicht entrathen kann. Die Wissenschaft aber kennt keine Rücksichten auf letzte Zwecke, ebenso wenig als die Natur sie kennt: sondern wie diese gelegentlich Dinge von der höchsten Zweckmässigkeit zu Stande bringt, ohne sie gewollt zu haben, so wird auch die ächte Wissenschaft, als die Nachahmung der Natur in Begriffen, den Nutzen und die Wohlfahrt der Menschen gelegentlich, ja vielfach, fördern und das Zweckmässige erreichen, – aber ebenfalls ohne es gewollt zu haben. Wem es aber bei dem Anhauche einer solchen Betrachtungsart gar zu winterlich zu Muthe wird, der hat vielleicht nur zu wenig Feuer in sich: er möge sich indessen umsehen und er wird Krankheiten wahrnehmen, in denen Eisumschläge noth thun, und Menschen, welche so aus Gluth und Geist "zusammengeknetet" sind, dass sie kaum irgendwo die Luft kalt und schneidend genug für sich finden. Ueberdiess: wie allzu ernste Einzelne und Völker ein Bedürfniss nach Leichtfertigkeiten haben, wie andere allzu Erregbare und Bewegliche zeitweilig schwere niederdrückende Lasten zu ihrer Gesundheit nöthig haben: sollten wir, die geistigeren Menschen eines Zeitalters, welches ersichtlich immer mehr in Brand geräth, nicht nach allen löschenden und kühlenden Mitteln, die es giebt, greifen müssen, damit wir wenigstens so stetig, harmlos und mässig bleiben, als wir es noch sind, und so vielleicht einmal dazu brauchbar werden, diesem Zeitalter als Spiegel und Selbstbesinnung über sich zu dienen? –

39.

Die Fabel von der intelligibelen Freiheit. – Die Geschichte der Empfindungen, vermöge deren wir jemanden verantwortlich machen, also der sogenannten moralischen Empfindungen verläuft, in folgenden Hauptphasen. Zuerst nennt man einzelne Handlungen gut oder böse ohne alle Rücksicht auf deren Motive, sondern allein der nützlichen oder schädlichen Folgen wegen. Bald aber vergisst man die Herkunft dieser Bezeichnungen und wähnt, dass den Handlungen an sich, ohne Rücksicht auf deren Folgen, die Eigenschaft "gut" oder "böse" innewohne: mit demselben Irrthume, nach welchem die Sprache den Stein selber als hart, den Baum selber als grün bezeichnet – also dadurch, dass man, was Wirkung ist, als Ursache fasst. Sodann legt man das Gut- oder Böse-sein in die Motive hinein und betrachtet die Thaten an sich als moralisch zweideutig. Man geht weiter und giebt das Prädicat gut oder böse nicht mehr dem einzelnen Motive, sondern dem ganzen Wesen eines Menschen, aus dem das Motiv, wie die Pflanze aus dem Erdreich, herauswächst. So macht man der Reihe nach den Menschen für seine Wirkungen, dann für seine Handlungen, dann für seine Motive und endlich für sein Wesen verantwortlich. Nun entdeckt man schliesslich, dass auch dieses Wesen nicht verantwortlich sein kann, insofern es ganz und gar nothwendige Folge ist und aus den Elementen und Einflüssen vergangener und gegenwärtiger Dinge concrescirt: also dass der Mensch für Nichts verantwortlich zu machen ist, weder für sein Wesen, noch seine Motive, noch seine Handlungen, noch seine Wirkungen. Damit ist man zur Erkenntniss gelangt, dass die Geschichte der moralischen Empfindungen die Geschichte eines Irrthums, des Irrthums von der Verantwortlichkeit ist: als welcher auf dem Irrthum von der Freiheit des Willens ruht. –Schopenhauer schloss dagegen so: weil gewisse Handlungen Unmuth ("Schuldbewusstsein") nach sich ziehen, so muss es eine Verantwortlichkeit geben; denn zu diesem Unmuth wäre kein Grund vorhanden, wenn nicht nur alles Handeln des Menschen mit Nothwendigkeit verliefe – wie es thatsächlich, und auch nach der Einsicht dieses Philosophen, verläuft –, sondern der Mensch selber mit der selben Nothwendigkeit sein ganzes Wesen erlangte, – was Schopenhauer leugnet. Aus der Thatsache jenes Unmuthes glaubt Schopenhauer eine Freiheit beweisen zu können, welche der Mensch irgendwie gehabt haben müsse, zwar nicht in Bezug auf die Handlungen, aber in Bezug auf das Wesen: Freiheit also, so oder so zu sein, nicht so oder so zu handeln. Aus dem esse, der Sphäre der Freiheit und Verantwortlichkeit, folgt nach seiner Meinung das operari, die Sphäre der strengen Causalität, Nothwendigkeit und Unverantwortlichkeit. Jener Unmuth beziehe sich zwar scheinbar auf das operari – insofern sei er irrthümlich –, in Wahrheit aber auf das esse, welches die That eines freien Willens, die Grundursache der Existenz eines Individuums, sei; der Mensch werde Das, was er werden wolle, sein Wollen sei früher, als seine Existenz. – Hier wird der Fehlschluss gemacht, dass aus der Thatsache des Unmuthes die Berechtigung, die vernünftige Zulässigkeit dieses Unmuthes geschlossen wird; und von jenem Fehlschluss aus kommt Schopenhauer zu seiner phantastischen Consequenz der sogenannten intelligibelen Freiheit. Aber der Unmuth nach der That braucht gar nicht vernünftig zu sein: ja er ist es gewiss nicht, denn er ruht auf der irrthümlichen Voraussetzung, dass die That eben nicht nothwendig hätte erfolgen müssen. Also: weil sich der Mensch für frei hält, nicht aber weil er frei ist, empfindet er Reue und Gewissensbisse. – Ueberdiess ist dieser Unmuth Etwas, das man sich abgewöhnen kann, bei vielen Menschen ist er in Bezug auf Handlungen gar nicht vorhanden, bei welchen viele andere Menschen ihn empfinden. Er ist eine sehr wandelbare, an die Entwickelung der Sitte und Cultur geknüpfte Sache und vielleicht nur in einer verhältnissmässig kurzen Zeit der Weltgeschichte vorhanden. –Niemand ist für seine Thaten verantwortlich, Niemand für sein Wesen; richten ist soviel als ungerecht sein. Diess gilt auch, wenn das Individuum über sich selbst richtet. Der Satz ist so hell wie Sonnenlicht, und doch geht hier jedermann lieber in den Schatten und die Unwahrheit zurück: aus Furcht vor den Folgen.

40.

Das Ueber-Thier. – Die Bestie in uns will belogen werden; Moral ist Nothlüge, damit wir von ihr nicht zerrissen werden. Ohne die Irrthümer, welche in den Annahmen der Moral liegen, wäre der Mensch Thier geblieben. So aber hat er sich als etwas Höheres genommen und sich strengere Gesetze auferlegt. Er hat desshalb einen Hass gegen die der Thierheit näher gebliebenen Stufen: woraus die ehemalige Missachtung des Sclaven, als eines Nicht-Menschen, als einer Sache zu erklären ist.

41.

Der unveränderliche Charakter. – Dass der Charakter unveränderlich sei, ist nicht im strengen Sinne wahr; vielmehr heisst dieser beliebte Satz nur so viel, dass während der kurzen Lebensdauer eines Menschen die einwirkenden Motive gewöhnlich nicht tief genug ritzen können, um die aufgeprägten Schriftzüge vieler Jahrtausende zu zerstören. Dächte man sich aber einen Menschen von achtzigtausend Jahren, so hätte man an ihm sogar einen absolut veränderlichen Charakter: so dass eine Fülle verschiedener Individuen sich nach und nach aus ihm entwickelte. Die Kürze des menschlichen Lebens verleitet zu manchen irrthümlichen Behauptungen über die Eigenschaften des Menschen.

42.

Die Ordnung der Güter und die Moral. – Die einmal angenommene Rangordnung der Güter, je nachdem ein niedriger, höherer, höchster Egoismus das Eine oder das Andere will, entscheidet jetzt über das Moralisch-sein oder Unmoralisch-sein. Ein niedriges Gut (zum Beispiel Sinnengenuss) einem höher geschätzten (zum Beispiel Gesundheit) vorziehen, gilt als unmoralisch, ebenso Wohlleben der Freiheit vorziehen. Die Rangordnung der Güter ist aber keine zu allen Zeiten feste und gleiche; wenn jemand Rache der Gerechtigkeit vorzieht, so ist er nach dem Maassstabe einer früheren Cultur moralisch, nach dem der jetzigen unmoralisch. "Unmoralisch" bezeichnet also, dass Einer die höheren, feineren, geistigeren Motive, welche die jeweilen neue Cultur hinzugebracht hat, noch nicht oder noch nicht stark genug empfindet: es bezeichnet einen Zurückgebliebenen, aber immer nur dem Gradunterschied nach. – Die Rangordnung der Güter selber wird nicht nach moralischen Gesichtspuncten auf- und umgestellt; wohl aber wird nach ihrer jedesmaligen Festsetzung darüber entschieden, ob eine Handlung moralisch oder unmoralisch sei.

43.

Grausame Menschen als zurückgeblieben. – Die Menschen, welche jetzt grausam sind, müssen uns als Stufen früherer Culturen gelten, welche übrig geblieben sind: das Gebirge der Menschheit zeigt hier einmal die tieferen Formationen, welche sonst versteckt liegen, offen. Es sind zurückgebliebene Menschen, deren Gehirn, durch alle möglichen Zufälle im Verlaufe der Vererbung, nicht so zart und vielseitig fortgebildet worden ist. Sie zeigen uns, was wir Alle waren , und machen uns erschrecken: aber sie selber sind so wenig verantwortlich, wie ein Stück Granit dafür, dass es Granit ist. In unserm Gehirne müssen sich auch Rinnen und Windungen finden, welche jener Gesinnung entsprechen, wie sich in der Form einzelner menschlicher Organe Erinnerungen an Fischzustände finden sollen. Aber diese Rinnen und Windungen sind nicht mehr das Bett, in welchem sich jetzt der Strom unserer Empfindung wälzt.

44.

Dankbarkeit und Rache. – Der Grund, wesshalb der Mächtige dankbar ist, ist dieser. Sein Wohlthäter hat sich durch seine Wohlthat an der Sphäre des Mächtigen gleichsam vergriffen und sich in sie eingedrängt: nun vergreift er sich zur Vergeltung wieder an der Sphäre des Wohlthäters durch den Act der Dankbarkeit. Es ist eine mildere Form der Rache. Ohne die Genugthuung der Dankbarkeit zu haben, würde der Mächtige sich unmächtig gezeigt haben und fürderhin dafür gelten. Desshalb stellt jede Gesellschaft der Guten, das heisst ursprünglich der Mächtigen, die Dankbarkeit unter die ersten Pflichten.

– Swift hat den Satz hingeworfen, dass Menschen in dem selben Verhältniss dankbar sind, wie sie Rache hegen.

45.

Doppelte Vorgeschichte von Gut und Böse. – Der Begriff gut und böse hat eine doppelte Vorgeschichte: nämlich einmal in der Seele der herrschenden Stämme und Kasten. Wer die Macht zu vergelten hat, Gutes mit Gutem, Böses mit Bösem, und auch wirklich Vergeltung übt, also dankbar und rachsüchtig ist, der wird gut genannt; wer unmächtig ist und nicht vergelten kann, gilt als schlecht. Man gehört als Guter zu den "Guten", einer Gemeinde, welche Gemeingefühl hat, weil alle Einzelnen durch den Sinn der Vergeltung mit einander verflochten sind. Man gehört als Schlechter zu den "Schlechten", zu einem Haufen unterworfener, ohnmächtiger Menschen, welche kein Gemeingefühl haben. Die Guten sind eine

Kaste, die Schlechten eine Masse wie Staub. Gut und schlecht ist eine Zeit lang so viel wie vornehm und niedrig, Herr und Sclave. Dagegen sieht man den Feind nicht als böse an: er kann vergelten. Der Troer und der Grieche sind bei Homer beide gut. Nicht Der, welcher uns Schädliches zufügt, sondern Der, welcher verächtlich ist, gilt als schlecht. In der Gemeinde der Guten vererbt sich das Gute; es ist unmöglich, dass ein Schlechter aus so gutem Erdreiche hervorwachse. Thut trotzdem Einer der Guten Etwas, das der Guten unwürdig ist, so verfällt man auf Ausflüchte; man schiebt zum Beispiel einem Gott die Schuld zu, indem man sagt: er habe den Guten mit Verblendung und Wahnsinn geschlagen. – Sodann in der Seele der Unterdrückten, Machtlosen. Hier gilt jeder andere Mensch als feindlich, rücksichtslos, ausbeutend, grausam, listig, sei er vornehm oder niedrig; böse ist das Charakterwort für Mensch, ja für jedes lebende Wesen, welches man voraussetzt, zum Beispiel für einen Gott; menschlich, göttlich gilt so viel wie teuflisch, böse. Die Zeichen der Güte, Hülfebereitschaft, Mitleid, werden angstvoll als Tücke, Vorspiel eines schrecklichen Ausgangs, Betäubung und Ueberlistung aufgenommen, kurz als verfeinerte Bosheit. Bei einer solchen Gesinnung des Einzelnen kann kaum ein Gemeinwesen entstehen, höchstens die roheste Form desselben: so dass überall, wo diese Auffassung von gut und böse herrscht, der Untergang der Einzelnen, ihrer Stämme und Rassen nahe ist. – Unsere jetzige Sittlichkeit ist auf dem Boden der herrschenden Stämme und Kasten aufgewachsen.

46.

Mitleiden stärker als Leiden. – Es giebt Fälle, wo das Mitleiden stärker ist, als das eigentliche Leiden. Wir empfinden es zum Beispiel schmerzlicher, wenn einer unserer Freunde sich etwas Schmähliches zu Schulden kommen lässt, als wenn wir selbst es thun. Einmal nämlich glauben wir mehr an die Reinheit seines Charakters, als er; sodann ist unsere Liebe zu ihm, wahrscheinlich eben dieses Glaubens wegen, stärker, als seine Liebe zu sich selbst. Wenn auch wirklich sein Egoismus mehr dabei leidet, als unser Egoismus, insofern er die übelen Folgen seines Vergehens stärker zu tragen hat, so wird das Unegoistische in uns – dieses Wort ist nie streng zu verstehen, sondern nur eine Erleichterung des Ausdrucks – doch stärker durch seine Schuld betroffen, als das Unegoistische in ihm.

47.

Hypochondrie. – Es giebt Menschen, welche aus Mitgefühl und Sorge für eine andere Person hypochondrisch werden; die dabei entstehende Art des

Mitleidens ist nichts Anderes, als eine Krankheit. So giebt es auch eine christliche Hypochondrie, welche jene einsamen, religiös bewegten Leute befällt, die sich das Leiden und Sterben Christi fortwährend vor Augen stellen.

48.

Oekonomie der Güte. – Die Güte und Liebe als die heilsamsten Kräuter und Kräfte im Verkehre der Menschen sind so kostbare Funde, dass man wohl wünschen möchte, es werde in der Verwendung dieser balsamischen Mittel so ökonomisch wie möglich verfahren: doch ist diess unmöglich. Die Oekonomie der Güte ist der Traum der verwegensten Utopisten.

49.

Wohlwollen. – Unter die kleinen, aber zahllos häufigen und desshalb sehr wirkungsvollen Dinge, auf welche die Wissenschaft mehr Acht zu geben hat, als auf die grossen seltenen Dinge, ist auch das Wohlwollen zu rechnen; ich meine jene Aeusserungen freundlicher Gesinnung im Verkehr, jenes Lächeln des Auges, jene Händedrücke, jenes Behagen, von welchem für gewöhnlich fast alles menschliche Thun umsponnen ist. Jeder Lehrer, jeder Beamte bringt diese Zuthat zu dem, was für ihn Pflicht ist, hinzu; es ist die fortwährende Bethätigung der Menschlichkeit, gleichsam die Wellen ihres Lichtes, in denen Alles wächst; namentlich im engsten Kreise, innerhalb der Familie, grünt und blüht das Leben nur durch jenes Wohlwollen. Die Gutmüthigkeit, die Freundlichkeit, die Höflichkeit des Herzens sind immerquellende Ausflüsse des unegoistischen Triebes und haben viel mächtiger an der Cultur gebaut, als jene viel berühmteren Aeusserungen desselben, die man Mitleiden, Barmherzigkeit und Aufopferung nennt. Aber man pflegt sie geringzuschätzen, und in der That: es ist nicht gerade viel Unegoistisches daran. Die Summe dieser geringen Dosen ist trotzdem gewaltig, ihre gesammte Kraft gehört zu den stärksten Kräften. – Ebenso findet man viel mehr Glück in der Welt, als trübe Augen sehen: wenn man nämlich richtig rechnet, und nur alle jene Momente des Behagens, an welchen jeder Tag in jedem, auch dem bedrängtesten Menschenleben reich ist, nicht vergisst.

50.

Mitleiden erregen wollen. – La Rochefoucauld trifft in der bemerkenswerthesten Stelle seines Selbst-Portraits (zuerst gedruckt 1658) gewiss das Rechte, wenn er alle Die, welche Vernunft haben, vor dem Mitleiden warnt, wenn er räth, dasselbe den Leuten aus dem Volke zu überlassen, die der

Leidenschaften bedürfen (weil sie nicht durch Vernunft bestimmt werden), um so weit gebracht zu werden, dem Leidenden zu helfen und bei einem Unglück kräftig einzugreifen; während das Mitleiden, nach seinem (und Plato's) Urtheil, die Seele entkräfte. Freilich solle man Mitleiden bezeugen, aber sich hüten, es zu haben: denn die Unglücklichen seien nun einmal so dumm, dass bei ihnen das Bezeugen von Mitleid das grösste Gut von der Welt ausmache. – Vielleicht kann man noch stärker vor diesem Mitleid-haben warnen, wenn man jenes Bedürfniss der Unglücklichen nicht gerade als Dummheit und intellectuellen Mangel, als eine Art Geistesstörung fasst, welche das Unglück mit sich bringt (und so scheint es ja La Rochefoucauld zu fassen), sondern als etwas ganz Anderes und Bedenklicheres versteht. Vielmehr beobachte man Kinder, welche weinen und Schreien, damit sie bemitleidet werden, und desshalb den Augenblick abwarten, wo ihr Zustand in die Augen fallen kann; man lebe im Verkehr mit Kranken und Geistig-Gedrückten und frage sich, ob nicht das beredte Klagen und Wimmern, das Zur-Schau-tragen des Unglücks im Grunde das Ziel verfolgt, den Anwesenden weh zu thun : das Mitleiden, welches Jene dann äussern, ist insofern eine Tröstung für die Schwachen und Leidenden, als sie daran erkennen, doch wenigstens noch Eine Macht zu haben, trotz aller ihrer Schwäche: die Macht, wehe zu thun. Der Unglückliche gewinnt eine Art von Lust in diesem Gefühl der Ueberlegenheit, welches das Bezeugen des Mitleides ihm zum Bewusstsein bringt; seine Einbildung erhebt sich, er ist immer noch wichtig genug, um der Welt Schmerzen zu machen. Somit ist der Durst nach Mitleid ein Durst nach Selbstgenuss, und zwar auf Unkosten der Mitmenschen; es zeigt den Menschen in der ganzen Rücksichtslosigkeit seines eigensten lieben Selbst: nicht aber gerade in seiner "Dummheit", wie La Rochefoucauld meint. – Im Zwiegespräche der Gesellschaft werden Dreiviertel aller Fragen gestellt, aller Antworten gegeben, um dem Unterredner ein klein Wenig weh zu thun; desshalb dürsten viele Menschen so nach Gesellschaft: sie giebt ihnen das Gefühl ihrer Kraft. In solchen unzähligen, aber sehr kleinen Dosen, in welchen die Bosheit sich geltend macht, ist sie ein mächtiges Reizmittel des Lebens: ebenso wie das Wohlwollen, in gleicher Form durch die Menschenwelt hin verbreitet, das allezeit bereite Heilmittel ist. – Aber wird es viele Ehrliche geben, welche zugestehen, dass es Vergnügen macht, wehe zu thun? dass man sich nicht selten damit unterhält – und gut unterhält –, anderen Menschen wenigstens in Gedanken Kränkungen zuzufügen und die Schrotkörner der kleinen Bosheit nach ihnen zu schiessen? Die Meisten sind zu unehrlich und ein paar Menschen sind zu gut, um von diesem Pudendum Etwas zu wissen; diese mögen somit immerhin leugnen, dass Prosper Mérimée Recht habe, wenn er sagt: "Sachez aussi qu'il n'y a rien de plus commun que de faire le mal pour le plaisir de le faire."

51.

Wie der Schein zum Sein wird. – Der Schauspieler kann zuletzt auch beim tiefsten Schmerz nicht aufhören, an den Eindruck seiner Person und den gesammten scenischen Effect zu denken, zum Beispiel selbst beim Begräbniss seines Kindes; er wird über seinen eignen Schmerz und dessen Aeusserungen weinen, als sein eigener Zuschauer. Der Heuchler, welcher immer ein und die selbe Rolle spielt, hört zuletzt auf, Heuchler zu sein; zum Beispiel Priester, welche als junge Männer gewöhnlich bewusst oder unbewusst Heuchler sind, werden zuletzt natürlich und sind dann wirklich, ohne alle Affectation, eben Priester; oder wenn es der Vater nicht so weit bringt, dann vielleicht der Sohn, der des Vaters Vorsprung benutzt, seine Gewöhnung erbt. Wenn Einer sehr lange und hartnäckig Etwas scheinen will, so wird es ihm zuletzt schwer, etwas Anderes zu sein. Der Beruf fast jedes Menschen, sogar des Künstlers, beginnt mit Heuchelei, mit einem Nachmachen von Aussen her, mit einem Copiren des Wirkungsvollen. Der, welcher immer die Maske freundlicher Mienen trägt, muss zuletzt eine Gewalt über wohlwollende Stimmungen bekommen, ohne welche der Ausdruck der Freundlichkeit nicht zu erzwingen ist, – und zuletzt wieder bekommen diese über ihn Gewalt, er ist wohlwollend.

52.

Der Punct der Ehrlichkeit beim Betruge. – Bei allen grossen Betrügern ist ein Vorgang bemerkenswerth, dem sie ihre Macht verdanken. Im eigentlichen Acte des Betruges unter all den Vorbereitungen, dem Schauerlichen in Stimme, Ausdruck, Gebärden, inmitten der wirkungsvollen Scenerie, überkommt sie der Glaube an sich selbst: dieser ist es, der dann so wundergleich und bezwingend zu den Umgebenden spricht. Die Religionsstifter unterscheiden sich dadurch von jenen grossen Betrügern, dass sie aus diesem Zustande der Selbsttäuschung nicht herauskommen: oder sie haben ganz selten einmal jene helleren Momente, wo der Zweifel sie überwältigt; gewöhnlich trösten sie sich aber, diese helleren Momente dem bösen Widersacher zuschiebend. Selbstbetrug muss da sein, damit Diese und jene grossartig wirken. Denn die Menschen glauben an die Wahrheit dessen, was ersichtlich stark geglaubt wird.

53.

Angebliche Stufen der Wahrheit. – Einer der gewöhnlichen Fehlschlüsse ist der: weil Jemand wahr und aufrichtig gegen uns ist, so sagt er die Wahrheit. So glaubt das Kind an die Urtheile der Eltern, der Christ an die Behauptungen des Stifters der Kirche. Ebenso will man nicht zugeben, dass alles jenes, was die Menschen mit Opfern an Glück und Leben in früheren Jahrhunderten vertheidigt haben, Nichts als Irrthümer waren: vielleicht sagt man, es seien Stufen der Wahrheit gewesen. Aber im Grunde meint man, wenn Jemand ehrlich an Etwas geglaubt und für seinen Glauben gekämpft hat und gestorben ist, wäre es doch gar zu unbillig, wenn eigentlich nur ein Irrthum ihn beseelt habe. So ein Vorgang scheint der ewigen Gerechtigkeit zu widersprechen; desshalb decretirt das Herz empfindender Menschen immer wieder gegen ihren Kopf den Satz: zwischen moralischen Handlungen und intellectuellen Einsichten muss durchaus ein nothwendiges Band sein. Es ist leider anders; denn es giebt keine ewige Gerechtigkeit.

54.

Die Lüge. – Wesshalb sagen zu allermeist die Menschen im alltäglichen Leben die Wahrheit? – Gewiss nicht, weil ein Gott das Lügen verboten hat. Sondern erstens: weil es bequemer ist; denn die Lüge erfordert Erfindung, Verstellung und Gedächtniss. (Wesshalb Swift sagt: wer eine Lüge berichtet, merkt selten die schwere Last, die er übernimmt; er muss nämlich, um eine Lüge zu behaupten, zwanzig andere erfinden.) Sodann: weil es in schlichten Verhältnissen vortheilhaft ist, direct zu sagen: ich will diess, ich habe diess gethan, und dergleichen; also weil der Weg des Zwangs und der Autorität sicherer ist, als der der List. – Ist aber einmal ein Kind in verwickelten häuslichen Verhältnissen aufgezogen worden, so handhabt es ebenso natürlich die Lüge und sagt unwillkürlich immer Das, was seinem Interesse entspricht; ein Sinn für Wahrheit, ein Widerwille gegen die Lüge an sich ist ihm ganz fremd und unzugänglich, und so lügt es in aller Unschuld.

55.

Des Glaubens wegen die Moral verdächtigen. – Keine Macht lässt sich behaupten, wenn lauter Heuchler sie vertreten; die katholische Kirche mag noch so viele "weltliche" Elemente besitzen, ihre Kraft beruht auf jenen auch jetzt noch zahlreichen priesterlichen Naturen, welche sich das Leben schwer und bedeutungstief machen, und deren Blick und abgehärmter Leib von

Nachtwachen, Hungern, glühendem Gebete, vielleicht selbst von Geisselhieben redet; Diese erschüttern die Menschen und machen ihnen Angst: wie, wenn es nöthig wäre, so zu leben? – diess ist die schauderhafte Frage, welche ihr Anblick auf die Zunge legt. Indem sie diesen Zweifel verbreiten, gründen sie immer von Neuem wieder einen Pfeiler ihrer Macht; selbst die Freigesinnten wagen es nicht, dem derartig Selbstlosen mit hartem Wahrheitssinn zu widerstehen und zu sagen: "Betrogner du, betrüge nicht!" – Nur die Differenz der Einsichten trennt sie von ihm, durchaus keine Differenz der Güte oder Schlechtigkeit; aber was man nicht mag, pflegt man gewöhnlich auch ungerecht zu behandeln. So spricht man von der Schlauheit und der verruchten Kunst der Jesuiten, aber übersieht, welche Selbstüberwindung jeder einzelne Jesuit sich auferlegt und wie die erleichterte Lebenspraxis, welche die jesuitischen Lehrbücher predigen, durchaus nicht ihnen, sondern dem Laienstande zu Gute kommen soll. Ja man darf fragen, ob wir Aufgeklärten bei ganz gleicher Taktik und Organisation eben so gute Werkzeuge, ebenso bewundernswürdig durch Selbstbesiegung, Unermüdlichkeit, Hingebung sein würden.

56.

Sieg der Erkenntniss über das radicale Böse. – Es trägt Dem, der weise werden will, einen reichlichen Gewinn ein, eine Zeit lang einmal die Vorstellung vom gründlich bösen und verderbten Menschen gehabt zu haben: sie ist falsch, wie die entgegengesetzte; aber ganze Zeitstrecken hindurch besass sie die Herrschaft und ihre Wurzeln haben sich bis in uns und unsere Welt hinein verästet. Um uns zu begreifen, müssen wir sie begreifen; um aber dann höher zu steigen, müssen wir über sie hinwegsteigen. Wir erkennen dann, dass es keine Sünden im metaphysischen Sinne giebt; aber, im gleichen Sinne, auch keine Tugenden; dass dieses ganze Bereich sittlicher Vorstellungen fortwährend im Schwanken ist, dass es höhere und tiefere Begriffe von gut und böse, sittlich und unsittlich giebt. Wer nicht viel mehr von den Dingen begehrt, als Erkenntniss derselben, kommt leicht mit seiner Seele zur Ruhe und wird höchstens aus Unwissenheit, aber schwerlich aus Begehrlichkeit fehlgreifen (oder sündigen, wie die Welt es heisst). Er wird die Begierden nicht mehr verketzern und ausrotten wollen; aber sein einziges ihn völlig beherrschendes Ziel, zu aller Zeit so gut wie möglich zu erkennen, wird ihn kühl machen und alle Wildheit in seiner Anlage besänftigen. Ueberdiess ist er einer Menge quälender Vorstellungen losgeworden, er empfindet Nichts mehr bei dem Worte Höllenstrafen, Sündhaftigkeit,

Unfähigkeit zum Guten: er erkennt darin nur die verschwebenden Schattenbilder falscher Welt- und Lebensbetrachtungen.

57.

Moral als Selbstzertheilung des Menschen. – Ein guter Autor, der wirklich das Herz für seine Sache hat, wünscht, dass jemand komme und ihn selber dadurch vernichte, dass er dieselbe Sache deutlicher darstelle und die in ihr enthaltenen Fragen ohne Rest beantworte. Das liebende Mädchen wünscht, dass sie die hingebende Treue ihrer Liebe an der Untreue des Geliebten bewähren könne. Der Soldat wünscht, dass er für sein siegreiches Vaterland auf dem Schlachtfeld falle.- denn in dem Siege seines Vaterlandes siegt sein höchstes Wünschen mit. Die Mutter giebt dem Kinde, was sie sich selber entzieht, Schlaf, die beste Speise, unter Umständen ihre Gesundheit, ihr Vermögen. – Sind das Alles aber unegoistische Zustände? Sind diese Thaten der Moralität Wunder, weil sie, nach dem Ausdrucke Schopenhauer's, "unmöglich und doch wirklich" sind? Ist es nicht deutlich, dass in all diesen Fällen der Mensch Etwas von sich, einen Gedanken, ein Verlangen, ein Erzeugniss mehr liebt, als etwas Anderes von sich, dass er also sein Wesen zertheilt und dem einen Theil den anderen zum Opfer bringt? Ist es etwas wesentlich Verschiedenes, wenn ein Trotzkopf sagt: "ich will lieber über den Haufen geschossen werden, als diesem Menschen da einen Schritt aus dem Wege gehn?" – Die Neigung zu Etwas (Wunsch, Trieb, Verlangen) ist in allen genannten Fällen vorhanden; ihr nachzugeben, mit allen Folgen, ist jedenfalls nicht "unegoistisch". – In der Moral behandelt sich der Mensch nicht als individuum, sondern als dividuum.

58.

Was man versprechen kann. – Man kann Handlungen versprechen, aber keine Empfindungen; denn diese sind unwillkürlich. Wer jemandem verspricht, ihn immer zu lieben oder immer zu hassen oder ihm immer treu zu sein, verspricht Etwas, das nicht in seiner Macht steht; wohl aber kann er solche Handlungen versprechen, welche zwar gewöhnlich die Folgen der Liebe, des Hasses, der Treue sind, aber auch aus anderen Motiven entspringen können: denn zu einer Handlung führen mehrere Wege und Motive. Das Versprechen, jemanden immer zu lieben, heisst also: so lange ich dich liebe, werde ich dir die Handlungen der Liebe erweisen; liebe ich dich nicht mehr, so wirst du doch die selben Handlungen, wenn auch aus anderen Motiven, immerfort von mir empfangen: so dass der Schein in den Köpfen der Mitmenschen bestehen bleibt, dass die Liebe unverändert und immer noch die selbe sei. – Man verspricht also die Andauer des Anscheines der Liebe, wenn man ohne Selbstverblendung jemandem immerwährende Liebe gelobt.

59.

Intellect und Moral. – Man muss ein gutes Gedächtniss haben, um gegebene Versprechen halten zu können. Man muss eine starke Kraft der Einbildung haben, um Mitleid haben zu können. So eng ist die Moral an die Güte des Intellects gebunden.

60.

Sich rächen wollen und -sich rächen. Einen Rachegedanken haben und ausführen heisst einen heftigen Fieberanfall bekommen, der aber vorübergeht: einen Rachegedanken aber haben, ohne Kraft und Muth, ihn auszuführen, heisst ein chronisches Leiden, eine Vergiftung an Leib und Seele mit sich herumtragen. Die Moral, welche nur auf die Absichten sieht, taxirt beide Fälle gleich; für gewöhnlich taxirt man den ersten Fall als den schlimmeren (wegen der bösen Folgen, welche die That der Rache vielleicht nach sich zieht). Beide Schätzungen sind kurzsichtig.

61.

Warten-können. – Das Warten-können ist so schwer, dass die grössten Dichter es nicht verschmäht haben, das Nicht-warten-können zum Motiv ihrer Dichtungen zu machen. So Shakespeare im Othello, Sophokles im Ajax: dessen Selbstmord ihm, wenn er nur einen Tag noch seine Empfindung hätte abkühlen lassen, nicht mehr nöthig geschienen hätte, wie der Orakelspruch andeutet; wahrscheinlich würde er den schrecklichen Einflüsterungen der verletzten Eitelkeit ein Schnippchen geschlagen und zu sich gesprochen haben – wer hat denn nicht schon, in meinem Falle, ein Schaf für einen Helden angesehen? ist es denn so etwas Ungeheures? Im Gegentheil, es ist nur etwas allgemein Menschliches: Ajax durfte sich dergestalt Trost zusprechen. Die Leidenschaft will nicht warten; das Tragische im Leben grosser Männer liegt häufig nicht in ihrem Conflicte mit der Zeit und der Niedrigkeit ihrer Mitmenschen, sondern in ihrer Unfähigkeit, ein Jahr, zwei Jahre ihr Werk zu verschieben; sie können nicht warten. – Bei allen Duellen haben die zurathenden Freunde das Eine festzustellen, ob die betheiligten Personen noch warten können: ist diess nicht der Fall, so ist ein Duell vernünftig, insofern Jeder von Beiden sich sagt: "entweder lebe ich weiter, dann muss jener augenblicklich sterben, oder umgekehrt." Warten hiesse in solchem Falle an jener furchtbaren Marter der verletzten Ehre angesichts ihres Verletzers noch länger leiden; und diess kann eben mehr Leiden sein, als das Leben überhaupt werth ist.

62.

Schwelgerei der Rache. – Grobe Menschen, welche sich beleidigt fühlen, pflegen den Grad der Beleidigung so hoch als möglich zu nehmen und erzählen die Ursache mit stark übertreibenden Worten, um nur in dem einmal erweckten Hass- und Rachegefühl sich recht ausschwelgen zu können.

63.

Werth der Verkleinerung. – Nicht wenige, vielleicht die allermeisten Menschen haben, um ihre Selbstachtung und eine gewisse Tüchtigkeit im Handeln bei sich aufrecht zu erhalten, durchaus nöthig, alle ihnen bekannten Menschen in ihrer Vorstellung herabzusetzen und zu verkleinern. Da aber die geringen Naturen in der Ueberzahl sind und es sehr viel daran liegt, ob sie jene Tüchtigkeit haben oder verlieren, so –

64.

Der Aufbrausende. – Vor Einem, der gegen uns aufbraust, soll man sich in Acht nehmen, wie vor Einem, der uns einmal nach dem Leben getrachtet hat: denn dass wir noch leben, das liegt an der Abwesenheit der Macht zu tödten; genügten Blicke, so wäre es längst um uns geschehen. Es ist ein Stück roher Cultur, durch Sichtbarwerdenlassen der physischen Wildheit, durch Furchterregen Jemanden zum Schweigen zu bringen. – Ebenso ist jener kalte Blick, welchen Vornehme gegen ihre Bedienten haben, ein Ueberrest jener kastenmässigen Abgränzungen zwischen Mensch und Mensch, ein Stück rohen Alterthums; die Frauen, die Bewahrerinnen des Alten, haben auch dieses Survival treuer bewahrt.

65.

Wohin die Ehrlichkeit führen kann. – Jemand hatte die üble Angewohnheit, sich über die Motive, aus denen er handelte und die so gut und so schlecht waren wie die Motive aller Menschen, gelegentlich ganz ehrlich auszusprechen. Er erregte erst Anstoss, dann Verdacht, wurde allmählich geradezu verfehmt und in die Acht der Gesellschaft erklärt, bis endlich die Justiz sich eines so verworfenen Wesens erinnerte, bei Gelegenheiten, wo sie sonst kein Auge hatte, oder dasselbe zudrückte. Der Mangel an Schweigsamkeit über das allgemeine Geheimniss und der unverantwortliche Hang, zu sehen, was Keiner sehen will – sich selber – brachten ihn zu Gefängniss und frühzeitigem Tod.

66.

Sträflich, nie gestraft. – Unser Verbrechen gegen Verbrecher besteht darin, dass wir sie wie Schufte behandeln.

67.

Sancta simplicitas der Tugend. – Jede Tugend hat Vorrechte: zum Beispiel diess, zu dem Scheiterhaufen eines Verurtheilten ihr eigenes Bündchen Holz zu liefern.

68.

Moralität und Erfolg. – Nicht nur die Zuschauer einer That bemessen häufig das Moralische oder Unmoralische an derselben nach dem Erfolge: nein, der Thäter selbst thut diess. Denn die Motive und Absichten sind selten deutlich und einfach genug, und mitunter scheint selbst das Gedächtniss durch den Erfolg der That getrübt, so dass man seiner That selber falsche Motive unterschiebt oder die unwesentlichen Motive als wesentliche behandelt. Der Erfolg giebt oft einer That den vollen ehrlichen Glanz des guten Gewissens, ein Misserfolg legt den Schatten von Gewissensbissen über die achtungswürdigste Handlung. Daraus ergiebt sich die bekannte Praxis des Politikers, welcher denkt: "gebt mir nur den Erfolg: mit ihm habe ich auch alle ehrlichen Seelen auf meine Seite gebracht – und mich vor mir selber ehrlich gemacht." – Auf ähnliche Weise soll der Erfolg die bessere Begründung ersetzen. Noch jetzt meinen viele Gebildete, der Sieg des Christenthums über die griechische Philosophie sei ein Beweis für die grössere Wahrheit des ersteren, – obwohl in diesem Falle nur das Gröbere und Gewaltsamere über das Geistigere und Zarte gesiegt hat. Wie es mit der grösseren Wahrheit steht, ist daraus zu ersehen, dass die erwachenden Wissenschaften Punct um Punct an Epikur's Philosophie angeknüpft, das Christenthum aber Punct um Punct zurückgewiesen haben.

69.

Liebe und Gerechtigkeit. – Warum überschätzt man die Liebe zu Ungunsten der Gerechtigkeit und sagt die schönsten Dinge von ihr, als ob sie ein viel höheres Wesen als jene sei? Ist sie denn nicht ersichtlich dümmer als jene? – Gewiss, aber gerade desshalb um so viel angenehmer für Alle. Sie ist dumm und besitzt ein reiches Füllhorn; aus ihm theilt sie ihre Gaben aus, an jedermann, auch wenn er sie nicht verdient, ja ihr nicht einmal dafür dankt. Sie ist unparteiisch wie der Regen, welcher, nach der Bibel und der Erfahrung, nicht nur den Ungerechten, sondern unter Umständen auch den Gerechten bis auf die Haut nass macht.

70.

Hinrichtung. – Wie kommt es, dass jede Hinrichtung uns mehr beleidigt, als ein Mord? Es ist die Kälte der Richter, die peinliche Vorbereitung, die Einsicht, dass hier ein Mensch als Mittel benutzt wird, um andere abzuschrecken. Denn die Schuld wird nicht bestraft, selbst wenn es eine gäbe: diese liegt in Erziehern, Eltern, Umgebungen, in uns, nicht im Mörder, – ich meine die veranlassenden Umstände.

71.

Die Hoffnung. – Pandora brachte das Fass mit den Uebeln und öffnete es. Es war das Geschenk der Götter an die Menschen, von Aussen ein schönes verführerisches Geschenk und "Glücksfass" zubenannt. Da flogen all die Uebel, lebendige beschwingte Wesen heraus: von da an schweifen sie nun herum und thun den Menschen Schaden bei Tag und Nacht. Ein einziges Uebel war noch nicht aus dem Fass herausgeschlüpft: da schlug Pandora nach Zeus' Willen den Deckel zu und so blieb es darin. Für immer hat der Mensch nun das Glücksfass im Hause und meint Wunder was für einen Schatz er in ihm habe; es steht ihm zu Diensten, er greift darnach: wenn es ihn gelüstet; denn er weiss nicht, dass jenes Fass, welches Pandora brachte, das Fass der Uebel war, und hält das zurückgebliebene Uebel für das grösste Glücksgut, – es ist die Hoffnung. – Zeus wollte nämlich, dass der Mensch, auch noch so sehr durch die anderen Uebel gequält, doch das Leben nicht wegwerfe, sondern fortfahre, sich immer von Neuem quälen zu lassen. Dazu giebt er dem Menschen die Hoffnung: sie ist in Wahrheit das übelste der Uebel, weil sie die Qual der Menschen verlängert.

72.

Grad der moralischen Erhitzbarkeit unbekannt. – Daran, dass man gewisse erschütternde Anblicke und Eindrücke gehabt oder nicht gehabt hat, zum Beispiel eines unrecht gerichteten, getödteten oder gemarterten Vaters, einer untreuen Frau, eines grausamen feindlichen Ueberfalls, hängt es ab, ob unsere

Leidenschaften zur Glühhitze kommen und das ganze Leben lenken oder nicht. Keiner weiss, wozu ihn die Umstände, das Mitleid, die Entrüstung treiben können, er kennt den Grad seiner Erhitzbarkeit nicht. Erbärmliche kleine Verhältnisse machen erbärmlich; es ist gewöhnlich nicht die Qualität der Erlebnisse, sondern ihre Quantität, von welcher der niedere und höhere Mensch abhängt, im Guten und Bösen.

73.

Der Märtyrer wider Willen. – In einer Partei gab es einen Menschen, der zu ängstlich und feige war, um je seinen Kameraden zu widersprechen: man brauchte ihn zu jedem Dienst, man erlangte von ihm Alles, weil er sich vor der schlechten Meinung bei seinen Gesellen mehr als vor dem Tode fürchtete; es war eine erbärmliche schwache Seele. Sie erkannten diess und machten auf Grund der erwähnten Eigenschaften aus ihm einen Heros und zuletzt gar einen Märtyrer. Obwohl der feige Mensch innerlich immer Nein sagte, sprach er mit den Lippen immer ja, selbst noch auf dem Schaffot, als er für die Ansichten seiner Partei starb: neben ihm nämlich stand einer seiner alten Genossen, der ihn durch Wort und Blick so tyrannisirte, dass er wirklich auf die anständigste Weise den Tod erlitt und seitdem als Märtyrer und grosser Charakter gefeiert wird.

74.

Alltags-Maassstab. – Man wird selten irren, wenn man extreme Handlungen auf Eitelkeit, mittelmässige auf Gewöhnung und kleinliche auf Furcht zurückführt.

75.

Missverständniss über die Tugend. – Wer die Untugend in Verbindung mit der Lust kennen gelernt hat, wie Der, welcher eine genusssüchtige Jugend hinter sich hat, bildet sich ein, dass die Tugend mit der Unlust verbunden sein müsse. Wer dagegen von seinen Leidenschaften und Lastern sehr geplagt worden ist, ersehnt in der Tugend die Ruhe und das Glück der Seele. Daher ist es möglich, dass zwei Tugendhafte einander gar nicht verstehen.

76.

Der Asket. – Der Asket macht aus der Tugend eine Noth.

77.

Die Ehre von der Person auf die Sache übertragen. – Man ehrt allgemein die Handlungen der Liebe und Aufopferung zu Gunsten des Nächsten, wo sie sich auch immer zeigen. Dadurch vermehrt man die Schätzung der Dinge, welche in jener Art geliebt werden oder für welche man sich aufopfert: obwohl sie vielleicht an sich nicht viel werth sind. Ein tapferes Heer überzeugt von der Sache, für welche es kämpft.

78.

Ehrgeiz ein Surrogat des moralischen Gefühls. – Das moralische Gefühl darf in solchen Naturen nicht fehlen, welche keinen Ehrgeiz haben. Die Ehrgeizigen behelfen sich auch ohne dasselbe, mit fast gleichem Erfolge. – Desshalb werden Söhne aus bescheidenen, dem Ehrgeiz abgewandten Familien, wenn sie einmal das moralische Gefühl verlieren, gewöhnlich in schneller Steigerung zu vollkommenen Lumpen.

79.

Eitelkeit bereichert. – Wie arm wäre der menschliche Geist ohne die Eitelkeit! So aber gleicht er einem wohlgefüllten und immer neu sich füllenden Waarenmagazin, welches Käufer jeder Art anlockt: Alles fast können sie finden, Alles haben, vorausgesetzt, dass sie die gültige Münzsorte (Bewunderung) mit sich bringen.

80.

Greis und Tod. – Abgesehen von den Forderungen, welche die Religion stellt, darf man wohl fragen: warum sollte es für einen alt gewordenen Mann, welcher die Abnahme seiner Kräfte spürt, rühmlicher sein, seine langsame Erschöpfung und Auflösung abzuwarten, als sich mit vollem Bewusstsein ein Ziel zu setzen? Die Selbsttödtung ist in diesem Falle eine ganz natürliche naheliegende Handlung, welche als ein Sieg der Vernunft billigerweise Ehrfurcht erwecken sollte: und auch erweckt hat, in jenen Zeiten als die Häupter der griechischen Philosophie und die wackersten römischen Patrioten durch Selbsttödtung zu sterben pflegten. Die Sucht dagegen, sich mit ängstlicher Berathung von Aerzten und peinlichster Lebensart von Tag zu Tage fortzufristen, ohne Kraft, dem eigentlichen Lebensziel noch näher zu kommen, ist viel weniger achtbar. – Die Religionen sind reich an Ausflüchten vor der Forderung der Selbsttödtung: dadurch schmeicheln sie sich bei Denen ein, welche in das Leben verliebt sind.

81.

Irrthümer des Leidenden und des Thäters. – Wenn der Reiche dem Armen ein Besitzthum nimmt (zum Beispiel ein Fürst dem Plebejer die Geliebte), so entsteht in dem Armen ein Irrthum; er meint, jener müsse ganz verrucht sein, um ihm das Wenige, was er habe, zu nehmen. Aber jener empfindet den Werth eines einzelnen Besitzthums gar nicht so tief, weil er gewöhnt ist, viele zu haben: so kann er sich nicht in die Seele des Armen versetzen und thut lange nicht so sehr Unrecht, als dieser glaubt. Beide haben von einander eine falsche Vorstellung. Das Unrecht des Mächtigen, welches am meisten in der Geschichte empört, ist lange nicht so gross, wie es scheint. Schon die angeerbte Empfindung, ein höheres Wesen mit höheren Ansprüchen zu sein, macht ziemlich kalt und lässt das Gewissen ruhig: wir Alle sogar empfinden, wenn der Unterschied zwischen uns und einem andern Wesen sehr gross ist, gar Nichts mehr von Unrecht und tödten eine Mücke zum Beispiel ohne jeden Gewissensbiss. So ist es kein Zeichen von Schlechtigkeit bei Xerxes (den selbst alle Griechen als hervorragend edel schildern), wenn er dem Vater seinen Sohn nimmt und ihn zerstückeln lässt, weil dieser ein ängstliches, ominöses Misstrauen gegen den ganzen Heerzug geäussert hatte: der Einzelne wird in diesem Falle wie ein unangenehmes Insect beseitigt, er steht zu niedrig, um länger quälende Empfindungen bei einem Weltherrscher erregen zu dürfen. Ja, jeder Grausame ist nicht in dem Maasse grausam, als es der Misshandelte glaubt; die Vorstellung des Schmerzes ist nicht das Selbe wie das Leiden desselben. Ebenso steht es mit dem ungerechten Richter, mit dem Journalisten, welcher mit kleinen Unredlichkeiten die öffentliche Meinung irre führt. Ursache und Wirkung sind in allen diesen Fällen von ganz verschiedenen Empfindungs- und Gedankengruppen umgeben; während man unwillkürlich voraussetzt, dass Thäter und Leidender gleich denken und empfinden, und gemäss dieser Voraussetzung die Schuld des Einen nach dem Schmerz des Andern misst.

82.

Haut der Seele. – Wie die Knochen, Fleischstücke, Eingeweide und Blutgefässe mit einer Haut umschlossen sind, die den Anblick des Menschen erträglich macht, so werden die Regungen und Leidenschaften der Seele durch die Eitelkeit umhüllt: sie ist die Haut der Seele.

83.

Schlaf der Tugend. – Wenn die Tugend geschlafen hat, wird sie frischer aufstehen.

84.

Feinheit der Scham. – Die Menschen schämen sich nicht, etwas Schmutziges zu denken, aber wohl, wenn sie sich vorstellen, dass man ihnen diese schmutzigen Gedanken zutraue.

85.

Bosheit ist selten. – Die meisten Menschen sind viel zu sehr mit sich beschäftigt, um boshaft zu sein.

86.

Das Zünglein an der Wage. – Man lobt oder tadelt, je nachdem das Eine oder das Andere mehr Gelegenheit giebt, unsere Urtheilskraft leuchten zu lassen.

87.

Lucas 18,14 verbessert. – Wer sich selbst erniedrigt, will erhöhet werden.

88.

Verhinderung des Selbstmordes. – Es giebt ein Recht, wonach wir einem Menschen das Leben nehmen, aber keines, wonach wir ihm das Sterben nehmen: diess ist nur Grausamkeit.

89.

Eitelkeit. – Uns liegt an der guten Meinung der Menschen, einmal weil sie uns nützlich ist, sodann weil wir ihnen Freude machen wollen (Kinder den Eltern, Schüler den Lehrern und wohlwollende Menschen überhaupt allen übrigen Menschen). Nur wo jemandem die gute Meinung der Menschen wichtig ist, abgesehen vom Vortheil oder von seinem Wunsche, Freude zu machen, reden wir von Eitelkeit. In diesem Falle will sich der Mensch selber eine Freude machen, aber auf Unkosten seiner Mitmenschen, indem er diese entweder zu einer falschen Meinung über sich verführt oder es gar auf einen Grad der "guten Meinung" absieht, wo diese allen Anderen peinlich werden muss (durch Erregung von Neid). Der Einzelne will gewöhnlich durch die Meinung Anderer die Meinung, die er von sich hat, beglaubigen und vor sich selber bekräftigen; aber die mächtige Gewöhnung an Autorität – eine Gewöhnung, die so alt als der Mensch ist – bringt Viele auch dazu, ihren eigenen Glauben an sich auf Autorität zu stützen, also erst aus der Hand Anderer anzunehmen: sie trauen der Urtheilskraft Anderer mehr, als der eigenen. – Das Interesse an sich selbst, der Wunsch, sich zu vergnügen, erreicht bei dem Eitelen eine solche Höhe, dass er die Anderen zu einer falschen, allzu hohen Taxation seiner selbst verführt und dann doch sich an die Autorität der Anderen hält: also den Irrthum herbeiführt und doch ihm Glauben schenkt. – Man muss sich also eingestehen, dass die eitelen Menschen nicht sowohl Anderen gefallen wollen, als sich selbst, und dass sie so weit gehen, ihren Vortheil dabei zu vernachlässigen; denn es liegt ihnen oft daran, ihre Mitmenschen ungünstig, feindlich, neidisch, also schädlich gegen sich stimmen, nur um die Freude an sich selber, den Selbstgenuss, zu haben.

90.

Gränze der Menschenliebe. – Jeder, welcher sich dafür erklärt hat, dass der Andere ein Dummkopf, ein schlechter Geselle sei, ärgert sich, wenn Jener schliesslich zeigt, dass er es nicht ist.

91.

Moralité larmoyante. – Wie viel Vergnügen macht die Moralität! Man denke nur, was für ein Meer angenehmer Thränen schon bei Erzählungen edler, grossmüthiger Handlungen geflossen ist! – Dieser Reiz des Lebens würde schwinden, wenn der Glaube an die völlige Unverantwortlichkeit überhand nähme.

92.

Ursprung der Gerechtigkeit. – Die Gerechtigkeit (Billigkeit) nimmt ihren Ursprung unter ungefähr gleich Mächtigen, wie diess Thukydides (in dem furchtbaren Gespräche der athenischen und melischen Gesandten) richtig begriffen hat; wo es keine deutlich erkennbare Uebergewalt giebt und ein Kampf zum erfolglosen, gegenseitigen Schädigen würde, da entsteht der Gedanke sich zu verständigen und über die beiderseitigen Ansprüche zu verhandeln: der Charakter des Tausches ist der anfängliche Charakter der Gerechtigkeit. Jeder stellt den Andern zufrieden, indem jeder bekommt, was er mehr schätzt als der Andere. Man giebt jedem, was er haben will als das nunmehr Seinige, und empfängt dagegen das Gewünschte. Gerechtigkeit ist also Vergeltung und

Austausch unter der Voraussetzung einer ungefähr gleichen Machtstellung: so gehört ursprünglich die Rache in den Bereich der Gerechtigkeit, sie ist ein Austausch. Ebenso die Dankbarkeit. – Gerechtigkeit geht natürlich auf den Gesichtspunct einer einsichtigen Selbsterhaltung zurück, also auf den Egoismus jener Ueberlegung: ‚wozu sollte ich mich nutzlos schädigen und mein Ziel vielleicht doch nicht erreichen?" – Soviel vom Ursprung der Gerechtigkeit. Dadurch, dass die Menschen, ihrer intellectuellen Gewohnheit gemäss, den ursprünglichen Zweck sogenannter gerechter, billiger Handlungen vergessen haben und namentlich weil durch Jahrtausende hindurch die Kinder angelernt worden sind, solche Handlungen zu bewundern und nachzuahmen, ist allmählich der Anschein entstanden, als sei eine gerechte Handlung eine unegoistische: auf diesem Anschein aber beruht die hohe Schätzung derselben, welche überdiess, wie alle Schätzungen, fortwährend noch im Wachsen ist: denn etwas Hochgeschätztes wird mit Aufopferung erstrebt, nachgeahmt, vervielfältigt und wächst dadurch, dass der Werth der aufgewandten Mühe und Beeiferung von jedem Einzelnen noch zum Werthe des geschätzten Dinges hinzugeschlagen wird. – Wie wenig moralisch sähe die Welt ohne die Vergesslichkeit aus! Ein Dichter könnte sagen, dass Gott die Vergesslichkeit als Thürhüterin an die Tempelschwelle der Menschenwürde hingelagert habe.

93.

Vom Rechte des Schwächeren. – Wenn sich jemand unter Bedingungen einem Mächtigeren unterwirft, zum Beispiel eine belagerte Stadt, so ist die Gegenbedingung die, dass man sich vernichten, die Stadt verbrennen und so dem Mächtigen eine grosse Einbusse machen kann. Desshalb entsteht hier eine Art Gleichstellung, auf Grund welcher Rechte festgesetzt werden können. Der Feind hat seinen Vortheil an der Erhaltung. – Insofern giebt es auch Rechte zwischen Sclaven und Herren, das heisst genau in dem Maasse, in welchem der Besitz des Sclaven seinem Herrn nützlich und wichtig ist. Das Recht geht ursprünglich soweit, als Einer dem Andern werthvoll, wesentlich, unverlierbar, unbesiegbar und dergleichen erscheint. In dieser Hinsicht hat auch der Schwächere noch Rechte, aber geringere. Daher das berühmte unusquisque tantum juris habet, quantum potentia valet (oder genauer: quantum potentia valere creditur).

94.

Die drei Phasen der bisherigen Moralität. – Es ist das erste Zeichen, dass das Thier Mensch geworden ist, wenn sein Handeln nicht mehr auf das augenblickliche Wohlbefinden, sondern auf das dauernde sich bezieht, dass der Mensch also nützlich, zweckmässig wird.- da bricht zuerst die freie Herrschaft der Vernunft heraus. Eine noch höhere Stufe ist erreicht, wenn er nach dem Princip der Ehre handelt; vermöge desselben ordnet er sich ein, unterwirft sich gemeinsamen Empfindungen, und das erhebt ihn hoch über die Phase, in der nur die persönlich verstandene Nützlichkeit ihn leitete: er achtet und will geachtet werden, das heisst: er begreift den Nutzen als abhängig von dem, was er über Andere, was Andere über ihn meinen. Endlich handelt er, auf der höchsten Stufe der bisherigen Moralität nach seinem Maassstab über die Dinge und Menschen, er selber bestimmt für sich und Andere, was ehrenvoll, was nützlich ist; er ist zum Gesetzgeber der Meinungen geworden, gemäss dem immer höher entwickelten Begriff des Nützlichen und Ehrenhaften. Die Erkenntnis befähigt ihn, das Nützlichste, das heisst den allgemeinen dauernden Nutzen dem persönlichen, die ehrende Anerkennung von allgemeiner dauernder Geltung der momentanen voranzustellen; er lebt und handelt als Collectiv-Individuum.

95.

Moral des reifen Individuums. – Man hat bisher als das eigentliche Kennzeichen der moralischen Handlung das Unpersönliche angesehen; und es ist nachgewiesen, dass zu Anfang die Rücksicht auf den allgemeinen Nutzen es war, derentwegen man alle unpersönlichen Handlungen lobte und auszeichnete. Sollte nicht eine bedeutende Umwandelung dieser Ansichten bevorstehen, jetzt wo immer besser eingesehen wird, dass gerade in der möglichst persönlichen Rücksicht auch der Nutzen für das Allgemeine am grössten ist: so dass gerade das streng persönliche Handeln dem jetzigen Begriff der Moralität (als einer allgemeinen Nützlichkeit) entspricht? Aus sich eine ganze Person machen und in Allem, was man thut, deren höchstes Wohl in's Auge fassen – das bringt weiter, als jene mitleidigen Regungen und Handlungen zu Gunsten Anderer. Wir Alle leiden freilich noch immer an der allzugeringen Beachtung des Persönlichen an uns, es ist schlecht ausgebildet, – gestehen wir es uns ein: man hat vielmehr unsern Sinn gewaltsam von ihm abgezogen und dem Staate, der Wissenschaft, dem Hülfebedürftigen zum Opfer angeboten, wie als ob es das Schlechte wäre, das geopfert werden müsste. Auch jetzt wollen wir für unsere Mitmenschen arbeiten, aber nur so weit, als wir unsern eigenen höchsten Vortheil in dieser Arbeit finden, nicht mehr, nicht weniger. Es kommt nur darauf an, was man als seinen Vortheil versteht; gerade das unreife, unentwickelte, rohe Individuum wird ihn auch am rohesten verstehen.

96.

Sitte und sittlich. – Moralisch, sittlich, ethisch sein heisst Gehorsam gegen ein altbegründetes Gesetz oder Herkommen haben. Ob man mit Mühe oder gern sich ihm unterwirft, ist dabei gleichgültig, genug, dass man es thut. "Gut" nennt man Den, welcher wie von Natur, nach langer Vererbung, also leicht und gern das Sittliche thut, je nachdem diess ist (zum Beispiel Rache übt, wenn Racheüben, wie bei den älteren Griechen, zur guten Sitte gehört). Er wird gut genannt, weil er "wozu" gut ist; da aber Wohlwollen, Mitleiden und dergleichen in dem Wechsel der Sitten immer als "gut wozu", als nützlich empfunden wurde, so nennt man jetzt vornehmlich den Wohlwollenden, Hülfreichen "gut". Böse ist "nicht sittlich" (unsittlich) sein, Unsitte üben, dem Herkommen widerstreben, wie vernünftig oder dumm dasselbe auch sei; das Schädigen des Nächsten ist aber in allen den Sittengesetzen der verschiedenen Zeiten vornehmlich als schädlich empfunden worden, so dass wir jetzt namentlich bei dem Wort "böse" an die freiwillige Schädigung des Nächsten denken. Nicht das "Egoistische" und das "Unegoistische" ist der Grundgegensatz, welcher die Menschen zur Unterscheidung von sittlich und unsittlich, gut und böse gebracht hat, sondern: Gebundensein an ein Herkommen, Gesetz, und Lösung davon. Wie das Herkommen entstanden ist, das ist dabei gleichgültig, jedenfalls ohne Rücksicht auf gut und böse oder irgend einen immanenten kategorischen Imperativ, sondern vor Allem zum Zweck der Erhaltung einer Gemeinde, eines Volkes; jeder abergläubische Brauch, der auf Grund eines falsch gedeuteten Zufalls entstanden ist, erzwingt ein Herkommen, welchem zu folgen sittlich ist; sich von ihm lösen ist nämlich gefährlich, für die Gemeinschaft noch mehr schädlich als für den Einzelnen (weil die Gottheit den Frevel und jede Verletzung ihrer Vorrechte an der Gemeinde und nur insofern auch am Individuum straft). Nun wird jedes Herkommen fortwährend ehrwürdiger, je weiter der Ursprung abliegt, je mehr dieser vergessen ist; die ihm gezollte Verehrung häuft sich von Generation zu Generation auf, das Herkommen wird zuletzt heilig und erweckt Ehrfurcht; und so ist jedenfalls die Moral der Pietät eine viel ältere Moral, als die, welche unegoistische Handlungen verlangt.

97.

Die Lust in der Sitte. – Eine wichtige Gattung der Lust und damit der Quelle der Moralität entsteht aus der Gewohnheit. Man thut das Gewohnte leichter, besser, also lieber, man empfindet dabei eine Lust, und weiss aus der Erfahrung, dass das Gewohnte sich bewährt hat, also nützlich ist; eine Sitte, mit der sich leben lässt, ist als heilsam, förderlich bewiesen, im Gegensatz zu allen neuen, noch nicht bewährten Versuchen. Die Sitte ist demnach die Vereinigung des Angenehmen und des Nützlichen, überdiess macht sie kein Nachdenken nöthig. Sobald der Mensch Zwang ausüben kann, übt er ihn aus, um seine Sitten durchzusetzen und einzuführen, denn für ihn sind sie die bewährte Lebensweisheit. Ebenso zwingt eine Gemeinschaft von Individuen jedes einzelne zur selben Sitte. Hier ist der Fehlschluss: weil man sich mit einer Sitte wohl fühlt oder wenigstens weil man vermittelst derselben seine Existenz durchsetzt, so ist diese Sitte nothwendig, denn sie gilt als die einzige Möglichkeit, unter der man sich wohl fühlen kann; das Wohlgefühl des Lebens scheint allein aus ihr hervorzuwachsen. Diese Auffassung des Gewohnten als einer Bedingung des Daseins wird bis auf die kleinsten Einzelheiten der Sitte durchgeführt: da die Einsicht in die wirkliche Causalität bei den niedrig stehenden Völkern und Culturen sehr gering ist, so sieht man mit abergläubischer Furcht darauf, dass Alles seinen gleichen Gang gehe; selbst wo die Sitte schwer, hart, lästig ist, wird sie ihrer scheinbar höchsten Nützlichkeit wegen bewahrt. Man weiss nicht, dass der selbe Grad von Wohlbefinden auch bei anderen Sitten bestehen kann und dass selbst höhere Grade sich erreichen lassen. Wohl aber nimmt man wahr, dass alle Sitten, auch die härtesten, mit der Zeit angenehmer und milder werden, und dass auch die strengste Lebensweise zur Gewohnheit und damit zur Lust werden kann.

98.

Lust und socialer Instinct. – Aus seinen Beziehungen zu andern Menschen gewinnt der Mensch eine neue Gattung von Lust zu jenen Lustempfindungen hinzu, welche er aus sich selber nimmt; wodurch er das Reich der Lustempfindung überhaupt bedeutend umfänglicher macht. Vielleicht hat er mancherlei, das hierher gehört, schon von den Thieren her überkommen, welche ersichtlich Lust empfinden, wenn sie mit einander spielen, namentlich die Mütter mit den jungen. Sodann gedenke man der geschlechtlichen Beziehungen, welche jedem Männchen ungefähr jedes Weibchen interessant in Ansehung der Lust erscheinen lassen, und umgekehrt. Die Lustempfindung auf Grund menschlicher Beziehungen macht im Allgemeinen den Menschen besser; die gemeinsame Freude, die Lust mitsammen genossen, erhöht dieselbe, sie giebt dem Einzelnen Sicherheit, macht ihn gutmüthiger, löst das Misstrauen, den Neid: denn man fühlt sich selber wohl und sieht den Andern in gleicher Weise sich wohl fühlen. Die gleichartigen Aeusserungen der Lust erwecken die Phantasie der Mitempfindung, das Gefühl etwas Gleiches zu sein: das Selbe thun auch die gemeinsamen Leiden, die selben Unwetter, Gefahren, Feinde. Darauf baut sich dann wohl das älteste Bündniss auf: dessen Sinn die gemeinsame Beseitigung und Abwehr einer drohenden Unlust zum Nutzen jedes Einzelnen ist. Und so wächst der sociale Instinct aus der Lust heraus.

99.

Das Unschuldige an den sogenannten bösen Handlungen. – Alle "bösen" Handlungen sind motivirt durch den Trieb der Erhaltung oder, noch genauer, durch die Absicht auf Lust und Vermeidung der Unlust des Individuums; als solchermaassen motivirt, aber nicht böse. "Schmerz bereiten an sich" existirt nicht, ausser im Gehirn der Philosophen, ebensowenig "Lust bereiten an sich" (Mitleid im Schopenhauerischen Sinne). In dem Zustand vor dem Staate tödten wir das Wesen, sei es Affe oder Mensch, welches uns eine Frucht des Baumes vorwegnehmen will, wenn wir gerade Hunger haben und auf den Baum zulaufen: wie wir es noch jetzt bei Wanderungen in unwirthlichen Gegenden mit dem Thiere thun würden. – Die bösen Handlungen, welche uns jetzt am meisten empören, beruhen auf dem Irrthume, dass der Andere, welcher sie uns zufügt, freien Willen habe, also dass es in seinem Belieben gelegen habe, uns diess Schlimme nicht anzuthun. Dieser Glaube an das Belieben erregt den Hass, die Rachlust, die Tücke, die ganze Verschlechterung der Phantasie, während wir einem Thiere viel weniger zürnen, weil wir diess als unverantwortlich betrachten. Leid thun nicht aus Erhaltungstrieb, sondern zur Vergeltung – ist Folge eines falschen Urtheils und desshalb ebenfalls unschuldig. Der Einzelne kann im Zustande, welcher vor dem Staate liegt, zur Abschreckung andere Wesen hart und grausam behandeln: um seine Existenz durch solche abschreckende Proben seiner Macht sicher zu stellen. So handelt der Gewaltthätige, Mächtige, der ursprüngliche Staatengründer, welcher sich die Schwächeren unterwirft. Er hat dazu das Recht, wie es jetzt noch der Staat sich nimmt; oder vielmehr: es giebt kein Recht, welches diess hindern kann. Es kann erst dann der Boden für alle Moralität zurecht gemacht werden, wenn ein grösseres Individuum oder ein Collectiv-Individuum, zum Beispiel die

Gesellschaft, der Staat, die Einzelnen unterwirft, also aus ihrer Vereinzelung herauszieht und in einen Verband einordnet. Der Moralität geht der Zwang voraus, ja sie selber ist noch eine Zeit lang Zwang, dem man sich, zur Vermeidung der Unlust, fügt. Später wird sie Sitte, noch später freier Gehorsam, endlich beinahe Instinct: dann ist sie wie alles lang Gewöhnte und Natürliche mit Lust verknüpft – und heisst nun Tugend.

100.

Scham. – Die Scham existirt überall, wo es ein "Mysterium" giebt; diess aber ist ein religiöser Begriff, welcher in der älteren Zeit der menschlichen Cultur einen grossen Umfang hatte. Ueberall gab es umgränzte Gebiete, zu welchen das göttliche Recht den Zutritt versagte, ausser unter bestimmten Bedingungen: zu allererst ganz räumlich, insofern gewisse Stätten vom Fusse der Uneingeweihten nicht zu betreten waren und in deren Nähe Diese Schauder und Angst empfanden. Diess Gefühl wurde vielfach auf andere Verhältnisse übertragen, zum Beispiel auf die geschlechtlichen Verhältnisse, welche als ein Vorrecht und Adyton des reiferen Alters den Blicken der Jugend, zu deren Vortheil, entzogen werden sollten: Verhältnisse, zu deren Schutz und Heilighaltung viele Götter thätig und im ehelichen Gemache als Wächter aufgestellt gedacht wurden. (Im Türkischen heisst desshalb diess Gemach Harem "Heiligthum", wird also mit demselben Worte bezeichnet, welches für die Vorhöfe der Moscheen üblich ist.) So ist das Königthum als ein Centrum, von wo Macht und Glanz ausstrahlt, dem Unterworfenen ein Mysterium voller Heimlichkeit und Scham: wovon viele Nachwirkungen noch jetzt, unter Völkern, die sonst keineswegs zu den verschämten gehören, zu fühlen sind. Ebenso ist die ganze Welt innerer Zustände, die sogenannte "Seele", auch jetzt noch für alle Nicht-Philosophen ein Mysterium, nachdem diese, endlose Zeit hindurch, als göttlichen Ursprungs, als göttlichen Verkehrs würdig geglaubt wurde: sie ist demnach ein Adyton und erweckt Scham.

101.

Richtet nicht. – Man muss sich hüten, bei der Betrachtung früherer Perioden nicht in ein ungerechtes Schimpfen zu gerathen. Die Ungerechtigkeit in der Sclaverei, die Grausamkeit in der Unterwerfung von Personen und Völkern ist nicht mit unserem Maasse zu messen. Denn damals war der Instinct der Gerechtigkeit noch nicht so weit gebildet. Wer darf dem Genfer Calvin die Verbrennung des Arztes Servet vorwerfen? Es war eine consequente aus seinen

Ueberzeugungen fliessende Handlung, und ebenso hatte die Inquisition ein gutes Recht; nur waren die herrschenden Ansichten falsch und ergaben eine Consequenz, welche uns hart erscheint, weil uns jene Ansichten fremd geworden sind. Was ist übrigens Verbrennen eines Einzelnen im Vergleich mit ewigen Höllenstrafen für fast Alle! Und doch beherrschte diese Vorstellung damals alle Welt, ohne mit ihrer viel grösseren Schrecklichkeit der Vorstellung von einem Gotte wesentlich Schaden zu thun. Auch bei uns werden politische Sectirer hart und grausam behandelt, aber weil man an die Nothwendigkeit des Staates zu glauben gelernt hat, so empfindet man hier die Grausamkeit nicht so sehr wie dort, wo wir die Anschauungen verwerfen. Die Grausamkeit gegen Thiere bei Kindern und Italiänern geht auf Unverständniss zurück; das Thier ist namentlich durch die Interessen der kirchlichen Lehre zu weit hinter den Menschen zurückgesetzt worden. – Auch mildert sich vieles Schreckliche und Unmenschliche in der Geschichte, an welches man kaum glauben möchte, durch die Betrachtung, dass der Befehlende und der Ausführende andere Personen sind: ersterer hat den Anblick nicht und daher nicht den starken Phantasie-Eindruck, letzterer gehorcht einem Vorgesetzten und fühlt sich unverantwortlich. Die meisten Fürsten und Militärchefs erscheinen, aus Mangel an Phantasie, leicht grausam und hart, ohne es zu sein. – Der Egoismus ist nicht böse, weil die Vorstellung vom "Nächsten" -das Wort ist christlichen Ursprungs und entspricht der Wahrheit nicht – in uns sehr schwach ist; und wir uns gegen ihn beinahe wie gegen Pflanze und Stein frei und unverantwortlich fühlen. Dass der Andere leidet, ist zu lernen: und völlig kann es nie gelernt werden.

102.

"Der Mensch handelt immer gut." – Wir klagen die Natur nicht als unmoralisch an, wenn sie uns ein Donnerwetter schickt und uns nass macht: warum nennen wir den schädigenden Menschen unmoralisch? Weil wir hier einen willkürlich waltenden, freien Willen, dort Nothwendigkeit annehmen. Aber diese Unterscheidung ist ein Irrthum. Sodann: selbst das absichtliche Schädigen nennen wir nicht unter allen Umständen unmoralisch; man tödtet z. B. eine Mücke unbedenklich mit Absicht, blos weil uns ihr Singen missfällt, man straft den Verbrecher absichtlich und thut ihm Leid an, um uns und die Gesellschaft zu schützen. Im ersten Falle ist es das Individuum, welches, um sich zu erhalten oder selbst um sich keine Unlust zu machen, absichtlich Leid thut; im zweiten der Staat. Alle Moral lässt absichtliches Schadenthun gelten bei Nothwehr: das heisst wenn es sich um die Selbsterhaltung handelt! Aber diese beiden

Gesichtspuncte genügen, um alle bösen Handlungen gegen Menschen, von Menschen ausgeübt, zu erklären: man will für sich Lust oder will Unlust abwehren; in irgend einem Sinne handelt es sich immer um Selbsterhaltung. Sokrates und Plato haben Recht: was auch der Mensch thue, er thut immer das Gute, das heisst: Das, was ihm gut (nützlich) scheint, je nach dem Grade seines Intellectes, dem jedesmaligen Maasse seiner Vernünftigkeit.

103.

Das Harmlose an der Bosheit. – Die Bosheit hat nicht das Leid des Andern an sich zum Ziele, sondern unsern eigenen Genuss, zum Beispiel als Rachegefühl oder als stärkere Nervenaufregung. Schon jede Neckerei zeigt, wie es Vergnügen macht, am Andern unsere Macht auszulassen und es zum lustvollen Gefühle des Uebergewichts zu bringen. Ist nun das Unmoralische daran, Lust auf Grund der Unlust Anderer zu haben? Ist Schadenfreude teuflisch, wie Schopenhauer sagt? Nun machen wir uns in der Natur Lust durch Zerbrechen von Zweigen, Ablösen von Steinen, Kampf mit wilden Thieren und zwar, um unserer Kraft dabei bewusst zu werden. Das Wissen darum, dass ein Anderer durch uns leidet, soll hier die selbe Sache, in Bezug auf welche wir uns sonst unverantwortlich fühlen, unmoralisch machen? Aber wüsste man diess nicht, so hätte man die Lust an seiner eigenen Ueberlegenheit auch nicht dabei, diese kann eben sich nur im Leide des Anderen zuerkennen geben, zum Beispiel bei der Neckerei. Alle Lust an sich selber ist weder gut noch böse; woher sollte die Bestimmung kommen, dass man, um Lust an sich selber zu haben, keine Unlust Anderer erregen dürfe? Allein vom Gesichtspuncte des Nutzens her, das heisst aus Rücksicht auf die Folgen, auf eventuelle Unlust, wenn der Geschädigte oder der stellvertretende Staat Ahndung und Rache erwarten lässt: nur Diess kann ursprünglich den Grund abgegeben haben, solche Handlungen sich zu versagen. – Das Mitleid hat ebensowenig die Lust des Andern zum Ziele, als, wie gesagt, die Bosheit den Schmerz des Andern an sich. Denn es birgt mindestens zwei (vielleicht mehr) Elemente einer persönlichen Lust in sich und ist dergestalt Selbstgenuss: einmal als Lust der Emotion, welcher Art Mitleid in der Tragödie ist, und dann, wenn es zur That treibt, als Lust der Befriedigung in der Ausübung der Macht. Steht uns überdiess eine leidende Person sehr nahe, so nehmen durch Ausübung mitleidvoller Handlungen uns selbst ein Leid ab. – Abgesehen von einigen Philosophen, so haben die Menschen das Mitleid, in der Rangfolge moralischer Empfindungen immer ziemlich tief gestellt: mit Recht.

104.

Nothwehr. – Wenn man überhaupt die Nothwehr als moralisch gelten lässt, so muss man fast alle Aeusserungen des sogenannten unmoralischen Egoismus' auch gelten lassen: man thut Leid an, raubt oder tödtet, um sich zu erhalten oder um sich zu schützen, dem persönlichen Unheil vorzubeugen; man lügt, wo List und Verstellung das richtige Mittel der Selbsterhaltung sind. Absichtlich schädigen, wenn es sich um unsere Existenz oder Sicherheit (Erhaltung unseres Wohlbefindens) handelt, wird als moralisch concedirt; der Staat schädigt selber unter diesem Gesichtspunct, wenn er Strafen verhängt. Im unabsichtlichen Schädigen kann natürlich das Unmoralische nicht liegen, da regiert der Zufall. Giebt es denn eine Art des absichtlichen Schädigens, wo es sich nicht um unsere Existenz, um die Erhaltung unseres Wohlbefindens handelt? Giebt es ein Schädigen aus reiner Bosheit, zum Beispiel bei der Grausamkeit? Wenn man nicht weiss, wie weh eine Handlung thut, so ist sie keine Handlung der Bosheit; so ist das Kind gegen das Thier nicht boshaft, nicht böse: es untersucht und zerstört dasselbe wie sein Spielzeug. Weiss man aber je völlig, wie weh eine Handlung einem Andern thut? So weit unser Nervensystem reicht, hüten wir uns vor Schmerz: reichte es weiter, nämlich bis in die Mitmenschen hinein, so würden wir Niemandem ein Leides thun (ausser in solchen Fällen, wo wir es uns selbst thun, also wo wir uns der Heilung halber schneiden, der Gesundheit halber uns mühen und anstrengen). Wir schliessen aus Analogie, dass Etwas jemandem weh thut, und durch die Erinnerung und die Stärke der Phantasie kann es uns dabei selber übel werden. Aber welcher Unterschied bleibt immer zwischen dem Zahnschmerz und dem Schmerze (Mitleiden), welchen der Anblick des Zahnschmerzes hervorruft? Also: bei dem Schädigen aus sogenannter Bosheit ist der Grad des erzeugten Schmerzes uns jedenfalls unbekannt; insofern aber eine Lust bei der Handlung ist (Gefühl der eignen Macht, der eignen starken Erregung), geschieht die Handlung, um das Wohlbefinden des Individuums zu erhalten und fällt somit unter einen ähnlichen Gesichtspunct wie die Nothwehr, die Nothlüge. Ohne Lust kein Leben; der Kampf um die Lust ist der Kampf um das Leben. Ob der Einzelne diesen Kampf so kämpft, dass die Menschen ihn gut, oder so, dass sie ihn böse nennen, darüber entscheidet das Maass und die Beschaffenheit seines Intellects.

105.

Die belohnende Gerechtigkeit. – Wer vollständig die Lehre von der völligen Unverantwortlichkeit begriffen hat, der kann die sogenannte strafende und belohnende Gerechtigkeit gar nicht mehr unter den Begriff der Gerechtigkeit unterbringen: falls diese darin besteht, dass man jedem das Seine giebt. Denn Der, welcher gestraft wird, verdient die Strafe nicht: er wird nur als Mittel benutzt, um fürderhin von gewissen Handlungen abzuschrecken; ebenso verdient Der, welchen man belohnt, diesen Lohn nicht: er konnte ja nicht anders handeln, als er gehandelt hat. Also hat der Lohn nur den Sinn einer Aufmunterung für ihn und Andere, um also zu späteren Handlungen ein Motiv abzugeben; das Lob wird dem Laufenden in der Rennbahn zugerufen, nicht Dem, welcher am Ziele ist. Weder Strafe noch Lohn sind Etwas, das Einem als das Seine zukommt; sie werden ihm aus Nützlichkeitsgründen gegeben, ohne dass er mit Gerechtigkeit Anspruch auf sie zu erheben hätte. Man muss ebenso sagen "der Weise belohnt nicht, weil gut gehandelt worden ist", als man gesagt hat "der Weise straft nicht, weil schlecht gehandelt worden ist, sondern damit nicht schlecht gehandelt werde". Wenn Strafe und Lohn fortfielen, so fielen die kräftigsten Motive, welche von gewissen Handlungen weg, zu gewissen Handlungen hin treiben, fort; der Nutzen der Menschen erheischt ihre Fortdauer; und insofern Strafe und Lohn, Tadel und Lob am empfindlichsten auf die Eitelkeit wirken, so erheischt der selbe Nutzen auch die Fortdauer der Eitelkeit.

106.

Am Wasserfall. – Beim Anblick eines Wasserfalles meinen wir in den zahllosen Biegungen, Schlängelungen, Brechungen der Wellen Freiheit des Willens und Belieben zu sehen; aber Alles ist nothwendig, jede Bewegung mathematisch auszurechnen. So ist es auch bei den menschlichen Handlungen; man müsste jede einzelne Handlung vorher ausrechnen können, wenn man allwissend wäre, ebenso jeden Fortschritt der Erkenntniss, jeden Irrthum, jede Bosheit. Der Handelnde selbst steckt freilich in der Illusion der Willkür; wenn in einem Augenblick das Rad der Welt still stände und ein allwissender, rechnender Verstand da wäre, um diese Pausen zu benützen, so könnte er bis in die fernsten Zeiten die Zukunft jedes Wesens weitererzählen und jede Spur bezeichnen, auf der jenes Rad noch rollen wird. Die Täuschung des Handelnden über sich, die Annahme des freien Willens, gehört mit hinein in diesen auszurechnenden Mechanismus.

107.

Unverantwortlichkeit und Unschuld. – Die völlige Unverantwortlichkeit des Menschen für sein Handeln und sein Wesen ist der bitterste Tropfen, welchen der Erkennende schlucken muss, wenn er gewohnt war, in der Verantwortlichkeit und der Pflicht den Adelsbrief seines Menschenthums zu sehen. Alle seine Schätzungen, Auszeichnungen, Abneigungen sind dadurch entwerthet und falsch geworden: sein tiefstes Gefühl, das er dem Dulder, dem Helden entgegenbrachte, hat einem Irrthume gegolten; er darf nicht mehr loben, nicht tadeln, denn es ist ungereimt, die Natur und die Nothwendigkeit zu loben und zu tadeln. So wie er das gute Kunstwerk liebt, aber nicht lobt, weil es Nichts für sich selber kann, wie er vor der Pflanze steht, so muss er vor den Handlungen der Menschen, vor seinen eignen stehen. Er kann Kraft, Schönheit, Fülle an ihnen bewundern, aber darf keine Verdienste darin finden: der chemische Process und der Streit der Elemente, die Qual des Kranken, der nach Genesung lechzt, sind ebensowenig Verdienste, als jene Seelenkämpfe und Nothzustände, bei denen man durch verschiedene Motive hin- und hergerissen wird, bis man sich endlich für das mächtigste entscheidet – wie man sagt (in Wahrheit aber, bis das mächtigste Motiv über uns entscheidet). Alle diese Motive aber, so hohe Namen wir ihnen geben, sind aus den selben Wurzeln gewachsen, in denen wir die bösen Gifte wohnend glauben; zwischen guten und bösen Handlungen giebt es keinen Unterschied der Gattung, sondern höchstens des Grades. Gute Handlungen sind sublimirte böse; böse Handlungen sind vergröberte, verdummte gute. Das einzige Verlangen des Individuums nach Selbstgenuss (sammt der Furcht, desselben verlustig zu gehen) befriedigt sich unter allen Umständen, der Mensch mag handeln, wie er kann, das heisst wie er muss: sei es in Thaten der Eitelkeit, Rache, Lust, Nützlichkeit, Bosheit, List, sei es in Thaten der Aufopferung, des Mitleids, der Erkenntniss. Die Grade der Urtheilsfähigkeit entscheiden, wohin Jemand sich durch diess Verlangen hinziehen lässt; fortwährend ist jeder Gesellschaft, jedem Einzelnen eine Rangordnung der Güter gegenwärtig, wonach er seine Handlungen bestimmt und die der Anderen beurtheilt. Aber dieser Maassstab wandelt sich fortwährend, viele Handlungen werden böse genannt und sind nur dumm, weil der Grad der Intelligenz, welcher sich für sie entschied, sehr niedrig war. Ja, in einem bestimmten Sinne sind auch jetzt noch alle Handlungen dumm, denn der höchste Grad von menschlicher Intelligenz, der jetzt erreicht werden kann, wird sicherlich noch überboten werden: und dann wird, bei einem Rückblick, all unser Handeln und Urtheilen so beschränkt und übereilt erscheinen, wie uns jetzt das Handeln und Urtheilen zurückgebliebener wilder Völkerschaften beschränkt und übereilt vorkommt. – Diess Alles einzusehen, kann tiefe Schmerzen machen, aber darnach giebt es einen Trost: solche Schmerzen sind Geburtswehen. Der Schmetterling will seine Hülle durchbrechen, er zerrt an ihr, er zerreisst sie: da blendet und verwirrt ihn das unbekannte Licht, das Reich der Freiheit. In solchen Menschen, welche jener Traurigkeit fähig sind – wie wenige werden es sein! – wird der erste Versuch gemacht, ob die Menschheit aus einer moralischen sich in eine weise Menschheit umwandeln könne. Die Sonne eines neuen Evangeliums wirft ihren ersten Strahl auf die höchsten Gipfel in der Seele jener Einzelnen: da ballen sich die Nebel dichter, als je, und neben einander lagert der hellste Schein und die trübste Dämmerung. Alles ist Nothwendigkeit, – so sagt die neue Erkenntniss: und diese Erkenntniss selber ist Nothwendigkeit. Alles ist Unschuld: und die Erkenntniss ist der Weg zur Einsicht in diese Unschuld. Sind Lust, Egoismus, Eitelkeit nothwendig zur Erzeugung der moralischen Phänomene und ihrer höchsten Blüthe, des Sinnes für Wahrheit und Gerechtigkeit der Erkenntniss, war der Irrthum und die Verirrung der Phantasie das einzige Mittel, durch welches die Menschheit sich allmählich zu diesem Grade von Selbsterleuchtung und Selbsterlösung zu erheben vermochte – wer dürfte jene Mittel geringschätzen? Wer dürfte traurig sein, wenn er das Ziel, zu dem jene Wege führen, gewahr wird? Alles auf dem Gebiete der Moral ist geworden, wandelbar, schwankend, Alles ist im Flusse, es ist wahr: – aber Alles ist auch im Strome: nach Einem Ziele hin. Mag in uns die vererbte Gewohnheit des irrthümlichen Schätzens, Liebens, Hassens immerhin fortwalten, aber unter dem Einfluss der wachsenden Erkenntniss wird sie schwächer werden: eine neue Gewohnheit, die des Begreifens, Nicht-Liebens, Nicht-Hassens, Ueberschauens, pflanzt sich allmählich in uns auf dem selben Boden an und wird in Tausenden von Jahren vielleicht mächtig genug sein, um der Menschheit die Kraft zu geben, den weisen, unschuldigen (unschuldbewussten) Menschen ebenso regelmässig hervorzubringen, wie sie jetzt den unweisen, unbilligen, schuldbewussten Menschen – das heisst die nothwendige Vorstufe, nicht den Gegensatz von jenem – hervorbringt.

Drittes Hauptstück

Das religiöse Leben

108.

Der doppelte Kampf gegen das Uebel. – Wenn uns ein Uebel trifft, so kann man entweder so über dasselbe hinwegkommen, dass man seine Ursache hebt, oder so, dass man die Wirkung, welche es auf unsere Empfindung macht, verändert: also durch ein Umdeuten des Uebels in ein Gut, dessen Nutzen vielleicht erst später ersichtlich sein wird. Religion und Kunst (auch die metaphysische Philosophie) bemühen sich, auf die Aenderung der Empfindung zu wirken, theils durch Aenderung unseres Urtheils über die Erlebnisse (zum Beispiel mit Hülfe des Satzes: "wen Gott lieb hat, den züchtigt er"), theils durch Erweckung einer Lust am Schmerz, an der Emotion überhaupt (woher die Kunst des Tragischen ihren Ausgangspunct nimmt). Je mehr Einer dazu neigt, umzudeuten und zurechtzulegen, um so weniger wird er die Ursachen des Uebels in's Auge fassen und beseitigen; die augenblickliche Milderung und Narkotisirung, wie sie zum Beispiel bei Zahnschmerz gebräuchlich ist, genügt ihm auch in ernsteren Leiden. Je mehr die Herrschaft der Religionen und aller Kunst der Narkose abnimmt, um so strenger fassen die Menschen die wirkliche Beseitigung der Uebel in's Auge, was freilich schlimm für die Tragödiendichter ausfällt – denn zur Tragödie findet sich immer weniger Stoff, weil das Reich des unerbittlichen, unbezwinglichen Schicksals immer enger wird –, noch schlimmer aber für die Priester: denn diese lebten bisher von der Narkotisirung menschlicher Uebel.

109.

Gram ist Erkenntniss. – Wie gern möchte man die falschen Behauptungen der Priester, es gebe einen Gott, der das Gute von uns verlangte, Wächter und Zeuge jeder Handlung, jedes Augenblickes, jedes Gedankens sei, der uns liebe, in allem Unglück unser Bestes wolle, – wie gern möchte man diese mit Wahrheiten vertauschen, welche ebenso heilsam, beruhigend und wohlthuend wären, wie jene Irrthümer! Doch solche Wahrheiten giebt es nicht; die Philosophie kann ihnen höchstens wiederum metaphysische Scheinbarkeiten (im Grunde ebenfalls Unwahrheiten) entgegensetzen. Nun ist aber die Tragödie die, dass man jene Dogmen der Religion und Metaphysik nicht glauben kann, wenn man die strenge Methode der Wahrheit im Herzen und Kopfe hat, andererseits durch die Entwickelung der Menschheit so zart, reizbar, leidend geworden ist, um Heil- und Trostmittel der höchsten Art nöthig zu haben; woraus also die Gefahr entsteht, dass der Mensch sich an der erkannten Wahrheit verblute. Diess drückt Byron in unsterblichen Versen aus:

Sorrow is knowledge: they who know the most
must mourn the deepst o'er the fatal truth,
the tree of knowledge is not that of life.

Gegen solche Sorgen hilft kein Mittel besser, als den feierlichen Leichtsinn Horazens, wenigstens für die schlimmsten Stunden und Sonnenfinsternisse der Seele, heraufzubeschwören und mit ihm zu sich selber zu sagen:

quid aeternis minorem
consiliis animum fatigas?
cur non sub alta vel platano vel hac
pinu jacentes –

Sicherlich aber ist Leichtsinn oder Schwermuth jeden Grades besser, als eine romantische Rückkehr und Fahnenflucht, eine Annäherung an das Christenthum in irgend einer Form: denn mit ihm kann man sich, nach dem gegenwärtigen Stande der Erkenntniss, schlechterdings nicht mehr einlassen, ohne sein in intellectuales Gewissen heillos zu beschmutzen und vor sich und Anderen preiszugeben. Jene Schmerzen mögen peinlich genug sein: aber man kann ohne Schmerzen nicht zu einem Führer und Erzieher der Menschheit werden; und wehe Dem, welcher diess versuchen möchte und jenes reine Gewissen nicht mehr hätte!

110.

Die Wahrheit in der Religion. – In der Periode der Aufklärung war man der Bedeutung der Religion nicht gerecht geworden, daran ist nicht zu zweifeln: aber ebenso steht fest, dass man, in dem darauffolgenden Widerspiel der Aufklärung, wiederum um ein gutes Stück über die Gerechtigkeit hinausgieng, indem man die Religionen mit Liebe, selbst mit Verliebtheit behandelte und ihnen zum Beispiel ein tieferes, ja das allertiefste Verständniss der Welt zuerkannte; welches die Wissenschaft des dogmatischen Gewandes zu entkleiden habe, um dann in unmythischer Form die "Wahrheit" zu besitzen. Religionen sollen also – diess war die Behauptung aller Gegner der Aufklärung – sensu allegorico, mit Rücksicht auf das Verstehen der Menge, jene uralte Weisheit aussprechen, welche die Weisheit an sich sei, insofern alle wahre Wissenschaft der neueren Zeit immer zu ihr hin, anstatt von ihr weg, geführt habe: so dass zwischen den ältesten Weisen der Menschheit und allen späteren Harmonie, ja Gleichheit der Einsichten walte und ein Fortschritt der Erkenntnisse – falls man von einem solchen reden wolle – sich nicht auf das Wesen, sondern die Mittheilung desselben beziehe. Diese ganze Auffassung von Religion und Wissenschaft ist durch und durch irrthümlich; und Niemand würde jetzt noch zu ihr sich zu bekennen wagen, wenn nicht Schopenhauer's Beredtsamkeit sie in Schutz genommen hätte: diese laut tönende und doch erst nach einem Menschenalter ihre Hörer erreichende Beredtsamkeit. So gewiss man aus Schopenhauer's religiös-moralischer Menschen- und Weltdeutung sehr viel für das Verständniss des Christenthums und anderer Religionen gewinnen kann, so gewiss ist es auch, dass er über den Werth der Religion für die Erkenntniss sich geirrt hat. Er selbst war darin ein nur zu folgsamer Schüler der wissenschaftlichen Lehrer seiner Zeit, welche allesammt der Romantik huldigten und dem Geiste der Aufklärung abgeschworen hatten; in unsere jetzige Zeit hineingeboren, würde er unmöglich vom sensus allegoricus der Religion haben reden können; er würde vielmehr der Wahrheit die Ehre gegeben haben, wie er es pflegte, mit den Worten: noch nie hat eine Religion, weder mittelbar, noch unmittelbar, weder als Dogma, noch als Gleichniss, eine Wahrheit enthalten. Denn aus der Angst und dem Bedürfniss ist eine jede geboren, auf Irrgängen der Vernunft hat sie sich in's Dasein geschlichen; sie hat vielleicht einmal, im Zustande der Gefährdung durch die Wissenschaft, irgend eine philosophische Lehre in ihr System hineingelogen, damit man sie später darin vorfinde: aber diess ist ein Theologenkunststück, aus der Zeit, in welcher eine Religion schon an sich selber zweifelt. Diese Kunststücke der Theologie, welche freilich im Christenthum, als der Religion eines gelehrten, mit Philosophie durchtränkten Zeitalters, sehr früh schon geübt wurden, haben auf jenen Aberglauben vom sensus allegoricus hingeleitet, noch mehr aber die Gewohnheit der Philosophen (namentlich er Halbwesen, der dichterischen Philosophen und der philosophirenden Künstler), alle die Empfindungen, welche sie in sich vorfanden, als Grundwesen des Menschen überhaupt zu behandeln und somit auch ihren eigenen religiösen Empfindungen einen bedeutenden Einfluss auf den Gedankenbau ihrer Systeme zu gestatten. Weil die Philosophen vielfach unter dem Herkommen religiöser Gewohnheiten, oder mindestens unter der altvererbten Macht jenes "metaphysischen Bedürfnisses" philosophirten, so gelangten sie zu Lehrmeinungen, welche in der That den jüdischen oder christlichen oder indischen Religionsmeinungen sehr ähnlich sahen, – ähnlich nämlich, wie Kinder den Müttern zu sehen pflegen, nur dass in diesem Falle die Väter sich nicht über jene Mutterschaft klar waren, wie diess wohl vorkommt, – sondern in der Unschuld ihrer Verwunderung von einer Familien-Aehnlichkeit aller Religion und Wissenschaft fabelten. In der That besteht zwischen der Religion und der wirklichen Wissenschaft nicht

Verwandtschaft, noch Freundschaft, noch selbst Feindschaft: sie leben auf verschiedenen Sternen. Jede Philosophie, welche einen religiösen Kometenschweif in die Dunkelheit ihrer letzten Aussichten hinaus erglänzen lässt, macht Alles an sich verdächtig, was sie als Wissenschaft vorträgt: es ist diess Alles vermuthlich ebenfalls Religion, wenngleich unter dem Aufputz der Wissenschaft. – Uebrigens: wenn alle Völker über gewisse religiöse Dinge, zum Beispiel die Existenz eines Gottes, übereinstimmten (was, beiläufig gesagt, in Betreff dieses Punctes nicht der Fall ist), so würde diess doch eben nur ein Gegenargument gegen jene behaupteten Dinge, zum Beispiel die Existenz eines Gottes sein: der consensus gentium und überhaupt hominum kann billigerweise nur einer Narrheit gelten. Dagegen giebt es einen consensus omnium sapientium gar nicht, in Bezug auf kein einziges Ding, mit jener Ausnahme, von welcher der Goethe'sche Vers spricht:

Alle die Weisesten aller der Zeiten
lächeln und winken und stimmen mit ein:
Thöricht, auf Bess'rung der Thoren zu harren!
Kinder der Klugheit, o habet die Narren
eben zum Narren auch, wie sich's gehört!

Ohne Vers und Reim gesprochen und auf unseren Fall angewendet: der consensus sapientium besteht darin, dass der consensus gentium einer Narrheit gilt.

111.

Ursprung des religiösen Cultus'. – Versetzen wir uns in die Zeiten zurück, in welchen das religiöse Leben am kräftigsten aufblühte, so finden wir eine Grundüberzeugung vor, welche wir jetzt nicht mehr theilen und derentwegen wir ein für alle Mal die Thore zum religiösen Leben uns verschlossen sehen: sie betrifft die Natur und den Verkehr mit ihr. Man weiss in jenen Zeiten noch Nichts von Naturgesetzen; weder für die Erde noch für den Himmel giebt es ein Müssen; eine Jahreszeit, der Sonnenschein, der Regen kann kommen oder auch ausbleiben. Es fehlt überhaupt jeder Begriff der natürlichen Causalität. Wenn man rudert, ist es nicht das Rudern, was das Schiff bewegt, sondern Rudern ist nur eine magische Ceremonie, durch welche man einen Dämon zwingt, das Schiff zu bewegen. Alle Erkrankungen, der Tod selbst ist Resultat magischer Einwirkungen. Es geht bei Krankwerden und Sterben nie natürlich zu; die ganze

Vorstellung vom "natürlichen Hergang" fehlt, – sie dämmert erst bei den älteren Griechen, das heisst in einer sehr späten Phase der Menschheit, in der Conception der über den Göttern thronenden Moira. Wenn Einer mit dem Bogen schiesst, so ist immer noch eine irrationelle Hand und Kraft dabei; versiegen plötzlich die Quellen, so denkt man zuerst an unterirdische Dämonen und deren Tücken; der Pfeil eines Gottes muss es sein, unter dessen unsichtbarer Wirkung ein Mensch auf einmal niedersinkt. In Indien pflegt (nach Lubbock) ein Tischler seinem Hammer, seinem Beil und den übrigen Werkzeugen Opfer darzubringen; ein Brahmane behandelt den Stift, mit dem er schreibt, ein Soldat die Waffen, die er im Felde braucht, ein Maurer seine Kelle, ein Arbeiter seinen Pflug in gleicher Weise. Die ganze Natur ist in der Vorstellung religiöser Menschen eine Summe von Handlungen bewusster und wollender Wesen, ein ungeheurer Complex von Willkürlichkeiten. Es ist in Bezug auf Alles, was ausser uns ist, kein Schluss gestattet, dass irgend Etwas so und so sein werde, so und so kommen müsse; das ungefähr Sichere, Berechenbare sind wir: der Mensch ist die Regel , die Natur die Regellosigkeit, – dieser Satz enthält die Grundüberzeugung, welche rohe, religiös productive Urculturen beherrscht. Wir jetzigen Menschen empfinden gerade völlig umgekehrt: je reicher jetzt der Mensch sich innerlich fühlt, je polyphoner sein Subject ist, um so gewaltiger wirkt auf ihn das Gleichmaass der Natur; wir Alle erkennen mit Goethe in der Natur das grosse Mittel der Beschwichtigung für die moderne Seele, wir hören den Pendelschlag der grössten Uhr mit einer Sehnsucht nach Ruhe, nach Heimisch- und Stillewerden an, als ob wir dieses Gleichmaass in uns hineintrinken und dadurch zum Genuss unser selbst erst kommen könnten. Ehemals war es umgekehrt: denken wir an rohe, frühe Zustände von Völkern zurück oder sehen wir die jetzigen Wilden in der Nähe, so finden wir sie auf das stärkste durch das Gesetz, das Herkommen bestimmt: das Individuum ist fast automatisch an dasselbe gebunden und bewegt sich mit der Gleichförmigkeit eines Pendels. Ihm muss die Natur – die unbegriffene, schreckliche, geheimnissvolle Natur – als das Reich der Freiheit, der Willkür, der höheren Macht erscheinen, ja gleichsam als eine übermenschliche Stufe des Daseins, als Gott. Nun aber fühlt jeder Einzelne solcher Zeiten und Zustände, wie von jenen Willkürlichkeiten der Natur seine Existenz, sein Glück, das der Familie, des Staates, das Gelingen aller Unternehmungen abhängen: einige Naturvorgänge müssen zur rechten Zeit eintreten, andere zur rechten Zeit ausbleiben. Wie kann man einen Einfluss auf diese furchtbaren Unbekannten ausüben, wie kann man das Reich der Freiheit binden? so fragt er sich, so forscht er ängstlich: giebt es denn keine Mittel, jene

Mächte ebenso durch ein Herkommen und Gesetz regelmässig zu machen, wie du selber regelmässig bist? – Das Nachdenken der magie- und wundergläubigen Menschen geht dahin, der Natur ein Gesetz auf zulegen –: und kurz gesagt, der religiöse Cultus ist das Ergebniss dieses Nachdenkens. Das Problem, welches jene Menschen sich vorlegen, ist auf das engste verwandt mit diesem: wie kann der schwächere Stamm dem stärkeren doch Gesetze dictiren, ihn bestimmen, seine Handlungen (im Verhalten zum schwächeren) leiten? Man wird zuerst sich der harmlosesten Art eines Zwanges erinnern, jenes Zwanges, den man ausübt, wenn man jemandes Neigung erworben hat. Durch Flehen und Gebete, durch Unterwerfung, durch die Verpflichtung zu regelmässigen Abgaben und Geschenken, durch schmeichelhafte Verherrlichungen ist es also auch möglich, auf die Mächte der Natur einen Zwang auszuüben, insofern man sie sich geneigt macht: Liebe bindet und wird gebunden. Dann kann man Verträge schliessen, wobei man sich zu bestimmtem Verhalten gegenseitig verpflichtet, Pfänder stellt und Schwüre wechselt. Aber viel wichtiger ist eine Gattung gewaltsameren Zwanges, durch Magie und Zauberei. Wie der Mensch mit Hülfe des Zauberers einem stärkeren Feind doch zu schaden weiss und ihn vor sich in Angst erhält, wie der Liebeszauber in die Ferne wirkt, so glaubt der schwächere Mensch auch die mächtigeren Geister der Natur bestimmen zu können. Das Hauptmittel aller Zauberei ist, dass man Etwas in Gewalt bekommt, das jemandem zu eigen ist, Haare, Nägel, etwas Speise von seinem Tisch, ja selbst sein Bild, seinen Namen. Mit solchem Apparate kann man dann zaubern; denn die Grundvoraussetzung lautet: zu allem Geistigen gehört etwas Körperliches; mit dessen Hülfe vermag man den Geist zu binden, zu Schädigen, zu vernichten; das Körperliche giebt die Handhabe ab, mit der man das Geistige fassen kann. So wie nun der Mensch den Menschen bestimmt, so bestimmt er auch irgend einen Naturgeist; denn dieser hat auch sein Körperliches, an dem er zu fassen ist. Der Baum und, verglichen mit ihm, der Keim, aus dem er entstand, – dieses räthselhafte Nebeneinander scheint zu beweisen, dass in beiden Formen sich ein und der selbe Geist eingekörpert habe, bald klein, bald gross. Ein Stein, der plötzlich rollt, ist der Leib, in welchem ein Geist wirkt; liegt auf einsamer Haide ein Block, erscheint es unmöglich, an Menschenkraft zu denken, die ihn hierher gebracht habe, so muss also der Stein sich selbst hinbewegt haben, das heisst: er muss einen Geist beherbergen. Alles, was einen Leib hat, ist der Zauberei zugänglich, also auch die Naturgeister. Ist ein Gott geradezu an sein Bild gebunden, so kann man auch ganz directen Zwang (durch Verweigerung der Opfernahrung,. Geisseln, in-Fesseln-Legen und Aehnliches) gegen ihn ausüben. Die geringen Leute in China umwinden, um die fehlende Gunst ihres Gottes zu ertrotzen, das Bild desselben, der sie in Stich gelassen hat, mit Stricken, reissen es nieder, schleifen es über die Strassen durch Lehm- und Düngerhaufen; "du Hund von einem Geiste, sagen sie, wir liessen dich in einem prächtigen Tempel wohnen, wir vergoldeten dich hübsch, wir fütterten dich gut, wir brachten dir Opfer und doch bist du so undankbar." Aehnliche Gewaltmaassregeln gegen Heiligen- und Muttergottesbilder, wenn sie etwa bei Pestilenzen oder Regenmangel ihre Schuldigkeit nicht thun wollten, sind noch während dieses Jahrhunderts in katholischen Ländern vorgekommen. – Durch alle diese zauberischen Beziehungen zur Natur sind unzählige Ceremonien in's Leben gerufen: und endlich, wenn der Wirrwarr derselben zu gross geworden ist, bemüht man sich, sie zu ordnen, zu systematisiren, so dass man den günstigen Verlauf des gesammten Ganges der Natur, namentlich des grossen Jahreskreislaufs, sich durch einen entsprechenden Verlauf eines Proceduren-Systems zu verbürgen meint. Der Sinn des religiösen Cultus' ist, die Natur zu menschlichem Vortheil zu bestimmen und zu bannen, also ihr eine Gesetzlichkeit einzuprägen, die sie von vornherein nicht hat; während in der jetzigen Zeit man die Gesetzlichkeit der Natur erkennen will, um sich in sie zu schicken. Kurz, der religiöse Cultus ruht auf den Vorstellungen der Zauberei zwischen Mensch und Mensch; und der Zauberer ist älter, als der Priester. Aber ebenso ruht er auf anderen und edleren Vorstellungen; er setzt das sympathische Verhältniss von Mensch zu Mensch, das Dasein von Wohlwollen, Dankbarkeit, Erhörung Bittender, von Verträgen zwischen Feinden, von Verleihung der Unterpfänder, von Anspruch auf Schutz des Eigenthums voraus. Der Mensch steht auch in sehr niederen Culturstufen nicht der Natur als ohnmächtiger Sclave gegenüber, er ist nicht nothwendig der willenlose Knecht derselben: auf der griechischen Stufe der Religion, besonders im Verhalten zu den olympischen Göttern, ist sogar an ein Zusammenleben von zwei Kasten, einer vornehmeren, mächtigeren und einer weniger vornehmen zu denken; aber beide gehören, ihrer Herkunft nach, irgendwie zusammen und sind Einer Art, sie brauchen sich vor einander nicht zu schämen. Das ist das Vornehme in der griechischen Religiosität.

112.

Beim Anblick gewisser antiker Opfergeräthschaften. – Wie manche Empfindungen uns verloren gehen, ist zum Beispiel an der Vereinigung des Possenhaften, selbst des Obscönen, mit dem religiösen Gefühl zu sehen: die Empfindung für die Möglichkeit dieser Mischung schwindet, wir begreifen es nur noch historisch, dass sie existirte, bei den Demeter- und Dionysosfesten, bei den christlichen Osterspielen und Mysterien: aber auch wir kennen noch das Erhabene im Bunde mit dem Burlesken und dergleichen, das Rührende mit dem Lächerlichen verschmolzen: was vielleicht eine spätere Zeit auch nicht mehr verstehen wird.

113.

Christenthum als Alterthum. – Wenn wir eines Sonntag Morgens die alten Glocken brummen hören, da fragen wir uns: ist es nur möglich! diess gilt einem vor zwei Jahrtausenden gekreuzigten Juden, welcher sagte, er sei Gottes Sohn. Der Beweis für eine solche Behauptung fehlt. – Sicherlich ist innerhalb unserer Zeiten die christliche Religion ein aus ferner Vorzeit hereinragendes Alterthum, und dass man jene Behauptung glaubt, – während man sonst so streng in der Prüfung von Ansprüchen ist –, ist vielleicht das älteste Stück dieses Erbes. Ein Gott, der mit einem sterblichen Weibe Kinder erzeugt; ein Weiser, der auffordert, nicht mehr zu arbeiten, nicht mehr Gericht zu halten, aber auf die Zeichen des bevorstehenden Weltunterganges zu achten; eine Gerechtigkeit, die den Unschuldigen als stellvertretendes Opfer annimmt; jemand, der seine Jünger sein Blut trinken heisst; Gebete um Wundereingriffe; Sünden an einem Gott verübt, durch einen Gott gebüsst; Furcht vor einem Jenseits, zu welchem der Tod die Pforte ist; die Gestalt des Kreuzes als Symbol inmitten einer Zeit, welche die Bestimmung und die Schmach des Kreuzes nicht mehr kennt, – wie schauerlich weht uns diess Alles, wie aus dem Grabe uralter Vergangenheit, an! Sollte man glauben, dass so Etwas noch geglaubt wird?

114.

Das Ungriechische im Christenthum. – Die Griechen sahen über sich die homerischen Götter nicht als Herren und sich unter ihnen nicht als Knechte, wie die Juden. Sie sahen gleichsam nur das Spiegelbild der gelungensten Exemplare ihrer eigenen Kaste, also ein Ideal, keinen Gegensatz des eigenen Wesens. Man fühlt sich mit einander verwandt, es besteht ein gegenseitiges Interesse, eine Art Symmachie. Der Mensch denkt vornehm von sich, wenn er sich solche Götter giebt, und stellt sich in ein Verhältniss, wie das des niedrigeren Adels zum höheren ist; während die italischen Völker eine rechte Bauern-Religion haben, mit fortwährender Aengstlichkeit gegen böse und launische Machtinhaber und Quälgeister. Wo die olympischen Götter zurücktraten, da war auch das griechische Leben düsterer und ängstlicher. – Das Christenthum dagegen zerdrückte und zerbrach den Menschen vollständig und versenkte ihn wie in tiefen Schlamm: in das Gefühl völliger Verworfenheit liess es dann mit Einem Male den Glanz eines göttlichen Erbarmens hineinleuchten, so dass der Ueberraschte, durch Gnade Betäubte, einen Schrei des Entzückens ausstiess und für einen Augenblick den ganzen Himmel in sich zu tragen glaubte. Auf diesen krankhaften Excess des Gefühls, auf die dazu nöthige tiefe Kopf- und Herz-Corruption wirken alle psychologischen Erfindungen des Christenthums hin: es will vernichten, zerbrechen, betäuben, berauschen, es will nur Eins nicht: das Maass, und desshalb ist es im tiefsten Verstande barbarisch, asiatisch, unvornehm, ungriechisch.

115.

Mit Vortheil religiös sein. – Es giebt nüchterne und gewerbstüchtige Leute, denen die Religion wie ein Saum höheren Menschenthums angestickt ist: diese thun sehr wohl, religiös zu bleiben, es verschönert sie. – Alle Menschen, welche sich nicht auf irgend ein Waffenhandwerk verstehen – Mund und Feder als Waffen eingerechnet – werden servil: für solche ist die christliche Religion sehr nützlich, denn die Servilität nimmt darin den Anschein einer christlichen Tugend an und wird erstaunlich verschönert. – Leute, welchen ihr tägliches Leben zu leer und eintönig vorkommt, werden leicht religiös: diess ist begreiflich und verzeihlich, nur haben sie kein Recht, Religiosität von Denen zu fordern, denen das tägliche Leben nicht leer und eintönig verfliesst.

116.

Der Alltags-Christ. – Wenn das Christenthum mit seinen Sätzen vom rächenden Gotte, der allgemeinen Sündhaftigkeit, der Gnadenwahl und der Gefahr einer ewigen Verdammniss, Recht hätte, so wäre es ein Zeichen von Schwachsinn und Charakterlosigkeit, nicht Priester, Apostel oder Einsiedler zu werden und mit Furcht und Zittern einzig am eigenen Heile zu arbeiten; es wäre unsinnig, den ewigen Vortheil gegen die zeitliche Bequemlichkeit so aus dem Auge zu lassen. Vorausgesetzt, dass überhaupt geglaubt wird, so ist der Alltags-Christ eine erbärmliche Figur, ein Mensch, der wirklich nicht bis drei zählen kann, und der übrigens, gerade wegen seiner geistigen Unzurechnungsfähigkeit, es nicht verdiente, so hart bestraft zu werden, als das Christenthum ihm verheisst.

117.

Von der Klugheit des Christenthums. – Es ist ein Kunstgriff des Christenthums, die völlige Unwürdigkeit, Sündhaftigkeit und Verächtlichkeit des Menschen überhaupt so laut zu lehren, dass die Verachtung der Mitmenschen dabei nicht mehr möglich ist. "Er mag sündigen, wie er wolle, er unterscheidet sich doch nicht wesentlich von mir: ich bin es, der in jedem Grade unwürdig und verächtlich ist," so sagt sich der Christ. Aber auch dieses Gefühl hat seinen spitzigsten Stachel verloren, weil der Christ nicht an seine individuelle Verächtlichkeit glaubt: er ist böse als Mensch überhaupt und beruhigt sich ein Wenig bei dem Satze: Wir Alle sind Einer Art.

118.

Personenwechsel. – Sobald eine Religion herrscht, hat sie alle Die zu ihren Gegnern, welche ihre ersten jünger gewesen wären.

119.

Schicksal des Christenthums. – Das Christenthum entstand, um das Herz zu erleichtern; aber jetzt müsste es das Herz erst beschweren, um es nachher erleichtern zu können. Folglich wird es zu Grunde gehen.

120.

Der Beweis der Lust. – Die angenehme Meinung wird als wahr angenommen: diess ist der Beweis der Lust (oder, wie die Kirche sagt, der Beweis der Kraft), auf welchen alle Religionen so stolz sind, während sie sich dessen doch schämen sollten. Wenn der Glaube nicht selig machte, so würde er nicht geglaubt werden: wie wenig wird er also werth sein!

121.

Gefährliches Spiel. – Wer jetzt der religiösen Empfindung wieder in sich Raum giebt, der muss sie dann auch wachsen lassen, er kann nicht anders. Da verändert sich allmählich sein Wesen, es bevorzugt das dem religiösen Element Anhängende, Benachbarte, der ganze Umkreis des Urtheilens und Empfindens wird umwölkt, mit religiösen Schatten überflogen. Die Empfindung kann nicht still stehen; man nehme sich also in Acht.

122.

Die blinden Schüler. – So lange Einer sehr gut die Stärke und, Schwäche seiner Lehre, seiner Kunstart, seiner Religion kennt, ist deren Kraft noch gering. Der Schüler und Apostel, welcher für die Schwäche der Lehre, der Religion und so weiter, kein Auge hat, geblendet durch das Ansehen des Meisters und durch seine Pietät gegen ihn, hat desshalb gewöhnlich mehr Macht, als der Meister. Ohne die blinden Schüler ist noch nie der Einfluss eines Mannes und seines Werkes gross geworden. Einer Erkenntniss zum Siege verhelfen heisst oft nur: sie so mit der Dummheit verschwistern, dass das Schwergewicht der letzteren auch den Sieg für die erstere erzwingt.

123.

Abbruch der Kirchen. – Es ist nicht genug an Religion in der Welt, um die Religionen auch nur zu vernichten.

124.

Sündlosigkeit des Menschen. – Hat man begriffen, "wie die Sünde in die Welt gekommen" ist, nämlich durch Irrthümer der Vernunft, vermöge deren die Menschen unter einander, ja der einzelne Mensch sich selbst für viel schwärzer und böser nimmt, als es thatsächlich der Fall ist, so wird die ganze Empfindung sehr erleichtert, und Menschen und Welt erscheinen mitunter in einer Glorie von Harmlosigkeit, dass es Einem von Grund aus wohl dabei wird. Der Mensch ist inmitten der Natur immer das Kind an sich. Diess Kind träumt wohl einmal einen schweren beängstigenden Traum, wenn es aber die Augen aufschlägt, so sieht es sich immer wieder im Paradiese.

125.

Irreligiosität der Künstler. – Homer ist unter seinen Göttern so zu Hause: und hat als Dichter ein solches Behagen an ihnen, dass er jedenfalls tief unreligiös gewesen sein muss; mit dem, was der Volksglaube ihm entgegenbrachte – einen dürftigen, rohen, zum Theil schauerlichen Aberglauben – verkehrte er so frei, wie der Bildhauer mit seinem Thon, also mit der selben Unbefangenheit, welche Aeschylus und Aristophanes besassen und durch welche sich in neuerer Zeit die grossen Künstler der Renaissance, sowie Shakespeare und Goethe auszeichneten.

126.

Kunst und Kraft der falschen Interpretation. – Alle die Visionen, Schrecken, Ermattungen, Entzückungen des Heiligen sind bekannte Krankheits-Zustände, welche von ihm, auf Grund eingewurzelter religiöser und psychologischer Irrthümer, nur ganz anders, nämlich nicht als Krankheiten, gedeutet werden. – So ist vielleicht auch das Dämonion des Sokrates ein Ohrenleiden, das er sich, gemäss seiner herrschenden moralischen Denkungsart, nur anders, als es jetzt geschehen würde, auslegt. Nicht anders steht es mit dem Wahnsinn und Wahnreden der Propheten und Orakelpriester; es ist immer der Grad von Wissen, Phantasie, Bestrebung, Moralität in Kopf und Herz der Interpreten, welcher daraus so viel gemacht hat. Zu den grössten Wirkungen der Menschen, welche man Genie's und Heilige nennt, gehört es, dass sie sich Interpreten erzwingen, welche sie zum Heile der Menschheit missverstehen.

127.

Verehrung des Wahnsinns. – Weil man bemerkte, dass eine Erregung häufig den Kopf heller machte und glückliche Einfälle hervorrief, so meinte man, durch die höchsten Erregungen werde man der glücklichsten Einfälle und Eingebungen theilhaftig: und so verehrte man den Wahnsinnigen als den Weisen und Orakelgebenden. Hier liegt ein falscher Schluss zu Grunde.

128.

Verheissungen der Wissenschaft. – Die moderne Wissenschaft hat als Ziel: so wenig Schmerz wie möglich, so lange leben wie möglich, – also eine Art von ewiger Seligkeit, freilich eine sehr bescheidene im Vergleich mit den Verheissungen der Religionen.

129.

Verbotene Freigebigkeit. – Es ist nicht genug Liebe und Güte in der Welt, um noch davon an eingebildete Wesen wegschenken zu dürfen.

130.

Fortleben des religiösen Cultus' im Gemüth. – Die katholische Kirche, und vor ihr aller antike Cultus, beherrschte das ganze Bereich von Mitteln, durch welche der Mensch in ungewöhnliche Stimmungen versetzt wird und der kalten Berechnung des Vortheils oder dem reinen Vernunft-Denken entrissen wird. Eine durch tiefe Töne erzitternde Kirche, dumpfe, regelmässige, zurückhaltende

Anrufe einer priesterlichen Schaar, welche ihre Spannung unwillkürlich auf die Gemeinde überträgt und sie fast angstvoll lauschen lässt, wie als wenn eben ein Wunder sich vorbereitete, der Anhauch der Architektur, welche als Wohnung einer Gottheit sich in's Unbestimmte ausreckt und in allen dunklen Räumen das Sich-Regen derselben fürchten lässt, – wer wollte solche Vorgänge den Menschen zurückbringen, wenn die Voraussetzungen dazu nicht mehr geglaubt werden? Aber die Resultate von dem Allen sind trotzdem nicht verloren: die innere Welt der erhabenen, gerührten, ahnungsvollen, tiefzerknirschten, hoffnungsseligen Stimmungen ist den Menschen vornehmlich durch den Cultus eingeboren worden; was jetzt davon in der Seele existirt, wurde damals, als er keimte, wuchs und blühte, gross gezüchtet.

131.

Religiöse Nachwehen. – Glaubt man sich noch so sehr der Religion entwöhnt zu haben, so ist es doch nicht in dem Grade geschehen, dass man nicht Freude hätte, religiösen Empfindungen und Stimmungen ohne begrifflichen Inhalt zu begegnen, zum Beispiel in der Musik; und wenn eine Philosophie uns die Berechtigung von metaphysischen Hoffnungen, von dem dorther zu erlangenden tiefen Frieden der Seele aufzeigt und zum Beispiel von "dem ganzen sichern Evangelium im Blick der Madonnen bei Rafael" spricht, so kommen wir solchen Aussprüchen und Darlegungen mit besonders herzlicher Stimmung entgegen: der Philosoph hat es hier leichter, zu beweisen, er entspricht mit dem, was er geben will, einem Herzen, welches gern nehmen will. Daran bemerkt man, wie die weniger bedachtsamen Freigeister eigentlich nur an den Dogmen Anstoss nehmen, aber recht wohl den Zauber der religiösen Empfindung kennen; es thut ihnen wehe, letztere fahren zu lassen, um der ersteren willen. – Die wissenschaftliche Philosophie muss sehr auf der Hut sein, nicht auf Grund jenes Bedürfnisses – eines gewordenen und folglich auch vergänglichen Bedürfnisses – Irrthümer einzuschmuggeln: selbst Logiker sprechen von "Ahnungen" der Wahrheit in Moral und Kunst (zum Beispiel von der Ahnung, "dass das Wesen der Dinge Eins ist"): was ihnen doch verboten sein sollte. Zwischen den sorgsam erschlossenen Wahrheiten und solchen" geahnten" Dingen bleibt unüberbrückbar die Kluft, dass jene dem Intellect, diese dem Bedürfniss verdankt werden. Der Hunger beweist nicht, dass es zu seiner Sättigung eine Speise giebt, aber er wünscht die Speise. "Ahnen" bedeutet nicht das Dasein einer Sache in irgend einem Grade erkennen, sondern dasselbe für möglich halten, insofern man sie wünscht oder fürchtet; die "Ahnung" trägt keinen Schritt weit in's Land der Gewissheit. – Man glaubt unwillkürlich, die religiös gefärbten Abschnitte einer Philosophie seien besser bewiesen, als die anderen; aber es ist im Grunde umgekehrt, man hat nur den inneren Wunsch, dass es so sein möge, – also dass das Beseligende auch das Wahre sei. Dieser Wunsch verleitet uns, schlechte Gründe als gute einzukaufen.

132.

Von dem christlichen Erlösungsbedürfniss. – Bei sorgsamer Ueberlegung muss es möglich sein, dem Vorgange in der Seele eines Christen, welchen man Erlösungsbedürfniss nennt, eine Erklärung abzugewinnen, die frei von Mythologie ist: also eine rein psychologische. Bis jetzt sind freilich die psychologischen Erklärungen religiöser Zustände und Vorgänge in einigem Verrufe gewesen, insoweit eine sich frei nennende Theologie auf diesem Gebiete ihr unerspriessliches Wesen trieb: denn bei ihr war es von vornherein, sowie es der Geist ihres Stifters, Schleiermacher's, vermuthen lässt, auf die Erhaltung der christlichen Religion und das Fortbestehen der christlichen Theologen abgesehen; als welche in der psychologischen Analysis der religiösen "Thatsachen" einen neuen Ankergrund und vor Allem eine neue Beschäftigung gewinnen sollten. Unbeirrt von solchen Vorgängern, wagen wir folgende Auslegung des bezeichneten Phänomens. Der Mensch ist sich gewisser Handlungen bewusst, welche in der gebräuchlichen Rangordnung der Handlungen tief stehen, ja er entdeckt in sich einen Hang zu dergleichen Handlungen, der ihm fast so unveränderlich wie sein ganzes Wesen erscheint. Wie gerne versuchte er sich in jener anderen Gattung von Handlungen, welche in der allgemeinen Schätzung als die obersten und höchsten anerkannt sind, wie gerne fühlte er sich voll des guten Bewusstseins, welches einer selbstlosen Denkweise folgen soll! Leider aber bleibt es eben bei diesem Wunsche: die Unzufriedenheit darüber, demselben nicht genügen zu können, kommt zu allen übrigen Arten von Unzufriedenheit hinzu, welche sein Lebensloos überhaupt oder die Folgen jener böse genannten Handlungen in ihm erregt haben; so dass eine tiefe Verstimmung entsteht, mit dem Ausblicke nach einem Arzte, der diese, und alle ihre Ursachen, zu heben vermöchte. – Dieser Zustand würde nicht so bitter empfunden werden, wenn der Mensch sich nur mit anderen Menschen unbefangen vergliche: dann nämlich hätte er keinen Grund, mit sich in einem besonderen Maasse unzufrieden zu sein, er trüge eben nur an der allgemeinen Last der menschlichen Unbefriedigung und Unvollkommenheit. Aber er vergleicht sich mit einem Wesen, welches allein jener Handlungen fähig ist, die unegoistisch genannt werden, und im fortwährenden Bewusstsein einer selbstlosen Denkweise lebt, mit Gott; dadurch, dass er in diesen hellen Spiegel schaut, erscheint ihm sein Wesen so trübe, so ungewöhnlich verzerrt. Sodann ängstigt ihn der Gedanke an das selbe Wesen, insofern dieses als strafende Gerechtigkeit vor seiner Phantasie schwebt: in allen möglichen kleinen und grossen Erlebnissen glaubt er seinen Zorn, seine Drohung zu erkennen, ja die Geisselschläge seines Richter- und Henkerthums schon vorzuempfinden. Wer hilft ihm in dieser Gefahr, welche durch den Hinblick auf eine unermessliche Zeitdauer der Strafe an Grässlichkeit alle anderen Schrecknisse der Vorstellung überbietet?

133.

Bevor wir diesen Zustand in seinen weiteren Folgen uns vorlegen, wollen wir es doch uns eingestehen, dass der Mensch in diesen Zustand nicht durch seine "Schuld" und "Sünde", sondern durch eine Reihe von Irrthümern der Vernunft gerathen ist, dass es der Fehler des Spiegels war, wenn ihm sein Wesen in jenem Grade dunkel und hassenswerth vorkam, und dass jener Spiegel sein Werk, das sehr unvollkommene Werk der menschlichen Phantasie und Urtheilskraft war. Erstens ist ein Wesen, welches einzig rein unegoistischer Handlungen fähig wäre, noch fabelhafter als der Vogel Phönix; es ist deutlich nicht einmal vorzustellen, schon desshalb, weil der ganze Begriff "unegoistische Handlung" bei strenger Untersuchung in die Luft verstiebt. Nie hat ein Mensch Etwas gethan, das allein für Andere und ohne jeden persönlichen Beweggrund gethan wäre; ja wie sollte er Etwas thun können, das ohne Bezug zu ihm wäre, also ohne innere Nöthigung (welche ihren Grund doch in einem persönlichen Bedürfniss haben müsste)? Wie vermöchte das ego ohne ego zu handeln? – Ein Gott, der dagegen ganz Liebe ist, wie gelegentlich angenommen wird, wäre keiner einzigen unegoistischen Handlung fähig: wobei man sich an einen Gedanken Lichtenberg's, der freilich einer niedrigeren Sphäre entnommen ist, erinnern sollte: "Wir können unmöglich für Andere fühlen, wie man zu sagen pflegt; wir fühlen nur für uns. Der Satz klingt hart, er ist es aber nicht, wenn er nur recht verstanden wird. Man liebt weder Vater, noch Mutter, noch Frau, noch Kind, sondern die angenehmen Empfindungen, die sie uns machen", oder wie La Rochefoucauld sagt: "si on croit aimer sa maîtresse pour l'amour d'elle, on est bien trompe'." Wesshalb Handlungen der Liebe höher geschätzt werden, als andere, nämlich nicht ihres Wesens, sondern ihrer Nützlichkeit halber, darüber vergleiche man die schon vorher erwähnten Untersuchungen "über den Ursprung der moralischen Empfindungen". Sollte aber ein Mensch wünschen, ganz wie jener Gott, Liebe zu sein, Alles für Andere, Nichts für sich zu thun, zu wollen, so ist letzteres schon desshalb unmöglich, weil er sehr viel für sich thun muss, um überhaupt Anderen Etwas zu Liebe thun zu können. Sodann setzt es voraus, dass der Andere Egoist genug ist, um jene Opfer, jenes Leben für ihn, immer und immer wieder anzunehmen: so dass die Menschen der Liebe und Aufopferung ein Interesse an dem Fortbestehen der liebelosen und aufopferungsunfähigen Egoisten haben, und die höchste Moralität, um bestehen zu können, förmlich die Existenz der Unmoralität erzwingen müsste (wodurch sie sich freilich selber aufheben würde). – Weiter. die Vorstellung eines Gottes beunruhigt und demüthigt so lange, als sie geglaubt wird, aber wie sie entstanden ist, darüber kann bei dem jetzigen Stande der völkervergleichenden Wissenschaft kein Zweifel mehr sein; und mit der Einsicht in jene Entstehung fällt jener Glaube dahin. Es geht dem Christen, welcher sein Wesen mit dem Gotte vergleicht, so, wie dem Don Quixote, der seine eigne Tapferkeit unterschätzt, weil er die Wunderthaten der Helden aus den Ritterromanen im Kopfe hat; der Maassstab, mit welchem in beiden Fällen gemessen wird, gehört in's Reich der Fabel. Fällt aber die Vorstellung des Gottes weg, so auch das Gefühl der "Sünde" als eines Vergehens gegen göttliche Vorschriften, als eines Fleckens an einem gottgeweihten Geschöpfe. Dann bleibt wahrscheinlich noch jener Unmuth übrig, welcher mit der Furcht vor Strafen der weltlichen Gerechtigkeit, oder vor der Missachtung der Menschen, sehr verwachsen und verwandt ist; der Unmuth der Gewissensbisse, der schärfste Stachel im Gefühl der Schuld, ist immerhin abgebrochen, wenn man einsieht, dass man sich durch seine Handlungen wohl gegen menschliches Herkommen, menschliche Satzungen und Ordnungen vergangen habe, aber damit noch nicht das "ewige Heil der Seele" und ihre Beziehung zur Gottheit gefährdet habe. Gelingt es dem Menschen zuletzt noch, die philosophische Ueberzeugung von der unbedingten Nothwendigkeit aller Handlungen und ihrer völligen Unverantwortlichkeit zu gewinnen und in Fleisch und Blut aufzunehmen, so verschwindet auch jener Rest von Gewissensbissen.

134.

Ist nun der Christ, wie gesagt, durch einige Irrthümer in das Gefühl der Selbstverachtung gerathen, also durch eine falsche unwissenschaftliche Auslegung seiner Handlungen und Empfindungen, so muss er mit höchstem

Erstaunen bemerken, wie jener Zustand der Verachtung, der Gewissensbisse, der Unlust überhaupt, nicht anhält, wie gelegentlich Stunden kommen, wo ihm dies Alles von der Seele weggeweht ist und er sich wieder frei und muthig fühlt. In Wahrheit hat die Lust an sich selber das Wohlbehagen an der eigenen Kraft, im Bunde mit der nothwendigen Abschwächung jeder tiefen Erregung, den Sieg davongetragen; der Mensch liebt sich wieder, er fühlt es, – aber gerade diese Liebe, diese neue Selbstschätzung, kommt ihm unglaublich vor, er kann in ihr allein das gänzlich unverdiente Herabströmen eines Gnadenglanzes von Oben sehen. Wenn er früher in allen Begebnissen Warnungen, Drohungen, Strafen und jede Art von Anzeichen des göttlichen Zornes zu erblicken glaubte, so deutet er jetzt in seine Erfahrungen die göttliche Güte hinein : diess Ereigniss kommt ihm liebevoll, jenes wie ein hülfreicher Fingerzeig, ein drittes und namentlich seine ganze freudige Stimmung als Beweis vor, dass Gott gnädig sei. Wie er früher im Zustande des Unmuthes namentlich seine Handlungen falsch ausdeutete, so jetzt namentlich seine Erlebnisse; die getröstete Stimmung fasst er als Wirkung einer ausser ihm waltenden Macht auf, die Liebe, mit der er sich im Grunde selbst liebt, erscheint als göttliche Liebe; Das, was er Gnade und Vorspiel der Erlösung nennt, ist in Wahrheit Selbstbegnadigung, Selbsterlösung.

135.

Also: eine bestimmte falsche Psychologie, eine gewisse Art von Phantastik in der Ausdeutung der Motive und Erlebnisse ist die nothwendige Voraussetzung davon, dass Einer zum Christen werde und das Bedürfniss der Erlösung empfinde. Mit der Einsicht in diese Verirrung der Vernunft und Phantasie hört man auf, Christ zu sein.

136.

Von der christlichen Askese und Heiligkeit. – So sehr einzelne Denker sich bemüht haben, in den seltenen Erscheinungen der Moralität, welche man Askese und Heiligkeit zu nennen pflegt, ein Wunderding hinzustellen, dem die Leuchte einer vernünftigen Erklärung in's Gesicht zu halten, beinahe schon Frevel und Entweihung sei: so stark ist hinwiederum die Verführung zu diesem Frevel. Ein mächtiger Antrieb der Natur hat zu allen Zeiten dazu geführt, gegen jene Erscheinungen überhaupt zu protestiren; die Wissenschaft, insofern sie, wie früher gesagt, eine Nachahmung der Natur ist, erlaubt sich wenigstens gegen die behauptete Unerklärbarkeit, ja Unnahbarkeit derselben Einsprache zu erheben.

Freilich gelang es ihr bis jetzt nicht: jene Erscheinungen sind immer noch unerklärt, zum grossen Vergnügen der erwähnten Verehrer des moralisch-Wunderbaren. Denn, allgemein gesprochen: das Unerklärte soll durchaus unerklärlich, das Unerklärliche durchaus unnatürlich, übernatürlich, wunderhaft sein, – so lautet die Forderung in den Seelen aller Religiösen und Metaphysiker (auch der Künstler, falls sie zugleich Denker sind); während der wissenschaftliche Mensch in dieser Forderung das "böse Princip" sieht. – Die allgemeine erste Wahrscheinlichkeit, auf welche man bei Betrachtung der Askese und Heiligkeit zuerst geräth, ist diese, dass ihre Natur eine complicirte ist: denn fast überall, innerhalb der physischen Welt sowohl wie in der moralischen, hat man mit Glück das angeblich Wunderbare auf das Complicirte und mehrfach Bedingte zurückgeführt. Wagen wir es also, einzelne Antriebe in der Seele der Heiligen und Asketen zunächst zu isoliren und zum Schluss sie in einander uns verwachsen zu denken.

137.

Es giebt einen Trotz gegen sich selbst, zu dessen sublimirtesten Aeusserungen manche Formen der Askese gehören. Gewisse Menschen haben nämlich ein so hohes Bedürfniss, ihre Gewalt und Herrschsucht auszuüben, dass sie, in Ermangelung anderer Objecte, oder, weil es ihnen sonst immer misslungen ist, endlich darauf verfallen, gewisse Theile ihres eigenen Wesens, gleichsam Ausschnitte oder Stufen ihrer selbst, zu tyrannisiren. So bekennt sich mancher Denker zu Ansichten, welche ersichtlich nicht dazu dienen, seinen Ruf zu vermehren oder zu verbessern; mancher beschwört förmlich die Missachtung Anderer auf sich herab, während er es leicht hätte, durch Stillschweigen ein geachteter Mann zu bleiben; andere widerrufen frühere Meinungen und scheuen es nicht, fürderhin inconsequent genannt zu werden: im Gegentheil, sie bemühen sich darum und benehmen sich wie übermüthige Reiter, welche das Pferd, erst wenn es wild geworden, mit Schweiss bedeckt, scheu gemacht ist, am liebsten mögen. So steigt der Mensch auf gefährlichen Wegen in die höchsten Gebirge, um über seine Aengstlichkeit und seine schlotternden Kniee Hohn zu lachen; so bekennt sich der Philosoph zu Ansichten der Askese, Demuth und Heiligkeit, in deren Glanze sein eigenes Bild auf das ärgste verhässlicht wird. Dieses Zerbrechen seiner selbst, dieser Spott über die eigene Natur, dieses spernere se sperni, aus dem die Religionen so viel gemacht haben, ist eigentlich ein sehr hoher Grad der Eitelkeit. Die ganze Moral der Bergpredigt gehört hierher: der Mensch hat eine wahre Wollust darin, sich durch übertriebene

Ansprüche zu vergewaltigen und dieses tyrannisch fordernde Etwas in seiner Seele nachher zu vergöttern. In jeder asketischen Moral betet der Mensch einen Theil von sich als Gott an und hat dazu nöthig, den übrigen Theil zu diabolisiren. –

138.

Der Mensch ist nicht zu allen Stunden gleich moralisch, diess ist bekannt: beurtheilt man seine Moralität nach der Fähigkeit zu grosser aufopfernder Entschliessung und Selbstverleugnung (welche, dauernd und zur Gewohnheit geworden, Heiligkeit ist), so ist er im Affect am moralischsten; die höhere Erregung reicht ihm ganz neue Motive dar, welcher er, nüchtern und kalt wie sonst, vielleicht nicht einmal fähig zu sein glaubte. Wie kommt diess? Wahrscheinlich aus der Nachbarschaft alles Grossen und hoch Erregenden; ist der Mensch einmal in eine ausserordentliche Spannung gebracht, so kann er ebensowohl zu einer furchtbaren Rache, als zu einer furchtbaren Brechung seines Rachebedürfnisses sich entschliessen. Er will, unter dem Einflusse der gewaltigen Emotion, jedenfalls das Grosse, Gewaltige, Ungeheure, und wenn er zufällig merkt, dass ihm die Aufopferung seiner selbst ebenso oder noch mehr genugthut, als die Opferung des Anderen, so wählt er sie. Eigentlich liegt ihm also nur an der Entladung seiner Emotion; da fasst er wohl, um seine Spannung zu erleichtern, die Speere der Feinde zusammen und begräbt sie in seine Brust. Dass in der Selbstverleugnung, und nicht nur in der Rache, etwas Grosses liege, musste der Menschheit erst in langer Gewöhnung anerzogen werden; eine Gottheit, welche sich selbst opfert, war das stärkste und wirkungsvollste Symbol dieser Art von Grösse. Als die Besiegung des schwerst zu besiegenden Feindes, die plötzliche Bemeisterung eines Affectes, – als Diess erscheint diese Verleugnung; und insofern gilt sie als der Gipfel des Moralischen. In Wahrheit handelt es sich bei ihr um die Vertauschung der einen Vorstellung mit der andern, während das Gemüth seine gleiche Höhe, seinen gleichen Fluthstand, behält. Ernüchterte, vom Affect ausruhende Menschen verstehen die Moralität jener Augenblicke nicht mehr, aber die Bewunderung Aller, die jene miterlebten, hält sie aufrecht; der Stolz ist ihr Trost, wenn der Affect und das Verständniss ihrer That weicht. Also: im Grunde sind auch jene Handlungen der Selbstverleugnung nicht moralisch, insofern sie nicht streng in Hinsicht auf Andere gethan sind; vielmehr giebt der Andere dem hochgespannten Gemüthe nur eine Gelegenheit, sich zu erleichtern, durch jene Verleugnung.

139.

In mancher Hinsicht sucht sich auch der Asket das Leben leicht zu machen, und zwar gewöhnlich durch die vollkommene Unterordnung unter einen fremden Willen oder unter ein umfängliches Gesetz und Ritual; etwa in der Art, wie der Brahmane durchaus Nichts seiner eigenen Bestimmung überlässt und sich in jeder Minute durch eine heilige Vorschrift bestimmt. Diese Unterordnung ist ein mächtiges Mittel, um über sich Herr zu werden; man ist beschäftigt, also ohne Langeweile, und hat doch keine Anregung des Eigenwillens und der Leidenschaft dabei; nach vollbrachter That fehlt das Gefühl der Verantwortung und damit die Qual der Reue. Man hat ein für alle Mal auf eigenen Willen verzichtet, und diess ist leichter, als nur gelegentlich einmal zu verzichten; sowie es auch leichter ist, einer Begierde ganz zu entsagen, als in ihr Maass zu halten. Wenn wir uns der jetzigen Stellung des Mannes zum Staate erinnern, so finden wir auch da, dass der unbedingte Gehorsam bequemer ist, als der bedingte. Der Heilige also erleichtert sich durch jenes völlige Aufgeben der Persönlichkeit sein Leben, und man täuscht sich, wenn man in jenem Phänomen das höchste Heldenstück der Moralität bewundert. Es ist in jedem Falle schwerer, seine Persönlichkeit ohne Schwanken und Unklarheit durchzusetzen, als sich von ihr in der erwähnten Weise zu lösen; überdiess verlangt es viel mehr Geist und Nachdenken.

140.

Nachdem ich, in vielen der schwerer erklärbaren Handlungen, Aeusserungen jener Lust an der Emotion an sich gefunden habe, möchte ich auch in Betreff der Selbstverachtung, welche zu den Merkmalen der Heiligkeit gehört, und ebenso in den Handlungen der Selbstquälerei (durch Hunger und Geisselschläge, Verrenkungen der Glieder, Erheuchelung des Wahnsinns) ein Mittel erkennen, durch welches jene Naturen gegen die allgemeine Ermüdung ihres Lebenswillens (ihrer Nerven) ankämpfen: sie bedienen sich der schmerzhaftesten Reizmittel und Grausamkeiten, um für Zeiten wenigstens aus jener Dumpfheit und Langenweile aufzutauchen, in welche ihre grosse geistige Indolenz und jene geschilderte Unterordnung unter einen fremden Willen sie so häufig verfallen lässt.

141.

Das gewöhnlichste Mittel, welches der Asket und Heilige anwendet, um sich das Leben doch noch erträglich und unterhaltend zu machen, besteht in gelegentlichem Kriegführen und in dem Wechsel von Sieg und Niederlage. Dazu braucht er einen Gegner und findet ihn in dem sogenannten "inneren Feinde". Namentlich nützt er seinen Hang zur Eitelkeit, Ehr- und Herrschsucht, sodann seine sinnlichen Begierden aus, um sein Leben wie eine fortgesetzte Schlacht und sich wie ein Schlachtfeld ansehen zu dürfen, auf dem gute und böse Geister mit wechselndem Erfolge ringen. Bekanntlich wird die sinnliche Phantasie durch die Regelmässigkeit des geschlechtlichen Verkehrs gemässigt, ja fast unterdrückt, umgekehrt, durch Enthaltsamkeit oder Unordnung im Verkehre entfesselt und wüst. Die Phantasie vieler christlichen Heiligen war in ungewöhnlichem Maasse schmutzig; vermöge jener Theorie, dass diese Begierden wirkliche Dämonen seien, die in ihnen wütheten, fühlten sie sich nicht allzusehr verantwortlich dabei; diesem Gefühle verdanken wir die so belehrende Aufrichtigkeit ihrer Selbstzeugnisse. Es war in ihrem Interesse, dass dieser Kampf in irgend einem Grade immer unterhalten wurde, weil durch ihn, wie gesagt, ihr ödes Leben unterhalten wurde. Damit der Kampf aber wichtig genug erscheine, um andauernde Theilnahme und Bewunderung bei den Nicht-Heiligen zu erregen, musste die Sinnlichkeit immer mehr verketzert und gebrandmarkt werden, ja die Gefahr ewiger Verdammnis wurde so eng an diese Dinge geknüpft, dass höchstwahrscheinlich durch ganze Zeitalter hindurch die Christen mit bösem Gewissen Kinder zeugten; wodurch gewiss der Menschheit ein grosser Schade angethan worden ist. Und doch steht hier die Wahrheit ganz auf dem Kopfe: was für die Wahrheit besonders unschicklich ist. Zwar hatte das Christenthum gesagt: jeder Mensch sei in Sünden empfangen und geboren, und im unausstehlichen Superlativ-Christenthume des Calderon hatte sich dieser Gedanke noch einmal zusammengeknotet und verschlungen, so dass er die verdrehteste Paradoxie wagte, die es giebt, in dem bekannten Verse:

> die grösste Schuld des Menschen
> ist, dass er geboren ward.

In allen pessimistischen Religionen wird der Zeugungsact als schlecht an sich empfunden, aber keineswegs ist diese Empfindung eine allgemein-menschliche; selbst nicht einmal das Urtheil aller Pessimisten ist sich hierin gleich. Empedokles zum Beispiel weiss gar Nichts vom Beschämenden, Teuflischen, Sündhaften in allen erotischen Dingen; er sieht vielmehr auf der grossen Wiese des Unheils eine einzige heil- und hoffnungsvolle Erscheinung, die Aphrodite; sie gilt ihm als Bürgschaft, dass der Streit nicht ewig herrschen, sondern einem milderen Dämon einmal das Scepter überreichen werde. Die christlichen Pessimisten der Praxis hatten, wie gesagt, ein Interesse daran, dass eine andere Meinung in der Herrschaft blieb; sie brauchten für die Einsamkeit und die geistige Wüstenei ihres Lebens einen immer lebendigen Feind: und einen allgemein anerkannten Feind, durch dessen Bekämpfung und Ueberwältigung sie dem Nicht-Heiligen sich immer von Neuem wieder als halb unbegreifliche, übernatürliche Wesen darstellten. Wenn dieser Feind endlich, in Folge ihrer Lebensweise und ihrer zerstörten Gesundheit, die Flucht für immer ergriff, so verstanden sie es sofort, ihr Inneres mit neuen Dämonen bevölkert zu sehen. Das Auf- und Niederschwanken der Wagschalen Hochmuth und Demuth unterhielt ihre grübelnden Köpfe so gut, wie der Wechsel von Begierde und Seelenruhe. Damals diente die Psychologie dazu, alles Menschliche nicht nur zu verdächtigen, sondern zu lästern, zu geisseln, zu kreuzigen; man wollte sich möglichst schlecht und böse finden, man suchte die Angst um das Heil der Seele, die Verzweiflung an der eignen Kraft. Alles Natürliche, an welches der Mensch die Vorstellung des Schlechten, Sündhaften anhängt (wie er es zum Beispiel noch jetzt in Betreff des Erotischen gewöhnt ist), belästigt, verdüstert die Phantasie, giebt einen scheuen Blick, lässt den Menschen mit sich selber hadern und macht ihn unsicher und vertrauenslos; selbst seine Träume bekommen einen Beigeschmack des gequälten Gewissens. Und doch ist dieses Leiden am Natürlichen in der Realität der Dinge völlig unbegründet: es ist nur die Folge von Meinungen über die Dinge. Man erkennt leicht, wie die Menschen dadurch schlechter werden, dass sie das unvermeidlich-Natürliche als schlecht bezeichnen und später immer als so beschaffen empfinden. Es ist der Kunstgriff der Religion und jener Metaphysiker, welche den Menschen als böse und sündhaft von Natur wollen, ihm die Natur zu verdächtigen und so ihn selber schlecht zu machen : denn so lernt er sich als schlecht empfinden, da er das Kleid der Natur nicht ausziehen kann. Allmählich fühlt er sich, bei einem langen Leben im Natürlichen, von einer solchen Last von Sünden bedrückt, dass übernatürliche Mächte nöthig werden, um diese Last heben zu können; und damit ist das schon besprochene Erlösungsbedürfniss auf den Schauplatz getreten, welches gar keiner wirklichen, sondern nur einer eingebildeten Sündhaftigkeit entspricht. Man gehe die einzelnen moralischen Aufstellungen der Urkunden des Christenthums durch und man wird überall finden, dass die Anforderungen überspannt sind, damit der Mensch ihnen nicht genügen könne; die Absicht ist nicht, dass er moralischer werde, sondern dass er sich möglichst sündhaft fühle. Wenn dem Menschen diess Gefühl nicht angenehm gewesen wäre, – wozu hätte er eine solche Vorstellung erzeugt und sich so lange an sie gehängt? Wie in der antiken Welt eine unermessliche Kraft von Geist und Erfindungsgabe verwendet worden ist, um die Freude am Leben durch festliche Culte zu mehren: so ist in der Zeit des Christenthums ebenfalls unermesslich viel Geist einem andern Streben geopfert worden: der Mensch sollte auf alle Weise sich sündhaft fühlen und dadurch überhaupt erregt, belebt, beseelt werden. Erregen, beleben, beseelen, um jeden Preis – ist das nicht das Losungswort einer erschlafften, überreifen, übercultivirten Zeit? Der Kreis aller natürlichen Empfindungen war hundertmal durchlaufen, die Seele war ihrer müde geworden: da erfanden der Heilige und der Asket eine neue Gattung von Lebensreizen. Sie stellten sich vor Aller Augen hin, nicht eigentlich zur Nachahmung für Viele, sondern als schauderhaftes und doch entzückendes Schauspiel, welches an jenen Gränzen zwischen Welt und Ueberwelt aufgeführt wurde, wo Jedermann damals bald himmlische Lichtblicke, bald unheimliche, aus der Tiefe lodernde Flammenzungen zu erblicken glaubte. Das Auge des Heiligen, hingerichtet auf die in jedem Betracht furchtbare Bedeutung des kurzen Erdenlebens, auf die Nähe der letzten Entscheidung über endlose neue Lebensstrecken, diess verkohlende Auge, in einem halb vernichteten Leibe, machte die Menschen der alten Welt bis in alle Tiefen erzittern; hinblicken, schaudernd wegblicken, von Neuem den Reiz des Schauspiels spüren, ihm nachgeben, sich an ihm ersättigen, bis die Seele in Gluth und Fieberfrost erbebt, – das war die letzte Lust, welche das Alterthum erfand, nachdem es selbst gegen den Anblick von Thier- und Menschenkämpfen stumpf geworden war.

142.

Um das Gesagte zusammenzufassen: jener Seelenzustand, dessen sich der Heilige oder Heiligwerdende erfreut, setzt sich aus Elementen zusammen, welche wir Alle recht wohl kennen, nur dass sie sich unter dem Einfluss anderer als religiöser Vorstellungen anders gefärbt zeigen und dann den Tadel der Menschen ebenso stark zu erfahren pflegen, wie sie, in jener Verbrämung mit Religion und letzter Bedeutsamkeit des Daseins, auf Bewunderung, ja Anbetung rechnen dürfen, – mindestens in früheren Zeiten rechnen durften. Bald übt der Heilige jenen Trotz gegen sich selbst, der ein naher Verwandter der Herrschsucht ist und auch dem Einsamsten noch das Gefühl der Macht giebt; bald springt seine angeschwellte Empfindung aus dem Verlangen, seine Leidenschaften dahinschiessen zu lassen, über in das Verlangen, sie wie wilde Rosse zusammenstürzen zu machen, unter dem mächtigen Druck einer stolzen

Seele; bald will er ein völliges Aufhören aller störenden, quälenden, reizenden Empfindungen, einen wachen Schlaf, ein dauerndes Ausruhen im Schoosse einer dumpfen, thier- und pflanzenhaften Indolenz; bald sucht er den Kampf und entzündet ihn in sich, weil ihm die Langeweile ihr gähnendes Gesicht entgegenhält: er geisselt seine Selbstvergötterung mit Selbstverachtung und Grausamkeit, er freut sich an dem wilden Aufruhre seiner Begierden, an dem scharfen Schmerz der Sünde, ja an der Vorstellung des Verlorenseins, er versteht es, seinem Affect, zum Beispiel dem der äussersten Herrschsucht, einen Fallstrick zu legen, so dass er in den der äussersten Erniedrigung übergeht und seine aufgehetzte Seele durch diesen Contrast aus allen Fugen gerissen wird; und zuletzt: wenn es ihn gar nach Visionen, Gesprächen mit Todten oder göttlichen Wesen gelüstet, so ist es im Grunde eine seltene Art von Wollust, welche er begehrt, aber vielleicht jene Wollust, in der alle anderen in einen Knoten zusammengeschlungen sind. Novalis, eine der Autoritäten in Fragen der Heiligkeit durch Erfahrung und Instinct, spricht das ganze Geheimniss einmal mit naiver Freude aus: "Es ist wunderbar genug, dass nicht längst die Association von Wollust, Religion und Grausamkeit die Menschen aufmerksam auf ihre innige Verwandtschaft und gemeinschaftliche Tendenz gemacht hat."

143.

Nicht Das, was der Heilige ist, sondern Das, was er in den Augen der Nicht-Heiligen bedeutet, giebt ihm seinen welthistorischen Werth. Dadurch, dass man sich über ihn irrte, dass man seine Seelenzustände falsch auslegte und ihn von sich so stark als möglich abtrennte, als etwas durchaus Unvergleichliches und fremdartig-Uebermenschliches: dadurch gewann er die ausserordentliche Kraft, mit welcher er die Phantasie ganzer Völker, ganzer Zeiten beherrschen konnte. Er selbst kannte sich nicht; er selbst verstand die Schriftzüge seiner Stimmungen, Neigungen, Handlungen nach einer Kunst der Interpretation, welche ebenso überspannt und künstlich war, wie die pneumatische Interpretation der Bibel. Das Verschrobene und Kranke in seiner Natur, mit ihrer Zusammenkoppelung von geistiger Armuth, schlechtem Wissen, verdorbener Gesundheit, überreizten Nerven, blieb seinem Blick ebenso wie dem seiner Beschauer verborgen. Er war kein besonders guter Mensch, noch weniger ein besonders weiser Mensch: aber er bedeutete Etwas, das über menschliches Maass in Güte und Weisheit hinausreiche. Der Glaube an ihn unterstützte den Glauben an Göttliches und Wunderhaftes, an einen religiösen Sinn alles Daseins, an einen bevorstehenden letzten Tag des Gerichtes. In dem abendlichen Glanze einer Weltuntergangs-Sonne, welche über die christlichen Völker hinleuchtete, wuchs die Schattengestalt des Heiligen in's Ungeheure: ja bis zu einer solchen Höhe, dass selbst in unserer Zeit, die nicht mehr an Gott glaubt, es noch genug Denker giebt, welche an den Heiligen glauben.

144.

Es versteht sich von selbst, dass dieser Zeichnung des Heiligen, welche nach dem Durchschnitt der ganzen Gattung entworfen ist, manche Zeichnung entgegengestellt werden kann, welche eine angenehmere Empfindung hervorbringen möchte. Einzelne Ausnahmen jener Gattung heben sich heraus, sei es durch grosse Milde und Menschenfreundlichkeit, sei es durch den Zauber ungewöhnlicher Thatkraft; andere sind im höchsten Grade anziehend, weil bestimmte Wahnvorstellungen über ihr ganzes Wesen Lichtströme ausgiessen: wie es zum Beispiel mit dem berühmten Stifter des Christenthums der Fall ist, der sich für den eingeborenen Sohn Gottes hielt und desshalb sich sündlos fühlte; so dass er durch eine Einbildung – die man nicht zu hart beurtheilen möge, weil das ganze Alterthum von Göttersöhnen wimmelt – das selbe Ziel erreichte, das Gefühl völliger Sündlosigkeit, völliger Unverantwortlichkeit, welches jetzt durch die Wissenschaft Jedermann sich erwerben kann. – Ebenfalls habe ich abgesehen von den indischen Heiligen, welche auf einer Zwischenstufe zwischen dem christlichen Heiligen und dem griechischen Philosophen stehen und insofern keinen reinen Typus darstellen: die Erkenntniss, die Wissenschaft – soweit es eine solche gab –, die Erhebung über die anderen Menschen durch die logische Zucht und Schulung des Denkens wurde bei den Buddhaisten als ein Kennzeichen der Heiligkeit ebenso gefordert, wie die selben Eigenschaften in der christlichen Welt, als Kennzeichen der Unheiligkeit, abgelehnt und verketzert werden.

Viertes Hauptstück

Aus der Seele der Künstler und Schriftsteller

145.

Das Vollkommene soll nicht geworden sein. – Wir sind gewöhnt, bei allem Vollkommenen die Frage nach dem Werden zu unterlassen: sondern uns des Gegenwärtigen zu freuen, wie als ob es auf einen Zauberschlag aus dem Boden aufgestiegen sei. Wahrscheinlich stehen wir hier noch unter der Nachwirkung einer uralten mythologischen Empfindung. Es ist uns beinahe noch so zu Muthe (zum Beispiel in einem griechischen Tempel wie der von Pästum), als ob eines Morgens ein Gott spielend aus solchen ungeheuren Lasten sein Wohnhaus gebaut habe: anderemale als ob eine Seele urplötzlich in einen Stein hineingezaubert sei und nun durch ihn reden wolle. Der Künstler weiss, dass sein Werk nur voll wirkt, wenn es den Glauben an eine Improvisation, an eine wundergleiche Plötzlichkeit der Entstehung erregt; und so hilft er wohl dieser Illusion nach und führt jene Elemente der begeisterten Unruhe, der blind greifenden Unordnung, des aufhorchenden Träumens beim Beginn der Schöpfung in die Kunst ein, als Trugmittel, um die Seele des Schauers oder Hörers so zu stimmen, dass sie an das plötzliche Hervorspringen des Vollkommenen glaubt. – Die Wissenschaft der Kunst hat dieser Illusion, wie es sich von selbst versteht, auf das bestimmteste zu widersprechen und die Fehlschlüsse und Verwöhnungen des Intellects aufzuzeigen, vermöge welcher er dem Künstler in das Netz läuft.

146.

Der Wahrheitssinn des Künstlers. – Der Künstler hat in Hinsicht auf das Erkennen der Wahrheiten eine schwächere Moralität, als der Denker; er will sich die glänzenden, tiefsinnigen Deutungen des Lebens durchaus nicht nehmen lassen und wehrt sich gegen nüchterne, schlichte Methoden und Resultate. Scheinbar kämpft er für die höhere Würde und Bedeutung des Menschen; in Wahrheit will er die für seine Kunst wirkungsvollsten Voraussetzungen nicht aufgeben, also das Phantastische, Mythische, Unsichere, Extreme, den Sinn für das Symbolische, die Ueberschätzung der Person, den Glauben an etwas Wunderartiges im Genius: er hält also die Fortdauer seiner Art des Schaffens für wichtiger, als die wissenschaftliche Hingebung an das Wahre in jeder Gestalt, erscheine diese auch noch so schlicht.

147.

Die Kunst als Todtenbeschwörerin. – Die Kunst versieht nebenbei die Aufgabe zu conserviren, auch wohl erloschene, verblichene Vorstellungen ein Wenig wieder aufzufärben; sie flicht, wenn sie diese Aufgabe löst, ein Band um verschiedene Zeitalter und macht deren Geister wiederkehren. Zwar ist es nur ein Scheinleben wie über Gräbern, welches hierdurch entsteht, oder wie die

Wiederkehr geliebter Todten im Traume, aber wenigstens auf Augenblicke wird die alte Empfindung noch einmal rege und das Herz klopft nach einem sonst vergessenen Tacte. Nun muss man wegen dieses allgemeinen Nutzens der Kunst dem Künstler selber es nachsehen, wenn er nicht in den vordersten Reihen der Aufklärung und der fortschreitenden Vermännlichung der Menschheit steht: er ist zeitlebens ein Kind oder ein Jüngling geblieben und auf dem Standpunct zurückgehalten, auf welchem er von seinem Kunsttriebe überfallen wurde; Empfindungen der ersten Lebensstufen stehen aber zugestandenermaassen denen früherer Zeitläufte näher, als denen des gegenwärtigen Jahrhunderts. Unwillkürlich wird es zu seiner Aufgabe, die Menschheit zu verkindlichen; diess ist sein Ruhm und seine Begränztheit.

148.

Dichter als Erleichterer des Lebens. – Die Dichter, insofern auch sie das Leben der Menschen erleichtern wollen, wenden den Blick entweder von der mühseligen Gegenwart ab oder verhelfen der Gegenwart durch ein Licht, das sie von der Vergangenheit herstrahlen machen, zu neuen Farben. Um diess zu können, müssen sie selbst in manchen Hinsichten rückwärts gewendete Wesen sein: so dass man sie als Brücken zu ganz fernen Zeiten und Vorstellungen, zu absterbenden oder abgestorbenen Religionen und Culturen gebrauchen kann. Sie sind eigentlich immer und nothwendig Epigonen. Es ist freilich von ihren Mitteln zur Erleichterung des Lebens einiges Ungünstige zu sagen: sie beschwichtigen und heilen nur vorläufig, nur für den Augenblick; sie halten sogar die Menschen ab, an einer wirklichen Verbesserung ihrer Zustände zu arbeiten, indem sie gerade die Leidenschaft der Unbefriedigten, welche zur That drängen, aufheben und palliativisch entladen.

149.

Der langsame Pfeil der Schönheit. – Die edelste Art der Schönheit ist die, welche nicht auf einmal hinreisst, welche nicht stürmische und berauschende Angriffe macht (eine solche erweckt leicht Ekel), sondern jene langsam einsickernde, welche man fast unbemerkt mit sich fortträgt und die Einem im Traum einmal wiederbegegnet, endlich aber, nachdem sie lange mit Bescheidenheit an unserm Herzen gelegen, von uns ganz Besitz nimmt, unser Auge mit Thränen, unser Herz mit Sehnsucht füllt. – Wonach sehnen wir uns beim Anblick der Schönheit? Darnach, schön zu sein: wir wähnen, es müsse viel Glück damit verbunden sein. – Aber das ist ein Irrthum.

150.

Beseelung der Kunst. – Die Kunst erhebt ihr Haupt, wo die Religionen nachlassen. Sie übernimmt eine Menge durch die Religion erzeugter Gefühle und Stimmungen, legt sie an ihr Herz und wird jetzt selber tiefer, seelenvoller, so dass sie Erhebung und Begeisterung mitzutheilen vermag, was sie vordem noch nicht konnte. Der zum Strome angewachsene Reichthum des religiösen Gefühls bricht immer wieder aus und will sich neue Reiche erobern: aber die wachsende Aufklärung hat die Dogmen der Religion erschüttert und ein gründliches Misstrauen eingeflösst: so wirft sich das Gefühl, durch die Aufklärung aus der religiösen Sphäre hinausgedrängt, in die Kunst; in einzelnen Fällen auch auf das politische Leben, ja selbst direct auf die Wissenschaft. Ueberall, wo man an menschlichen Bestrebungen eine höhere düstere Färbung wahrnimmt darf man vermuthen, dass Geistergrauen, Weihrauchduft und Kirchenschatten daran hängen geblieben sind.

151.

Wodurch das Metrum verschönert. – Das Metrum legt Flor über die Realität; es veranlasst einige Künstlichkeit des Geredes und Unreinheit des Denkens; durch den Schatten, den es auf den Gedanken wirft, verdeckt es bald, bald hebt es hervor. Wie Schatten nöthig ist, um zu verschönern, so ist das "Dumpfe" nöthig, um zu verdeutlichen. – Die Kunst macht den Anblick des Lebens erträglich, dadurch dass sie den Flor des unreinen Denkens über dasselbe legt.

152.

Kunst der hässlichen Seele. – Man zieht der Kunst viel zu enge Schranken, wenn man verlangt, dass nur die geordnete, sittlich im Gleichgewicht schwebende Seele sich in ihr aussprechen dürfe. Wie in den bildenden Künsten, so auch giebt es in der Musik und Dichtung eine Kunst der hässlichen Seele, neben der Kunst der schönen Seele; und die mächtigsten Wirkungen der Kunst, das Seelenbrechen, Steinebewegen und Thierevermenschlichen ist vielleicht gerade jener Kunst am meisten gelungen.

153.

Die Kunst macht dem Denker das Herz schwer. – Wie stark das metaphysische Bedürfniss ist und wie sich noch zuletzt die Natur den Abschied von ihm schwer macht, kann man daraus entnehmen, dass noch im Freigeiste, wenn er sich alles Metaphysischen entschlagen hat, die höchsten Wirkungen der Kunst leicht ein

Miterklingen der lange verstummten, ja zerrissenen metaphysischen Saite hervorbringen, sei es zum Beispiel, dass er bei einer Stelle der neunten Symphonie Beethoven's sich über der Erde in einem Sternendome schweben fühlt, mit dem Traume der Unsterblichkeit im Herzen: alle Sterne scheinen um ihn zu flimmern und die Erde immer tiefer hinabzusinken. – Wird er sich dieses Zustandes bewusst, so fühlt er wohl einen tiefen Stich im Herzen und seufzt nach dem Menschen, welcher ihm die verlorene Geliebte, nenne man sie nun Religion oder Metaphysik, zurückführe. In solchen Augenblicken wird sein intellectualer Charakter auf die Probe gestellt.

154.

Mit dem Leben spielen. – Die Leichtigkeit und Leichtfertigkeit der homerischen Phantasie war nöthig, um das übermässig leidenschaftliche Gemüth und den überscharfen Verstand des Griechen zu beschwichtigen und zeitweilig aufzuheben. Spricht bei ihnen der Verstand: wie herbe und grausam erscheint dann das Leben! Sie täuschen sich nicht, aber sie umspielen absichtlich das Leben mit Lügen. Simonides rieth seinen Landsleuten, das Leben wie ein Spiel zu nehmen; der Ernst war ihnen als Schmerz allzubekannt (das Elend der Menschen ist ja das Thema, über welches die Götter so gern singen hören) und sie wussten, dass einzig durch die Kunst selbst das Elend zum Genusse werden könne. Zur Strafe für diese Einsicht waren sie aber von der Lust, zu fabuliren, so geplagt, dass es ihnen im Alltagsleben schwer wurde, sich von Lug und Trug frei zu halten, wie alles Poetenvolk eine solche Lust an der Lüge hat und obendrein noch die Unschuld dabei. Die benachbarten Völker fanden das wohl mitunter zum Verzweifeln.

155.

Glaube an Inspiration. – Die Künstler haben ein Interesse daran, dass man an die plötzlichen Eingebungen, die sogenannten Inspirationen glaubt; als ob die Idee des Kunstwerks, der Dichtung, der Grundgedanke einer Philosophie, wie ein Gnadenschein vom Himmel herableuchte. In Wahrheit producirt die Phantasie des guten Künstlers oder Denkers fortwährend, Gutes, Mittelmässiges und Schlechtes, aber seine Urtheilskraft, höchst geschärft und geübt, verwirft, wählt aus, knüpft zusammen; wie man jetzt aus den Notizbüchern Beethoven's ersieht, dass er die herrlichsten Melodien allmählich zusammengetragen und aus vielfachen Ansätzen gewissermaassen ausgelesen hat. Wer weniger streng scheidet und sich der nachbildenden Erinnerung gern überlässt, der wird unter

Umständen ein grosser Improvisator werden können; aber die künstlerische Improvisation steht tief im Verhältniss zum ernst und mühevoll erlesenen Kunstgedanken. Alle Grossen waren grosse Arbeiter, unermüdlich nicht nur im Erfinden, sondern auch im Verwerfen, Sichten, Umgestalten, Ordnen.

156.

Nochmals die Inspiration. – Wenn sich die Productionskraft eine Zeit lang angestaut hat und am Ausfliessen durch ein Hemmnis gehindert worden ist, dann giebt es endlich einen so plötzlichen Erguss, als ob eine unmittelbare Inspiration, ohne vorhergegangenes inneres Arbeiten, also ein Wunder sich vollziehe. Diess macht die bekannte Täuschung aus, an deren Fortbestehen, wie gesagt, das Interesse aller Künstler ein wenig zu sehr hängt. Das Capital hat sich eben nur angehäuft, es ist nicht auf einmal vom Himmel gefallen. Es giebt übrigens auch anderwärts solche scheinbare Inspiration, zum Beispiel im Bereiche der Güte, der Tugend, des Lasters.

157.

Die Leiden des Genius' und ihr Werth. – Der künstlerische Genius will Freude machen, aber wenn er auf einer sehr hohen Stufe steht, so fehlen ihm leicht die Geniessenden; er bietet Speisen, aber man will sie nicht. Das giebt ihm ein unter Umständen lächerlich-rührendes Pathos; denn im Grunde hat er kein Recht, die Menschen zum Vergnügen zu zwingen. Seine Pfeife tönt, aber Niemand will tanzen: kann das tragisch sein? – Vielleicht doch. Zuletzt hat er als Compensation für diese Entbehrung mehr Vergnügen beim Schaffen, als die übrigen Menschen bei allen anderen Gattungen der Thätigkeit haben. Man empfindet seine Leiden übertrieben, weil der Ton seiner Klage lauter, sein Mund beredter ist; und in mitunter sind seine Leiden wirklich sehr gross, aber nur desshalb, weil sein Ehrgeiz, sein Neid so gross ist. Der wissende Genius, wie Kepler und Spinoza, ist für gewöhnlich nicht so begehrlich und macht von seinen wirklich grösseren Leiden und Entbehrungen kein solches Aufheben. Er darf mit grösserer Sicherheit auf die Nachwelt rechnen und sich der Gegenwart entschlagen; während ein Künstler, der diess thut, immer ein verzweifeltes Spiel spielt, bei dem ihm wehe um's Herz werden muss. In ganz seltenen Fällen, – dann, wenn im selben Individuum der Genius des Könnens und des Erkennens und der moralische Genius sich verschmelzen – kommt zu den erwähnten Schmerzen noch die Gattung von Schmerzen hinzu, welche als die absonderlichsten Ausnahmen in der Welt zu nehmen sind: die ausser- und überpersönlichen, einem Volke, der Menschheit, der gesammten Cultur, allem leidenden Dasein zugewandten Empfindungen: welche ihren Werth durch die Verbindung mit besonders schwierigen und entlegenen Erkenntnissen erlangen (Mitleid an sich ist wenig werth). – Aber welchen Maassstab, welche Goldwage giebt es für deren Aechtheit? Ist es nicht fast geboten, misstrauisch gegen Alle zu sein, welche von Empfindungen dieser Art bei sich reden?

158.

Verhängniss der Grösse. – Jeder grossen Erscheinung folgt die Entartung nach, namentlich im Bereiche der Kunst. Das Vorbild des Grossen reizt die eitleren Naturen zum äusserlichen Nachmachen oder zum Ueberbieten; dazu haben alle grossen Begabungen das Verhängnissvolle an sich, viele schwächere Kräfte und Keime zu erdrücken und um sich herum gleichsam die Natur zu veröden. Der glücklichste Fall in der Entwickelung einer Kunst ist der, dass mehrere Genie's sich gegenseitig in Schranken halten; bei diesem Kampfe wird gewöhnlich den schwächeren und zarteren Naturen auch Luft und Licht gegönnt.

159.

Die Kunst dem Künstler gefährlich. – Wenn die Kunst ein Individuum gewaltig ergreift, dann zieht es dasselbe zu Anschauungen solcher Zeiten zurück, wo die Kunst am kräftigsten blühte, sie wirkt dann zurückbildend. Der Künstler kommt immer mehr in eine Verehrung der plötzlichen Erregungen, glaubt an Götter und Dämonen, durchseelt die Natur, hasst die Wissenschaft, wird wechselnd in seinen Stimmungen, wie die Menschen des Alterthums, und begehrt einen Umsturz aller Verhältnisse, welche der Kunst nicht günstig sind, und zwar diess mit der Heftigkeit und Unbilligkeit eines Kindes. An sich ist nun der Künstler schon ein zurückbleibendes Wesen, weil er beim Spiel stehen bleibt, welches zur Jugend und Kindheit gehört: dazu kommt noch, dass er allmählich in andere Zeiten zurückgebildet wird. So entsteht zuletzt ein heftiger Antagonismus zwischen ihm und den gleichalterigen Menschen seiner Periode und ein trübes Ende; so wie, nach den Erzählungen der Alten, Homer und Aeschylus in Melancholie zuletzt lebten und starben.

160.

Geschaffene Menschen. – Wenn man sagt, der Dramatiker (und der Künstler überhaupt) schaffe wirklich Charaktere, so ist diess eine schöne Täuschung und Uebertreibung, in deren Dasein und Verbreitung die Kunst einen ihrer ungewollten, gleichsam überschüssigen Triumphe feiert. In der That verstehen wir von einem wirklichen lebendigen Menschen nicht viel und generalisiren sehr oberflächlich, wenn wir ihm diesen und jenen Charakter zuschreiben: dieser unserer sehr unvollkommenen Stellung zum Menschen entspricht nun der Dichter, indem er ebenso oberflächliche Entwürfe zu Menschen macht (in diesem Sinne "Schafft"), als unsere Erkenntniss der Menschen oberflächlich ist. Es ist viel Blendwerk bei diesen geschaffenen Charakteren der Künstler; es sind durchaus keine leibhaftigen Naturproducte, sondern ähnlich wie die gemalten Menschen ein Wenig allzu dünn, sie vertragen den Anblick aus der Nähe nicht. Gar wenn man sagt, der Charakter des gewöhnlichen lebendigen Menschen widerspreche sich häufig, der vom Dramatiker geschaffene sei das Urbild, welches der Natur vorgeschwebt habe, so ist diess ganz falsch. Ein wirklicher Mensch ist etwas ganz und gar Nothwendiges (selbst in jenen sogenannten Widersprüchen), aber wir erkennen diese Nothwendigkeit nicht immer. Der erdichtete Mensch, das Phantasma, will etwas Nothwendiges bedeuten, doch nur vor Solchen, welche auch einen wirklichen Menschen nur in einer rohen, unnatürlichen Simplification verstehen: so dass ein paar starke, oft wiederholte Züge, mit sehr viel Licht darauf und sehr viel Schatten und Halbdunkel herum, ihren Ansprüchen vollständig genügen. Sie sind also leicht bereit, das Phantasma als wirklichen, nothwendigen Menschen zu behandeln, weil sie gewöhnt sind, beim wirklichen Menschen ein Phantasma, einen Schattenriss, eine willkürliche Abbreviatur für das Ganze zu nehmen. – Dass gar der Maler und der Bildhauer die "Idee" des Menschen ausdrücke, ist eitel Phantasterei und Sinnentrug,: man wird vom Auge tyrannisirt, wenn man so Etwas sagt, da dieses vom menschlichen Leibe selbst nur die Oberfläche, die Haut sieht; der innere Leib gehört aber eben so sehr zur Idee. Die bildende Kunst will Charaktere auf der Haut sichtbar werden lassen; die redende Kunst nimmt das Wort zu dem selben Zwecke, sie bildet den Charakter im Laute ab. Die Kunst geht von der natürlichen Unwissenheit des Menschen über sein Inneres (in Leib und Charakter) aus: sie ist nicht für Physiker und Philosophen da.

161.

Selbstüberschätzung im Glauben an Künstler und Philosophen. – Wir Alle meinen, es sei die Güte eines Kunstwerks, eines Künstlers bewiesen, wenn er uns ergreift, erschüttert. Aber da müsste doch erst unsere eigene Güte in Urtheil und Empfindung bewiesen sein: was nicht der Fall ist. Wer hat mehr im Reiche der bildenden Kunst ergriffen und entzückt, als Bernini, wer mächtiger gewirkt, als jener nachdemosthenische Rhetor, welcher den asianischen Stil einführte und durch zwei Jahrhunderte zur Herrschaft brachte? Diese Herrschaft über ganze Jahrhunderte beweist Nichts für die Güte und dauernde Gültigkeit eines Stils; desshalb soll man nicht zu sicher in seinem guten Glauben an irgend einen Künstler sein: ein solcher ist ja nicht nur der Glaube an die Wahrhaftigkeit unserer Empfindung, sondern auch an die Unfehlbarkeit unseres Urtheils, während Urtheil oder Empfindung oder beides selber zu grob oder zu fein geartet, überspannt oder roh sein können. Auch die Segnungen und Beseligungen einer Philosophie, einer Religion beweisen für ihre Wahrheit Nichts: ebensowenig als das Glück, welches der Irrsinnige von seiner fixen Idee her geniesst, Etwas für die Vernünftigkeit dieser Idee beweist.

162.

Cultus des Genius' aus Eitelkeit. – Weil wir gut von uns denken, aber doch durchaus nicht von uns erwarten, dass wir je den Entwurf eines Rafaelischen Gemäldes oder eine solche Scene wie die eines Shakespeare'schen Drama's machen könnten, reden wir uns ein, das Vermögen dazu sei ganz übermässig wunderbar, ein ganz seltener Zufall, oder, wenn wir noch religiös empfinden, eine Begnadigung von Oben. So fördert unsere Eitelkeit, unsere Selbstliebe, den Cultus des Genius': denn nur wenn dieser ganz fern von uns gedacht ist, als ein miraculum, verletzt er nicht (selbst Goethe, der Neidlose, nannte Shakespeare seinen Stern der fernsten Höhe; wobei man sich jenes Verses erinnern mag: "die Sterne, die begehrt man nicht"). Aber von jenen Einflüsterungen unserer Eitelkeit abgesehen, so erscheint die Thätigkeit des Genie's durchaus nicht als etwas Grundverschiedenes von der Thätigkeit des mechanischen Erfinders, des astronomischen oder historischen Gelehrten, des Meisters der Taktik. Alle diese Thätigkeiten erklären sich, wenn man sich Menschen vergegenwärtigt, deren Denken in Einer Richtung thätig ist, die Alles als Stoff benützen, die immer ihrem innern Leben und dem Anderer mit Eifer zusehen, die überall Vorbilder, Anreizungen erblicken, die in der Combination ihrer Mittel nicht müde werden. Das Genie thut auch Nichts, als dass es erst Steine setzen, dann bauen lernt, dass es immer nach Stoff sucht und immer an ihm herumformt. Jede Thätigkeit des Menschen ist zum Verwundern complicirt, nicht nur die des Genie's: aber keine ist ein "Wunder." – Woher nun der Glaube, dass es allein beim Künstler, Redner und Philosophen Genie gebe? dass nur sie "Intuition" haben? (womit man ihnen eine Art von Wunder-Augenglas zuschreibt, mit dem sie direct in's "Wesen" sehen!) Die Menschen sprechen ersichtlich dort allein von Genius, wo ihnen die

Wirkungen des grossen Intellectes am angenehmsten sind und sie wiederum nicht Neid empfinden wollen. Jemanden "göttlich" nennen heisst "hier brauchen wir nicht zu wetteifern". Sodann: alles Fertige, Vollkommene wird angestaunt, alles Werdende unterschätzt. Nun kann Niemand beim Werke des Künstlers zusehen, wie es geworden ist; das ist sein Vortheil, denn überall, wo man das Werden sehen kann, wird man etwas abgekühlt. Die vollendete Kunst der Darstellung weist alles Denken an das Werden ab; es tyrannisirt als gegenwärtige Vollkommenheit. Desshalb gelten die Künstler der Darstellung vornehmlich als genial, nicht aber die wissenschaftlichen Menschen. In Wahrheit ist jene Schätzung und diese Unterschätzung nur eine Kinderei der Vernunft.

163.

Der Ernst des Handwerks. – Redet nur nicht von Begabung, angeborenen Talenten! Es sind grosse Männer aller Art zu nennen, welche wenig begabt waren. Aber sie bekamen Grösse, wurden Genie's" (wie man sagt), durch Eigenschaften, von deren Mangel Niemand gern redet, der sich ihrer bewusst ist: sie hatten Alle jenen tüchtigen Handwerker-Ernst, welcher erst lernt, die Theile vollkommen zu bilden, bis er es wagt, ein grosses Ganzes zu machen; sie gaben sich Zeit dazu, weil sie mehr Lust am Gutmachen des Kleinen, Nebensächlichen hatten, als an dem Effecte eines blendenden Ganzen. Das Recept zum Beispiel, wie Einer ein guter Novellist werden kann, ist leicht zu geben, aber die Ausführung setzt Eigenschaften voraus, über die man hinwegzusehen pflegt, wenn man sagt "ich habe nicht genug Talent". Man mache nur hundert und mehr Entwürfe zu Novellen, keinen länger als zwei Seiten, doch von solcher Deutlichkeit, dass jedes Wort darin nothwendig ist; man schreibe täglich Anekdoten nieder, bis man es lernt, ihre prägnanteste, wirkungsvollste Form zu finden, man sei unermüdlich im Sammeln und Ausmalen menschlicher Typen und Charaktere, man erzähle vor Allem so oft es möglich ist und höre erzählen, mit scharfem Auge und Ohr für die Wirkung auf die anderen Anwesenden, man reise wie ein Landschaftsmaler und Costümzeichner, man excerpire sich aus einzelnen Wissenschaften alles Das, was künstlerische Wirkungen macht, wenn es gut dargestellt wird, man denke endlich über die Motive der menschlichen Handlungen nach, verschmähe keinen Fingerzeig der Belehrung hierüber und sei ein Sammler von dergleichen Dingen bei Tag und Nacht. In dieser mannichfachen Uebung lasse man einige zehn Jahre vorübergehen: was dann aber in der Werkstätte geschaffen wird, darf auch hinaus in das Licht der Strasse. – Wie machen es aber die Meisten? Sie fangen nicht mit dem Theile, sondern mit dem Ganzen an. Sie thun vielleicht einmal einen guten Griff, erregen Aufmerksamkeit und thun von da an immer schlechtere Griffe, aus guten, natürlichen Gründen. – Mitunter, wenn Vernunft und Charakter fehlen, um einen solchen künstlerischen Lebensplan zu gestalten, übernimmt das Schicksal und die Noth die Stelle derselben und führt den zukünftigen Meister schrittweise durch alle Bedingungen seines Handwerks.

164.

Gefahr und Gewinn im Cultus des Genius'. – Der Glaube an grosse, überlegene, fruchtbare Geister ist nicht nothwendig, aber sehr häufig noch mit jenem ganz- oder halbreligiösen Aberglauben verbunden, dass jene Geister übermenschlichen Ursprungs seien und gewisse wunderbare Vermögen besässen, vermittelst deren sie ihrer Erkenntnisse auf ganz anderem Wege theilhaftig würden, als die übrigen Menschen. Man schreibt ihnen wohl einen unmittelbaren Blick in das Wesen der Welt, gleichsam durch ein Loch im Mantel der Erscheinung, zu und glaubt, dass sie ohne die Mühsal und Strenge der Wissenschaft, vermöge dieses wunderbaren Seherblickes, etwas Endgültiges und Entscheidendes über Mensch und Welt mittheilen könnten. So lange das Wunder im Bereiche der Erkenntniss noch Gläubige findet, kann man vielleicht zugeben, dass dabei für die Gläubigen selber ein Nutzen herauskomme, insofern diese durch ihre unbedingte Unterordnung unter die grossen Geister, ihrem eigenen Geiste für die Zeit der Entwickelung die beste Disciplin und Schule verschaffen. Dagegen ist mindestens fraglich, ob der Aberglaube vom Genie, von seinen Vorrechten und Sondervermögen für das Genie selber von Nutzen sei, wenn er in ihm sich einwurzelt. Es ist jedenfalls ein gefährliches Anzeichen, wenn den Menschen jener Schauder vor sich selbst überfällt, sei es nun jener berühmte Cäsaren-Schauder oder der hier in Betracht kommende Genie-Schauder; wenn der Opferduft, welchen man billigerweise allein einem Gotte bringt, dem Genie in's Gehirn dringt, so dass er zu schwanken und sich für etwas Uebermenschliches zu halten beginnt. Die langsamen Folgen sind: das Gefühl der Unverantwortlichkeit, der exceptionellen Rechte, der Glaube, schon durch seinen Umgang zu begnadigen, wahnsinnige Wuth bei dem Versuche, ihn mit Anderen zu vergleichen oder gar ihn niedriger zu taxiren und das Verfehlte seines Werkes in's Licht zu setzen. Dadurch, dass er aufhört, Kritik gegen sich selbst zu üben, fällt zuletzt aus seinem Gefieder eine der Schwungfedern nach der anderen aus: jener Aberglaube gräbt die Wurzeln seiner Kraft an und macht ihn vielleicht gar zum Heuchler, nachdem seine Kraft von ihm gewichen ist. Für grosse Geister selbst ist es also wahrscheinlich nützlicher, wenn sie über ihre Kraft und deren Herkunft zur Einsicht kommen, wenn sie also begreifen, welche rein menschlichen Eigenschaften in ihnen zusammengeflossen sind, welche Glücksumstände hinzutraten – also einmal anhaltende Energie, entschlossene Hinwendung zu einzelnen Zielen, grosser persönlicher Muth, sodann das Glück einer Erziehung, welche die besten Lehrer, Vorbilder, Methoden frühzeitig darbot. Freilich, wenn ihr Ziel ist, die grösstmögliche Wirkung zu machen, so hat die Unklarheit über sich selbst und jene Beigabe eines halben Wahnsinns immer viel gethan; denn bewundert und beneidet hat man zu allen Zeiten gerade jene Kraft an ihnen, vermöge deren sie die Menschen willenlos machen und zum Wahne fortreissen, dass übernatürliche Führer vor ihnen her giengen. Ja, es erhebt und begeistert die Menschen, jemanden im Besitz übernatürlicher Kräfte zu glauben: insofern hat der Wahnsinn, wie Plato sagt, die grössten Segnungen über die Menschen gebracht. – In einzelnen seltenen Fällen mag dieses Stück Wahnsinn wohl auch das Mittel gewesen sein, durch welches eine solche nach allen Seiten hin excessive Natur fest zusammengehalten wurde: auch im Leben der Individuen haben die Wahnvorstellungen häufig den Werth von Heilmitteln, welche an sich Gifte sind; doch zeigt sich endlich, bei jedem "Genie", das an seine Göttlichkeit glaubt, das Gift in dem Grade, als das "Genie" alt wird: man möge sich zum Beispiel Napoleon's erinnern, dessen Wesen sicherlich gerade durch seinen Glauben an sich und seinen Stern und durch die aus ihm fliessende Verachtung der Menschen zu der mächtigen Einheit zusammenwuchs, welche ihn aus allen modernen Menschen heraushebt, bis endlich aber dieser selbe Glaube in einen fast wahnsinnigen Fatalismus übergieng, ihn seines Schnell- und Scharfblickes beraubte und die Ursache seines Unterganges wurde.

165.

Das Genie und das Nichtige. – Gerade die originellen, aus sich schöpfenden Köpfe unter den Künstlern können unter Umständen das ganz Leere und Schaale hervorbringen, während die abhängigeren Naturen, die sogenannten Talente, voller Erinnerungen an alles mögliche Gute stecken und auch im Zustand der Schwäche etwas Leidliches produciren. Sind die Originellen aber von sich selber verlassen, so giebt die Erinnerung ihnen keine Hülfe: sie werden leer.

166.

Das Publicum. – Von der Tragödie begehrt das Volk eigentlich nicht mehr, als recht gerührt zu werden, um sich einmal ausweinen zu können; der Artist dagegen, der die neue Tragödie sieht, hat seine Freude an den geistreichen technischen Erfindungen und Kunstgriffen, an der Handhabung und Vertheilung des Stoffes, an der neuen Wendung alter Motive, alter Gedanken. Seine Stellung ist die ästhetische Stellung zum Kunstwerk, die des Schaffenden; die erstbeschriebene, mit alleiniger Rücksicht auf den Stoff, die des Volkes. Von dem Menschen dazwischen ist nicht zu reden, er ist weder Volk noch Artist und weiss nicht, was er will: so ist auch seine Freude unklar und gering.

167.

Artistische Erziehung des Publicums. – Wenn das selbe Motiv nicht hundertfältig durch verschiedene Meister behandelt wird, lernt das Publicum nicht über das Interesse des Stoffes hinauskommen; aber zuletzt wird es selbst die Nuancen, die zarten, neuen Erfindungen in der Behandlung dieses Motives fassen und geniessen, wenn es also das Motiv längst aus zahlreichen Bearbeitungen kennt und dabei keinen Reiz der Neuheit, der Spannung mehr empfindet.

168.

Künstler und sein Gefolge müssen Schritt halten. – Der Fortgang von einer Stufe des Stils zur andern muss so langsam sein, dass nicht nur die Künstler, sondern auch die Zuhörer und Zuschauer diesen Fortgang mitmachen und genau wissen, was vorgeht. Sonst entsteht auf einmal jene grosse Kluft zwischen dem Künstler, der auf abgelegener Höhe seine Werke schafft, und dem Publicum, welches nicht mehr zu jener Höhe hinaufkann und endlich missmuthig wieder tiefer hinabsteigt. Denn wenn der Künstler sein Publicum nicht mehr hebt, so sinkt es schnell abwärts, und zwar stürzt es um so tiefer und gefährlicher, je höher es ein Genius getragen hat, dem Adler vergleichbar, aus dessen Fängen die in die Wolken hinaufgetragene Schildkröte zu ihrem Unheil hinabfällt.

169.

Herkunft des Komischen. – Wenn man erwägt, dass der Mensch manche hunderttausend Jahre lang ein im höchsten Grade der Furcht zugängliches Thier war und dass alles Plötzliche, Unerwartete ihn kampfbereit, vielleicht todesbereit sein hiess, ja dass selbst später, in socialen Verhältnissen, alle Sicherheit auf dem Erwarteten, auf dem Herkommen in Meinung und Thätigkeit beruhte, so darf man sich nicht wundern, dass bei allem Plötzlichen, Unerwarteten in Wort und That, wenn es ohne Gefahr und Schaden hereinbricht, der Mensch ausgelassen wird, in's Gegentheil der Furcht übergeht: das vor Angst zitternde, zusammengekrümmte Wesen schnellt empor, entfaltet sich weit, – der Mensch lacht. Diesen Uebergang aus momentaner Angst in kurz dauernden Uebermuth nennt man das Komische. Dagegen geht im Phänomen des Tragischen der Mensch schnell aus grossem, dauerndem Uebermuth in grosse Angst über; da aber unter Sterblichen der grosse dauernde Uebermuth viel seltener, als der Anlass zur Angst ist, so giebt es viel mehr des Komischen, als des Tragischen in der Welt; man lacht viel öfter, als dass man erschüttert ist.

170.

Künstler-Ehrgeiz. – Die griechischen Künstler, zum Beispiel die Tragiker dichteten, um zu siegen; ihre ganze Kunst ist nicht ohne Wettkampf zu denken: die hesiodische gute Eris, der Ehrgeiz, gab ihrem Genius die Flügel. Nun verlangte dieser Ehrgeiz vor Allem, dass ihr Werk die höchste Vortrefflichkeit vor ihren eigenen Augen erhalte, sowie sie also die Vortrefflichkeit verstanden, ohne Rücksicht auf einen herrschenden Geschmack und die allgemeine Meinung über das Vortreffliche an einem Kunstwerk; und so blieben Aeschylus und Euripides lange Zeit ohne Erfolg, bis sie sich endlich Kunstrichter erzogen hatten, welche ihr Werk nach den Maassstäben würdigten, welche sie selber anlegten. Somit erstreben sie den Sieg über Nebenbuhler nach ihrer eigenen Schätzung, vor ihrem eigenen Richterstuhl, sie wollen wirklich vortrefflicher sein ; dann fordern sie von Aussen her Zustimmung zu dieser eigenen Schätzung, Bestätigung ihres Urtheils. Ehre erstreben heisst hier "sich überlegen machen und wünschen, dass es auch öffentlich so erscheine". Fehlt das Erstere und wird das Zweite trotzdem begehrt, so spricht man von Eitelkeit. Fehlt das Letztere und wird es nicht vermisst, so redet man von Stolz.

171.

Das Nothwendige am Kunstwerk. – Die, welche so viel von dem Nothwendigen an einem Kunstwerk reden, übertreiben, wenn sie Künstler sind, in majorem artis gloriam, oder wenn sie Laien sind, aus Unkenntniss. Die Formen eines Kunstwerkes, welche seine Gedanken zum Reden bringen, also seine Art zu sprechen sind, haben immer etwas Lässliches, wie alle Art Sprache. Der Bildhauer kann viele kleine Züge hinzuthun oder weglassen: ebenso der Darsteller, sei es ein Schauspieler oder, in Betreff der Musik, ein Virtuos oder Dirigent. Diese vielen kleinen Züge und Ausfeilungen machen ihm heute Vergnügen, morgen nicht, sie sind mehr des Künstlers als der Kunst wegen da, denn auch er bedarf, bei der Strenge und Selbstbezwingung, welche die Darstellung des Hauptgedankens von ihm fordert, gelegentlich des Zuckerbrodes und der Spielsachen, um nicht mürrisch zu werden.

172.

Den Meister vergessen machen. – Der Clavierspieler, der das Werk eines Meisters zum Vortrag bringt, wird am besten gespielt haben, wenn er den Meister vergessen liess und wenn es so erschien, als ob er eine Geschichte seines Lebens erzähle oder jetzt eben Etwas erlebe. Freilich: wenn er nichts Bedeutendes ist, wird jedermann seine Geschwätzigkeit verwünschen, mit der er uns aus seinem Leben erzählt. Also muss er verstehen, die Phantasie des Zuhörers für sich einzunehmen. Daraus wiederum erklären sich alle Schwächen und Narrheiten des "Virtuosenthums".

173.

Corriger la fortune. – Es giebt schlimme Zufälligkeiten im Leben grosser Künstler, welche zum Beispiel den Maler zwingen, sein bedeutendstes Bild nur als flüchtigen Gedanken zu skizziren oder zum Beispiel Beethoven zwangen, uns in manchen grossen Sonaten (wie in der grossen B-dur) nur den ungenügenden Clavierauszug einer Symphonie zu hinterlassen. Hier soll der späterkommende Künstler das Leben der Grossen nachträglich zu corrigiren suchen: was zum Beispiel Der thun würde, welcher, als ein Meister aller Orchesterwirkungen, uns jene, dem Clavier-Scheintode verfallene Symphonie zum Leben erweckte.

174.

Verkleinern. – Manche Dinge, Ereignisse oder Personen, vertragen es nicht, im kleinen Maassstabe behandelt zu werden. Man kann die Laokoon-Gruppe nicht zu einer Nippesfigur verkleinern; sie hat Grösse nothwendig. Aber viel seltener ist es, dass etwas von Natur Kleines die Vergrösserung verträgt; wesshalb es Biographen immer noch eher gelingen wird, einen grossen Mann klein darzustellen, als einen kleinen gross.

175.

Sinnlichkeit in der Kunst der Gegenwart. – Die Künstler verrechnen sich jetzt häufig, wenn sie auf eine sinnliche Wirkung ihrer Kunstwerke hinarbeiten; denn ihre Zuschauer oder Zuhörer haben nicht mehr ihre vollen Sinne und gerathen, ganz wider die Absicht des Künstlers, durch sein Kunstwerk in – eine "Heiligkeit" der Empfindung, welche der Langweiligkeit nahe verwandt ist. – Ihre

Sinnlichkeit fängt vielleicht dort an, wo die des Künstlers gerade aufhört, sie begegnen sich also höchstens an Einem Puncte.

176.

Shakespeare als Moralist. – Shakespeare hat über die Leidenschaften viel nachgedacht und wohl von seinem Temperamente her zu vielen einen sehr nahen Zugang gehabt (Dramatiker sind im Allgemeinen ziemlich böse Menschen). Aber er vermochte nicht, wie Montaigne, darüber zu reden, sondern legte die Beobachtungen über die Passionen den passionirten Figuren in den Mund: was zwar wider die Natur ist, aber seine Dramen so gedankenvoll macht, dass sie alle anderen leer erscheinen lassen und leicht einen allgemeinen Widerwillen gegen sie erwecken. – Die Sentenzen Schiller's (welchen fast immer falsche oder unbedeutende Einfälle zu Grunde liegen) sind eben Theatersentenzen und wirken als solche sehr stark: während die Sentenzen Shakespeare's seinem Vorbilde Montaigne Ehre machen und ganz ernsthafte Gedanken in geschliffener Form enthalten, desshalb aber für die Augen des Theaterpublicums zu fern und zu fein, also unwirksam sind.

177.

Sich gut zu Gehör bringen. – Man muss nicht nur verstehen, gut zu spielen, sondern auch sich gut zu Gehör zu bringen. Die Geige in der Hand des grössten Meisters giebt nur ein Gezirp von sich, wenn der Raum zu gross ist; man kann da den Meister mit jedem Stümper verwechseln.

178.

Das Unvollständige als das Wirksame. – Wie Relieffiguren dadurch so stark auf die Phantasie wirken, dass sie gleichsam auf dem Wege sind, aus der Wand herauszutreten und plötzlich, irgend wodurch gehemmt, Halt machen: so ist mitunter die reliefartig unvollständige Darstellung eines Gedankens, einer ganzen Philosophie wirksamer, als die erschöpfende Ausführung: man überlässt der Arbeit des Beschauers mehr, er wird aufgeregt, das, was in so starkem Licht und Dunkel vor ihm sich abhebt, fortzubilden, zu Ende zu denken und jenes Hemmniss selber zu überwinden, welches ihrem völligen Heraustreten bis dahin hinderlich war.

179.

Gegen die Originalen. – Wenn die Kunst sich in den abgetragensten Stoff kleidet, erkennt man sie am besten als Kunst.

180.

Collectivgeist. – Ein guter Schriftsteller hat nicht nur seinen eigenen Geist, sondern auch noch den Geist seiner Freunde.

181.

Zweierlei Verkennung. – Das Unglück scharfsinniger und klarer Schriftsteller ist, dass man sie für flach nimmt und desshalb ihnen keine Mühe zuwendet: und das Glück der unklaren, dass der Leser sich an ihnen abmüht und die Freude über seinen Eifer ihnen zu Gute schreibt.

182.

Verhältniss zur Wissenschaft. – Alle Die haben kein wirkliches Interesse an einer Wissenschaft, welche erst dann anfangen, für sie warm zu werden, wenn sie selbst Entdeckungen in ihr gemacht haben.

183.

Der Schlüssel. – Der eine Gedanke, auf den ein bedeutender Mensch, zum Gelächter und Spott der Unbedeutenden, grossen Werth legt, ist für ihn ein Schlüssel zu verborgenen Schatzkammern, für jene nicht mehr, als ein Stück alten Eisens.

184.

Unübersetzbar. – Es ist weder das Beste, noch das Schlechteste an einem Buche, was an ihm unübersetzbar ist.

185.

Paradoxien des Autors. – Die sogenannten Paradoxien des Autors, an welchen ein Leser Anstoss nimmt, stehen häufig gar nicht im Buche des Autors, sondern im Kopfe des Lesers.

186.

Witz. – Die witzigsten Autoren erzeugen das kaum bemerkbarste Lächeln.

187.

Die Antithese. – Die Antithese ist die enge Pforte, durch welche sich am liebsten der Irrthum zur Wahrheit schleicht.

188.

Denker als Stilisten. – Die meisten Denker schreiben schlecht, weil sie uns nicht nur ihre Gedanken, sondern auch das Denken der Gedanken mittheilen.

189.

Gedanken im Gedicht. – Der Dichter führt seine Gedanken festlich daher, auf dem Wagen des Rhythmus': gewöhnlich desshalb, weil diese zu Fuss nicht gehen können.

190.

Sünde wider den Geist des Lesers. – Wenn der Autor sein Talent verleugnet, blos um sich dem Leser gleich zu stellen, so begeht er die einzige Todsünde, welche ihm Jener nie verzeiht: im Fall er nämlich Etwas davon merkt. Man darf dem Menschen sonst alles Böse nachsagen: aber in der Art, wie man es sagt, muss man seine Eitelkeit wieder aufzurichten wissen.

191.

Gränze der Ehrlichkeit. – Auch dem ehrlichsten Schriftsteller entfällt ein Wort zu viel, wenn er eine Periode abrunden will.

192.

Der beste Autor. – Der beste Autor wird der sein, welcher sich schämt, Schriftsteller zu werden.

193.

Drakonisches Gesetz gegen Schriftsteller. – Man sollte einen Schriftsteller als einen Missethäter ansehen, der nur in den seltensten Fällen Freisprechung oder Begnadigung verdient: das wäre ein Mittel gegen das Ueberhandnehmen der Bücher.

194.

Die Narren der modernen Cultur. – Die Narren der mittelalterlichen Höfe entsprechen unseren Feuilletonisten; es ist die selbe Gattung Menschen, halbvernünftig, witzig, übertrieben, albern, mitunter nur dazu da, das Pathos der Stimmung durch Einfälle, durch Geschwätz zu mildern und den allzu schweren, feierlichen Glockenklang grosser Ereignisse durch Geschrei zu übertäuben; ehemals im Dienste der Fürsten und Adeligen, jetzt im Dienste von Parteien (wie in Partei-Sinn und Partei-Zucht ein guter Theil der alten Unterthänigkeit im

Verkehr des Volkes mit dem Fürsten jetzt noch fortlebt). Der ganze moderne Litteratenstand steht aber den Feuilletonisten sehr nahe, es sind die "Narren der modernen Cultur", welche man milder beurtheilt, wenn man sie als nicht ganz zurechnungsfähig nimmt. Schriftstellerei als Lebensberuf zu betrachten, sollte billigerweise als eine Art Tollheit gelten.

195.

Den Griechen nach. – Der Erkenntniss steht es gegenwärtig sehr im Wege, dass alle Worte durch hundertjährige Uebertreibung des Gefühls dunstig und aufgeblasen geworden sind. Die höhere Stufe der Cultur, welche sich unter die Herrschaft (wenn auch nicht unter die Tyrannei) der Erkenntniss stellt, hat eine grosse Ernüchterung des Gefühls und eine starke Concentration aller Worte vonnöthen; worin uns die Griechen im Zeitalter des Demosthenes vorangegangen sind. Das Ueberspannte bezeichnet alle modernen Schriften; und selbst wenn sie einfach geschrieben sind, so werden die Worte in denselben noch zu excentrisch gefühlt. Strenge Ueberlegung, Gedrängtheit, Kälte, Schlichtheit, selbst absichtlich bis an die Gränze hinab, überhaupt An-sich-halten des Gefühls und Schweigsamkeit, – das kann allein helfen. – Uebrigens ist diese kalte Schreib- und Gefühlsart, als Gegensatz, jetzt sehr reizvoll: und darin liegt freilich eine neue Gefahr. Denn die scharfe Kälte ist so gut ein Reizmittel, als ein hoher Wärmegrad.

196.

Gute Erzähler schlechte Erklärer. – Bei guten Erzählern steht oft eine bewunderungswürdige psychologische Sicherheit und Consequenz, soweit diese in den Handlungen ihrer Personen hervortreten kann, in einem geradezu lächerlichen Gegensatz zu der Ungeübtheit ihres psychologischen Denkens: so dass ihre Cultur in dem einen Augenblicke ebenso ausgezeichnet hoch, als im nächsten bedauerlich tief erscheint. Es kommt gar zu häufig vor, dass sie ihre eigenen Helden und deren Handlungen ersichtlich falsch erklären, – es ist daran kein Zweifel, so unwahrscheinlich die Sache klingt. Vielleicht hat der grösste Clavierspieler nur wenig über die technischen Bedingungen und die specielle Tugend, Untugend, Nutzbarkeit und Erziehbarkeit jedes Fingers (daktylische Ethik) nachgedacht, und macht grobe Fehler, wenn er von solchen Dingen redet.

197.

Die Schriften von Bekannten und ihre Leser. – Wir lesen Schriften von Bekannten (Freunden und Feinden) doppelt, insofern fortwährend unsere Erkenntniss daneben flüstert: "das ist von ihm, ein Merkmal seines inneren Wesens, seiner Erlebnisse, seiner Begabung", und wiederum eine andere Art Erkenntniss dabei festzustellen sucht, was der Ertrag jenes Werkes an sich ist, welche Schätzung es überhaupt, abgesehen von seinem Verfasser, verdient, welche Bereicherung des Wissens es mit sich bringt. Diese beiden Arten des Lesens und Erwägens stören sich, wie das sich von selbst versteht, gegenseitig. Auch eine Unterhaltung mit einem Freunde wird dann erst gute Früchte der Erkenntniss zeitigen, wenn Beide endlich nur noch an die Sache denken, und vergessen, dass sie Freunde sind.

198.

Rhythmische Opfer. – Gute Schriftsteller verändern den Rhythmus mancher Periode blos desshalb, weil sie den gewöhnlichen Lesern nicht die Fähigkeit zuerkennen, den Tact, welchem die Periode in ihrer ersten Fassung folgte, zu begreifen: desshalb erleichtern sie es ihnen, indem sie bekannteren Rhythmen den Vorzug geben. – Diese Rücksicht auf das rhythmische Unvermögen der jetzigen Leser hat schon manche Seufzer entlockt, denn ihr ist viel schon zum Opfer gefallen. – Ob es guten Musikern nicht ähnlich ergeht?

199.

Das Unvollständige als künstlerisches Reizmittel. – Das Unvollständige ist oft wirksamer als die Vollständigkeit, so namentlich in der Lobrede: für ihre Zwecke braucht man gerade eine anreizende Unvollständigkeit, als ein irrationales Element, welches der Phantasie des Hörers ein Meer vorspiegelt und gleich einem Nebel die gegenüberliegende Küste, also die Begränztheit des zu lobenden Gegenstandes, verdeckt. Wenn man die bekannten Verdienste eines Menschen erwähnt und dabei ausführlich und breit ist, so lässt diess immer den Argwohn aufkommen, es seien die einzigen Verdienste. Der vollständig Lobende stellt sich über den Gelobten, er scheint ihn zu übersehen. Desshalb wirkt das Vollständige abschwächend.

200.

Vorsicht im Schreiben und Lehren. – Wer erst geschrieben hat und die Leidenschaft des Schreibens in sich fühlt, lernt fast aus Allem, was er treibt und erlebt, nur Das noch heraus, was schriftstellerisch mittheilbar ist. Er denkt nicht mehr an sich, sondern an den Schriftsteller und sein Publicum; er will die Einsicht, aber nicht zum eigenen Gebrauche. Wer Lehrer ist, ist meistens unfähig, etwas Eigenes noch für sein eigenes Wohl zu treiben, er denkt immer an das Wohl seiner Schüler und jede Erkenntniss erfreut ihn nur, so weit er sie lehren kann. Er betrachtet sich zuletzt als einen Durchweg des Wissens und überhaupt als Mittel, so dass er den Ernst für sich verloren hat.

201.

Schlechte Schriftsteller nothwendig. – Es wird immer schlechte Schriftsteller geben müssen, denn sie entsprechen dem Geschmack der unentwickelten, unreifen Altersclassen; diese haben so gut ihr Bedürfniss wie die reifern. Wäre das menschliche Leben länger, so würde die Zahl der reif gewordenen Individuen überwiegend oder mindestens gleich gross mit der der unreifen ausfallen; so aber sterben bei Weitem die meisten zu jung, das heisst es giebt immer viel mehr unentwickelte Intellecte mit schlechtem Geschmack. Diese begehren überdiess, mit der grösseren Heftigkeit der Jugend, nach Befriedigung ihres Bedürfnisses, und sie erzwingen sich schlechte Autoren.

202.

Zu nah und zu fern. – Der Leser und der Autor verstehen sich häufig desshalb nicht, weil der Autor sein Thema zu gut kennt und es beinahe langweilig findet, so dass er sich die Beispiele erlässt, die er zu Hunderten weiss; der Leser aber ist der Sache fremd und findet sie leicht schlecht begründet, wenn ihm die Beispiele vorenthalten werden.

203.

Eine verschwundene Vorbereitung zur Kunst. – An Allem, was das Gymnasium trieb, war das Werthvollste die Uebung im lateinischen Stil: diese war eben eine Kunstübung, während alle anderen Beschäftigungen nur das Wissen zum Zweck hatten. Den deutschen Aufsatz voranzustellen, ist Barbarei, denn wir haben keinen mustergültigen, an öffentlicher Beredtsamkeit emporgewachsenen deutschen Stil; will man aber durch den deutschen Aufsatz die Uebung im Denken fördern, so ist es gewiss besser, wenn man einstweilen von Stil dabei überhaupt absieht, also zwischen der Uebung im Denken und der im Darstellen scheidet. Letztere sollte sich auf mannichfache Fassung eines gegebenen Inhaltes beziehen und nicht auf selbständiges Erfinden eines Inhaltes. Die blose

Darstellung bei gegebenem Inhalte war die Aufgabe des lateinischen Stils, für welchen die alten Lehrer eine längst verloren gegangene Feinheit des Gehörs besassen. Wer ehemals gut in einer modernen Sprache schreiben lernte, verdankte es dieser Uebung (jetzt muss man sich nothgedrungen zu den älteren Franzosen in die Schule schicken); aber noch mehr: er bekam einen Begriff von der Hoheit und Schwierigkeit der Form und wurde für die Kunst überhaupt auf dem einzig richtigen Wege vorbereitet, durch Praxis.

204.

Dunkles und Ueberhelles neben einander. – Schriftsteller, welche im Allgemeinen ihren Gedanken keine Deutlichkeit zu geben verstehen, werden im Einzelnen mit Vorliebe die stärksten, übertriebensten Bezeichnungen und Superlative wählen: dadurch entsteht eine Lichtwirkung, wie bei Fackelbeleuchtung auf verworrenen Waldwegen.

205.

Schriftstellerisches Malerthum. – Einen bedeutenden Gegenstand wird man am besten darstellen, wenn man die Farben zum Gemälde aus dem Gegenstande selber, wie ein Chemiker, nimmt und sie dann wie ein Artist verbraucht: so dass man die Zeichnung aus den Gränzen und Uebergängen der Farben erwachsen lässt. So bekommt das Gemälde Etwas von dem hinreissenden Naturelement, welches den Gegenstand selber bedeutend macht.

206.

Bücher, welche tanzen lehren. – Es giebt Schriftsteller, welche dadurch, dass sie Unmögliches als möglich darstellen und vom Sittlichen und Genialen so reden, als ob beides nur eine Laune, ein Belieben sei, ein Gefühl von übermüthiger Freiheit hervorbringen, wie wenn der Mensch sich auf die Fussspitzen stellte und vor innerer Lust durchaus tanzen müsste.

207.

Nicht fertig gewordene Gedanken. – Ebenso wie nicht nur das Mannesalter, sondern auch Jugend und Kindheit einen Werth an sich haben und gar nicht nur als Durchgänge und Brücken zu schätzen sind, so haben auch die nicht fertig gewordenen Gedanken ihren Werth. Man muss desshalb einen Dichter nicht mit subtiler Auslegung quälen und sich an der Unsicherheit seines Horizontes vergnügen, wie als ob der Weg zu mehreren Gedanken noch offen sei. Man steht an der Schwelle; man wartet wie bei der Ausgrabung eines Schatzes: es ist, als ob ein Glücksfund von Tiefsinn eben gemacht werden sollte. Der Dichter nimmt Etwas von der Lust des Denkers beim Finden eines Hauptgedankens vorweg und macht uns damit begehrlich, so dass wir nach diesem haschen; der aber gaukelt an unserm Kopf vorüber und zeigt die schönsten Schmetterlingsflügel – und doch entschlüpft er uns.

208.

Das Buch fast zum Menschen geworden. – Jeden Schriftsteller überrascht es von Neuem, wie das Buch, sobald es sich von ihm gelöst hat, ein eigenes Leben für sich weiterlebt; es ist ihm zu Muthe, als wäre der eine Theil eines Insectes losgetrennt und gienge nun seinen eigenen Weg weiter. Vielleicht vergisst er es fast ganz, vielleicht erhebt er sich über die darin niedergelegten Ansichten, vielleicht selbst versteht er es nicht mehr und hat jene Schwingen verloren, auf denen er damals flog, als er jenes Buch aussann: währenddem sucht es sich seine Leser, entzündet Leben, beglückt, erschreckt, erzeugt neue Werke, wird die Seele von Vorsätzen und Handlungen – kurz: es lebt wie ein mit Geist und Seele ausgestattetes Wesen und ist doch kein Mensch. – Das glücklichste Loos hat der Autor gezogen, welcher, als alter Mann, sagen kann, dass Alles, was von lebenzeugenden, kräftigenden, erhebenden, aufklärenden Gedanken und Gefühlen in ihm war, in seinen Schriften noch fortlebe und dass er selber nur noch die graue Asche bedeute, während das Feuer überall hin gerettet und weiter getragen sei. – Erwägt man nun gar, dass jede Handlung eines Menschen, nicht nur ein Buch, auf irgend eine Art Anlass zu anderen Handlungen, Entschlüssen, Gedanken wird, dass Alles, was geschieht, unlösbar fest sich mit Allem, was geschehen wird, verknotet, so erkennt man die wirkliche Unsterblichkeit, die es giebt, die der Bewegung: was einmal bewegt hat, ist in dem Gesammtverbande alles Seienden, wie in einem Bernstein ein Insect, eingeschlossen und verewigt.

209.

Freude im Alter. – Der Denker und ebenso der Künstler, welcher sein besseres Selbst in Werke geflüchtet hat, empfindet eine fast boshafte Freude, wenn er sieht, wie sein Leib und Geist langsam von der Zeit angebrochen und zerstört werden, als ob er aus einem Winkel einen Dieb an seinem Geldschranke arbeiten sähe, während er weiss, dass dieser leer ist und alle Schätze gerettet sind.

210.

Ruhige Fruchtbarkeit. – Die geborenen Aristokraten des Geistes sind nicht zu eifrig; ihre Schöpfungen erscheinen und fallen an einem ruhigen Herbstabend vom Baume, ohne hastig begehrt, gefördert, durch Neues verdrängt zu werden. Das unablässige Schaffenwollen ist gemein und zeigt Eifersucht, Neid, Ehrgeiz an. Wenn man Etwas ist, so braucht man eigentlich Nichts zu machen, – und thut doch sehr viel. Es giebt über dem "productiven" Menschen noch eine höhere Gattung.

211.

Achilles und Homer. – Es ist immer wie zwischen Achilles und Homer: der Eine hat das Erlebniss, die Empfindung, der Andere beschreibt sie. Ein wirklicher Schriftsteller giebt dem Affect und der Erfahrung Anderer nur Worte, er ist Künstler, um aus dem Wenigen, was er empfunden hat, viel zu errathen. Künstler sind keineswegs die Menschen der grossen Leidenschaft, aber häufig geben sie sich als solche in der unbewussten Empfindung, dass man ihrer gemalten Leidenschaft mehr traut, wenn ihr eigenes Leben für ihre Erfahrung auf diesem Gebiete spricht. Man braucht sich ja nur gehen zu lassen, sich nicht zu beherrschen, seinem Zorn, seiner Begierde offenen Spielraum zu gönnen, sofort schreit alle Welt: wie leidenschaftlich ist er! Aber mit der tiefwühlenden, das Individuum anzehrenden und oft verschlingenden Leidenschaft hat es Etwas auf sich: wer sie erlebt, beschreibt sie gewiss nicht in Dramen, Tönen oder Romanen. Künstler sind häufig zügellose Individuen, soweit sie eben nicht Künstler sind: aber das ist etwas Anderes.

212.

Alte Zweifel über die Wirkung der Kunst. – Sollten Mitleid und Furcht wirklich, wie Aristoteles will, durch die Tragödie entladen werden, so dass der Zuhörer kälter und ruhiger nach Hause zurückkehre? Sollten Geistergeschichten weniger furchtsam und abergläubisch machen? Es ist bei einigen physischen Vorgängen, zum Beispiel bei dem Liebesgenuss, wahr, dass mit der Befriedigung eines Bedürfnisses eine Linderung und zeitweilige Herabstimmung des Triebes eintritt. Aber die Furcht und das Mitleid sind nicht in diesem Sinne Bedürfnisse bestimmter Organe, welche erleichtert werden wollen. Und auf die Dauer wird selbst jeder Trieb durch Uebung in seiner Befriedigung gestärkt, trotz jener periodischen Linderungen. Es wäre möglich, dass Mitleid und Furcht in jedem einzelnen Falle durch die Tragödie gemildert und entladen würden: trotzdem könnten sie im Ganzen durch die tragische Einwirkung überhaupt grösser werden, und Plato behielte doch Recht, wenn er meint, dass man durch die Tragödie insgesammt ängstlicher und rührseliger werde. Der tragische Dichter selbst würde dann nothwendig eine düstere, furchtvolle Weltbetrachtung und eine weiche, reizbare, thränensüchtige Seele bekommen, desgleichen würde es zu Plato's Meinung stimmen, wenn die tragischen Dichter und ebenso die ganzen Stadtgemeinden, welche sich besonders an ihnen ergötzen, zu immer grösserer Maass- und Zügellosigkeit ausarten. – Aber welches Recht hat unsere Zeit überhaupt, auf die grosse Frage Plato's nach dem moralischen Einfluss der Kunst eine Antwort zu geben? Hätten wir selbst die Kunst, – wo haben wir den Einfluss, irgend einen Einfluss der Kunst?

213.

Freude am Unsinn. – Wie kann der Mensch Freude am Unsinn haben? So weit nämlich auf der Welt gelacht wird, ist diess der Fall; ja man kann sagen, fast überall wo es Glück giebt, giebt es Freude am Unsinn. Das Umwerfen der Erfahrung in's Gegentheil, des Zweckmässigen in's Zwecklose, des Nothwendigen in's Beliebige, doch so, dass dieser Vorgang keinen Schaden macht und nur einmal aus Uebermuth vorgestellt wird, ergötzt, denn es befreit uns momentan von dem Zwange des Nothwendigen, Zweckmässigen und Erfahrungsgemässen, in denen wir für gewöhnlich unsere unerbittlichen Herren sehen; wir spielen und lachen dann, wenn das Erwartete (das gewöhnlich bange macht und spannt) sich, ohne zu schädigen, entladet. Es ist die Freude der Sclaven am Saturnalienfeste.

214.

Veredelung der Wirklichkeit. – Dadurch, dass die Menschen in dem aphrodisischen Triebe eine Gottheit sahen und ihn mit anbetender Dankbarkeit in sich wirkend fühlten, ist im Verlaufe der Zeit jener Affect mit höheren Vorstellungsreihen durchzogen und dadurch thatsächlich sehr veredelt worden. So haben sich einige Völker, vermöge dieser Kunst des Idealisirens, aus Krankheiten grosse Hülfsmächte der Cultur geschaffen: zum Beispiel die Griechen, welche in früheren Jahrhunderten an grossen Nerven-Epidemien (in der Art der Epilepsie und des Veitstanzes) litten und daraus den herrlichen Typus der Bacchantin herausgebildet haben. – Die Griechen besassen nämlich Nichts weniger, als eine vierschrötige Gesundheit; – ihr Geheimniss war, auch die Krankheit, wenn sie nur Macht hatte, als Gott zu verehren.

215.

Musik. – Die Musik ist nicht an und für sich so bedeutungsvoll für unser Inneres, so tief erregend, dass sie als unmittelbare Sprache des Gefühls gelten dürfte; sondern ihre uralte Verbindung mit der Poesie hat so viel Symbolik in die rhythmische Bewegung, in Stärke und Schwäche des Tones gelegt, dass wir jetzt wähnen , sie spräche direct zu in Inneren und käme aus dem Inneren. Die dramatische Musik ist erst möglich, wenn sich die Tonkunst ein ungeheures Bereich symbolischer Mittel erobert hat, durch Lied, Oper und hundertfältige Versuche der Tonmalerei. Die "absolute Musik" ist entweder Form an sich, im rohen Zustand der Musik, wo das Erklingen in Zeitmaass und verschiedener Stärke überhaupt Freude macht, oder die ohne Poesie schon zum Verständniss redende Symbolik der Formen, nachdem in langer Entwickelung beide Künste verbunden waren und endlich die musicalische Form ganz mit Begriffs- und Gefühlsfäden durchsponnen ist. Menschen, welche in der Entwickelung der Musik zurückgeblieben sind, können das selbe Tonstück rein formalistisch empfinden, wo die Fortgeschrittenen Alles symbolisch verstehen. An sich ist keine Musik tief und bedeutungsvoll, sie spricht nicht vom "Willen", vom "Dinge an sich"; das konnte der Intellect erst in einem Zeitalter wähnen, welches den ganzen Umfang des inneren Lebens für die musicalische Symbolik erobert hatte. Der Intellect selber hat diese Bedeutsamkeit erst in den Klang hineingelegt, wie er in die Verhältnisse von Linien und Massen bei der Architektur ebenfalls Bedeutsamkeit gelegt hat, welche aber an sich den mechanischen Gesetzen ganz fremd ist.

216.

Gebärde und Sprache. – Aelter als die Sprache ist das Nachmachen von Gebärden, welches unwillkürlich vor sich geht und jetzt noch, bei einer allgemeinen Zurückdrängung der Gebärdensprache und gebildeten Beherrschung der Muskeln, so stark ist, dass wir ein bewegtes Gesicht nicht ohne Innervation unseres Gesichts ansehen können (man kann beobachten, dass fingirtes Gähnen bei Einem, der es sieht, natürliches Gähnen hervorruft). Die nachgeahmte Gebärde leitete Den, der nachahmte, zu der Empfindung zurück, welche sie im Gesicht oder Körper des Nachgeahmten ausdrückte. So lernte man sich verstehen: so lernt noch das Kind die Mutter verstehen. Im Allgemeinen mögen schmerzhafte Empfindungen wohl auch durch Gebärden ausgedrückt worden sein, welche Schmerz ihrerseits verursachen (zum Beispiel durch Haar ausraufen, die-Brust-schlagen, gewaltsame Verzerrungen und Anspannungen der Gesichtsmuskeln). Umgekehrt: Gebärden der Lust waren selber lustvoll und eigneten sich dadurch leicht zum Mittheilen des Verständnisses (Lachen als Aeusserung des Gekitzeltwerdens, welches lustvoll ist, diente wiederum zum Ausdruck anderer lustvoller Empfindungen). – Sobald man sich in Gebärden verstand, konnte wiederum eine Symbolik der Gebärde entstehen: ich meine, man konnte über eine Tonzeichensprache sich verständigen, so zwar, dass man zuerst Ton und Gebärde (zu der er symbolisch hinzutrat), später nur den Ton hervorbrachte. – Es scheint sich da in früher Zeit das Selbe oftmals ereignet zu haben, was jetzt vor unseren Augen und Ohren in der Entwickelung der Musik, namentlich der dramatischen Musik, vor sich geht: während zuerst die Musik, ohne erklärenden Tanz und Mimus (Gebärdensprache), leeres Geräusch ist, wird durch lange Gewöhnung an jenes Nebeneinander von Musik und Bewegung das Ohr zur sofortigen Ausdeutung der Tonfiguren eingeschult und kommt endlich auf eine Höhe des schnellen Verständnisses, wo es der sichtbaren Bewegung gar nicht mehr bedarf und den Tondichter ohne dieselbe versteht. Man redet dann von absoluter Musik, das heisst von Musik, in der Alles ohne weitere Beihülfe sofort symbolisch verstanden wird.

217.

Die Entsinnlichung der höheren Kunst. – Unsere Ohren sind, vermöge der ausserordentlichen Uebung des Intellects durch die Kunstentwickelung der neuen Musik, immer intellectualer geworden. Desshalb ertragen wir jetzt viel grössere Tonstärke, viel mehr "Lärm", weil wir viel besser eingeübt sind, auf die Vernunft in ihm hin zu horchen, als unsere Vorfahren. Thatsächlich sind nun alle unsere Sinne eben dadurch, dass sie sogleich nach der Vernunft, also nach dem "es bedeutet" und nicht mehr nach dem "es ist" fragen, etwas abgestumpft worden: wie sich eine solche Abstumpfung zum Beispiel in der unbedingten Herrschaft der Temperatur der Töne verräth; denn jetzt gehören Ohren, welche die feineren Unterscheidungen, zum Beispiel zwischen cis und des, noch machen, zu den Ausnahmen. In dieser Hinsicht ist unser Ohr vergröbert worden. Sodann ist die hässliche, den Sinnen ursprünglich feindselige Seite der Welt für die Musik erobert worden; ihr Machtbereich, namentlich zum Ausdruck des Erhabenen, Furchtbaren, Geheimnissvollen, hat sich damit erstaunlich erweitert; unsere Musik bringt jetzt Dinge zum Reden, welche früher keine Zunge hatten. In ähnlicher Weise haben einige Maler das Auge intellectualer gemacht und sind weit über Das hinausgegangen, was man früher Farben- und Formenfreude nannte. Auch hier ist die ursprünglich als hässlich geltende Seite der Welt vom künstlerischen Verstande erobert worden. – Was ist von alledem die Consequenz? je gedankenfähiger Auge und Ohr werden, um so mehr kommen sie an die Gränze, wo sie unsinnlich werden: die Freude wird in's Gehirn verlegt, die Sinnesorgane selbst werden stumpf und schwach, das Symbolische tritt immer mehr an Stelle des Seienden, – und so gelangen wir auf diesem Wege so sicher zur Barbarei, wie auf irgend einem anderen. Einstweilen heisst es noch: die Welt ist hässlicher als je, aber sie bedeutet eine schönere Welt als je gewesen. Aber je mehr der Ambraduft der Bedeutung sich zerstreut und verflüchtigt, um so seltener werden Die, welche ihn noch wahrnehmen: und die Uebrigen bleiben endlich bei dem Hässlichen stehen und suchen es direct zu geniessen, was ihnen aber immer misslingen muss. So giebt es in Deutschland eine doppelte Strömung der musicalischen Entwickelung: hier eine Schaar von Zehntausend mit immer höheren, zarteren Ansprüchen und immer mehr nach dem "es bedeutet" hinhörend, und dort die ungeheuere Ueberzahl, welche alljährlich immer unfähiger wird, das Bedeutende auch in der Form der sinnlichen Hässlichkeit zu verstehen und desshalb nach dem an sich Hässlichen und Ekelhaften, das heisst dem niedrig Sinnlichen, in der Musik mit immer mehr Behagen greifen lernt.

218.

Der Stein ist mehr Stein als früher. – Wir verstehen im Allgemeinen Architektur nicht mehr, wenigstens lange nicht in der Weise, wie wir Musik verstehen. Wir sind aus der Symbolik der Linien und Figuren herausgewachsen, wie wir der Klangwirkungen der Rhetorik entwöhnt sind, und haben diese Art von Muttermilch der Bildung nicht mehr vom ersten Augenblick unseres Lebens an eingesogen. An einem griechischen oder christlichen Gebäude bedeutete ursprünglich Alles Etwas, und zwar in Hinsicht auf eine höhere Ordnung der Dinge: diese Stimmung einer unausschöpflichen Bedeutsamkeit lag um das Gebäude gleich einem zauberhaften Schleier. Schönheit kam nur nebenbei in das System hinein, ohne die Grundempfindung des Unheimlich-Erhabenen, des durch Götternähe und Magie Geweihten, wesentlich zu beeinträchtigen; Schönheit milderte höchstens das Grauen, – aber dieses Grauen war überall die Voraussetzung. – Was ist uns jetzt die Schönheit eines Gebäudes? Das Selbe wie das schöne Gesicht einer geistlosen Frau: etwas Maskenhaftes.

219.

Religiöse Herkunft der neueren Musik. – Die seelenvolle Musik entsteht in dem wiederhergestellten Katholicismus nach dem tridentinischen Concil, durch Palestrina, welcher dem neu" erwachten innigen und tief bewegten Geiste zum Klange verhalf; später, mit Bach, auch im Protestantismus, soweit dieser durch die Pietisten vertieft und von seinem ursprünglich dogmatischen Grundcharakter losgebunden worden war. Voraussetzung und nothwendige Vorstufe für beide Entstehungen ist die Befassung mit Musik, wie sie dem Zeitalter der Renaissance und Vor-Renaissance zu eigen war, namentlich jene gelehrte Beschäftigung mit Musik, jene im Grunde wissenschaftliche Lust an den Kunststücken der Harmonik und Stimmführung. Andererseits musste auch die Oper vorhergegangen sein: in welcher der Laie seinen Protest gegen eine zu gelehrt gewordene kalte Musik zu erkennen gab und der Polyhymnia wieder eine Seele schenken wollte. – Ohne jene tief religiöse Umstimmung, ohne das Ausklingen des innerlichst-erregten Gemüthes wäre die Musik gelehrt oder opernhaft geblieben; der Geist der Gegenreformation ist der Geist der modernen Musik (denn jener Pietismus in Bach's Musik ist auch eine Art Gegenreformation). So tief sind wir dem religiösen Leben verschuldet. – Die Musik war die Gegenrenaissance im Gebiete der Kunst, zu ihr gehört die spätere Malerei des Murillo, zu ihr vielleicht auch der Barockstil: mehr jedenfalls als die Architektur der Renaissance oder des Alterthums. Und noch jetzt dürfte man fragen: wenn unsere neuere Musik die Steine bewegen könnte, würde sie diese zu einer antiken Architektur zusammensetzen? Ich zweifle sehr. Denn Das, was in dieser Musik regiert, der Affect, die Lust an erhöhten, weit gespannten Stimmungen, das Lebendig-werden-wollen um jeden Preis, der rasche Wechsel der Empfindung, die starke Reliefwirkung in Licht und Schatten, die Nebeneinanderstellung der Ekstase und des Naiven, – das hat Alles schon einmal in den bildenden Künsten regiert und neue Stilgesetze geschaffen: – es war aber weder im Alterthum noch in der Zeit der Renaissance.

220.

Das Jenseits in der Kunst. – Nicht ohne tiefen Schmerz gesteht man sich ein, dass die Künstler aller Zeiten in ihrem höchsten Aufschwunge gerade jene Vorstellungen zu einer himmlischen Verklärung hinaufgetragen haben, welche wir jetzt als falsch erkennen: sie sind die Verherrlicher der religiösen und philosophischen Irrthümer der Menschheit, und sie hätten diess nicht sein können ohne den Glauben an die absolute Wahrheit derselben. Nimmt nun der

Glaube an eine solche Wahrheit überhaupt ab, verblassen die Regenbogenfarben um die äussersten Enden des menschlichen Erkennens und Wähnens: so kann jene Gattung von Kunst nie wieder aufblühen, welche, wie die divina commedia, die Bilder Rafael's, die Fresken Michelangelo's, die gothischen Münster, nicht nur eine kosmische, sondern auch eine metaphysische Bedeutung der Kunstobjecte voraussetzt. Es wird eine rührende Sage daraus werden, dass es eine solche Kunst, einen solchen Künstlerglauben gegeben habe.

221.

Die Revolution in der Poesie. – Der strenge Zwang, welchen sich die französischen Dramatiker auferlegten, in Hinsicht auf Einheit der Handlung, des Ortes und der Zeit, auf Stil, Vers- und Satzbau, Auswahl der Worte und Gedanken, war eine so wichtige Schule, wie die des Contrapuncts und der Fuge in der Entwickelung der modernen Musik oder wie die Gorgianischen Figuren in der griechischen Beredtsamkeit. Sich so zu binden, kann absurd erscheinen; trotzdem giebt es kein anderes Mittel, um aus dem Naturalisiren herauszukommen, als sich zuerst auf das allerstärkste (vielleicht allerwillkürlichste) zu beschränken. Man lernt so allmählich mit Grazie selbst auf den schmalen Stegen schreiten, welche schwindelnde Abgründe überbrücken, und bringt die höchste Geschmeidigkeit der Bewegung als Ausbeute mit heim: wie die Geschichte der Musik vor den Augen aller Jetztlebenden beweist. Hier sieht man, wie Schritt vor Schritt die Fesseln lockerer werden, bis sie endlich ganz abgeworfen scheinen können: dieser Schein ist das höchste Ergebniss einer nothwendigen Entwickelung in der Kunst. In der modernen Dichtkunst gab es keine so glückliche allmähliche Herauswickelung aus den selbstgelegten Fesseln. Lessing machte die französische Form, das heisst die einzige moderne Kunstform, zum Gespött in Deutschland und verwies auf Shakespeare, und so verlor man die Stetigkeit jener Entfesselung und machte einen Sprung in den Naturalismus – das heisst in die Anfänge der Kunst zurück. Aus ihm versuchte sich Goethe zu retten, indem er sich immer von Neuem wieder auf verschiedene Art zu binden wusste; aber auch der Begabteste bringt es nur zu einem fortwährenden Experimentiren, wenn der Faden der Entwickelung einmal abgerissen ist. Schiller verdankt die ungefähre Sicherheit seiner Form dem unwillkürlich verehrten, wenn auch verleugneten Vorbilde der französischen Tragödie und hielt sich ziemlich unabhängig von Lessing (dessen dramatische Versuche er bekanntlich ablehnte). Den Franzosen selber fehlten nach Voltaire auf einmal die grossen Talente, welche die

Entwickelung der Tragödie aus dem Zwange zu jenem Scheine der Freiheit fortgeführt hätten; sie machten später nach deutschem Vorbilde auch den Sprung in eine Art von Rousseau'schem Naturzustand der Kunst und experimentirten. Man lese nur von Zeit zu Zeit Voltaire's Mahomet, um sich klar vor die Seele zu stellen, was durch jenen Abbruch der Tradition ein für alle Mal der europäischen Cultur verloren gegangen ist. Voltaire war der letzte der grossen Dramatiker, welcher seine vielgestaltige, auch den grössten tragischen Gewitterstürmen gewachsene Seele durch griechisches Maass bändigte, – er vermochte Das, was noch kein Deutscher vermochte, weil die Natur des Franzosen der griechischen viel verwandter ist, als die Natur des Deutschen –; wie er auch der letzte grosse Schriftsteller war, der in der Behandlung der Prosa-Rede griechisches Ohr, griechische Künstler-Gewissenhaftigkeit, griechische Schlichtheit und Anmuth hatte; ja wie er einer der letzten Menschen gewesen ist, welche die höchste Freiheit des Geistes und eine schlechterdings unrevolutionäre Gesinnung in sich vereinigen können, ohne inconsequent und feige zu sein. Seitdem ist der moderne Geist mit seiner Unruhe, seinem Hass gegen Maass und Schranke, auf allen Gebieten zur Herrschaft gekommen, zuerst entzügelt durch das Fieber der Revolution und dann wieder sich Zügel anlegend, wenn ihn Angst und Grauen vor sich selber anwandelte, – aber die Zügel der Logik, nicht mehr des künstlerischen Maasses. Zwar geniessen wir durch jene Entfesselung eine Zeit lang die Poesien aller Völker, alles an verborgenen Stellen Aufgewachsene, Urwüchsige, Wildblühende, Wunderlich-Schöne und Riesenhaft-Unregelmässige, vom Volksliede an bis zum "grossen Barbaren" Shakespeare hinauf; wir schmecken die Freuden der Localfarbe und des Zeitcostüms, die allen künstlerischen Völkern bisher fremd waren; wir benutzen reichlich die "barbarischen Avantagen" unserer Zeit, welche Goethe gegen Schiller geltend machte, um die Formlosigkeit seines Faust in das günstigste Licht zu stellen. Aber auf wie lange noch? Die hereinbrechende Fluth von Poesien aller Stile aller Völker muss ja allmählich das Erdreich hinwegschwemmen, auf dem ein stilles verborgenes Wachsthum noch möglich gewesen wäre; alle Dichter müssen ja experimentirende Nachahmer, wagehalsige Copisten werden, mag ihre Kraft von Anbeginn noch so gross sein; das Publicum endlich, welches verlernt hat, in der Bändigung der darstellenden Kraft, in der organisirenden Bewältigung aller Kunstmittel die eigentlich künstlerische That zu sehen, muss immer mehr die Kraft um der Kraft willen, die Farbe um der Farbe willen, den Gedanken um des Gedankens willen, ja die Inspiration um der Inspiration willen schätzen, es wird demgemäss die Elemente und Bedingungen des Kunstwerks gar nicht, wenn nicht isolirt, geniessen und zu guterletzt die natürliche Forderung stellen, dass der Künstler isolirt sie ihm auch darreichen müsse. Ja, man hat die "unvernünftigen" Fesseln der französisch-griechischen Kunst abgeworfen, aber unvermerkt sich daran gewöhnt, alle Fesseln, alle Beschränkung unvernünftig zu finden; - und so bewegt sich die Kunst ihrer Auflösung entgegen und streift dabei - was freilich höchst belehrend ist - alle Phasen ihrer Anfänge, ihrer Kindheit, ihrer Unvollkommenheit, ihrer einstmaligen Wagnisse und Ausschreitungen: sie interpretirt, im Zu-Grunde-gehen, ihre Entstehung, ihr Werden. Einer der Grossen, auf dessen Instinct man sich wohl verlassen kann und dessen Theorie Nichts weiter, als ein dreissig Jahre Mehr von Praxis fehlte, - Lord Byron hat einmal ausgesprochen: "Was die Poesie im Allgemeinen anlangt, so bin ich, je mehr ich darüber nachdenke, immer fester der Ueberzeugung, dass wir allesammt auf dem falschen Wege sind, Einer wie der Andere. Wir folgen Alle einem innerlich falschen revolutionären System, - unsere oder die nächste Generation wird noch zu der selben Ueberzeugung gelangen." Es ist diess der selbe Byron, welcher sagt: "Ich betrachte Shakespeare als das schlechteste Vorbild, wenn auch als den ausserordentlichsten Dichter." Und sagt im Grunde Goethe's gereifte künstlerische Einsicht aus der zweiten Hälfte seines Lebens nicht genau das Selbe? - jene Einsicht, mit welcher er einen solchen Vorsprung über eine Reihe von Generationen gewann, dass man im Grossen und Ganzen behaupten kann, Goethe habe noch gar nicht gewirkt und seine Zeit werde erst kommen? Gerade weil seine Natur ihn lange Zeit in der Bahn der poetischen Revolution festhielt, gerade weil er am gründlichsten auskostete, was Alles indirect durch jenen Abbruch der Tradition an neuen Funden, Aussichten, Hülfsmitteln entdeckt und gleichsam unter den Ruinen der Kunst ausgegraben worden war, so wiegt seine spätere Umwandelung und Bekehrung so viel: sie bedeutet, dass er das tiefste Verlangen empfand, die Tradition der Kunst wieder zu gewinnen und den stehen gebliebenen Trümmern und Säulengängen des Tempels mit der Phantasie des Auges wenigstens die alte Vollkommenheit und Ganzheit anzudichten, wenn die Kraft des Armes sich viel zu schwach erweisen sollte, zu bauen, wo so ungeheure Gewalten schon zum Zerstören nöthig waren. So lebte er in der Kunst als in der Erinnerung an die wahre Kunst: sein Dichten war zum Hülfsmittel der Erinnerung, des Verständnisses alter, längst entrückter Kunstzeiten geworden. Seine Forderungen waren zwar in Hinsicht auf die Kraft des neuen Zeitalters unerfüllbar; der Schmerz darüber wurde aber reichlich durch die Freude aufgewogen, dass sie einmal erfüllt gewesen sind und dass auch wir noch an dieser Erfüllung theilnehmen können. Nicht Individuen, sondern mehr oder weniger idealische Masken; keine Wirklichkeit, sondern eine allegorische Allgemeinheit; Zeitcharaktere, Localfarben zum fast Unsichtbaren abgedämpft und mythisch gemacht; das gegenwärtige Empfinden und die Probleme der gegenwärtigen Gesellschaft auf die einfachsten Formen zusammengedrängt, ihrer reizenden, spannenden, pathologischen Eigenschaften entkleidet, in jedem andern als dem artistischen Sinne wirkungslos gemacht; keine neuen Stoffe und Charaktere, sondern die alten, längst gewohnten in immerfort währender Neubeseelung und Umbildung: das ist die Kunst, so wie sie Goethe später verstand, so wie sie die Griechen, ja auch die Franzosen übten.

222.

Was von der Kunst übrig bleibt. – Es ist wahr, bei gewissen metaphysischen Voraussetzungen hat die Kunst viel grösseren Werth, zum Beispiel wenn der Glaube gilt, dass der Charakter unveränderlich sei und das Wesen der Welt sich in allen Charakteren und Handlungen fortwährend ausspreche: da wird das Werk des Künstlers zum Bild des ewig Beharrenden, während für unsere Auffassung der Künstler seinem Bilde immer nur Gültigkeit für eine Zeit geben kann, weil der Mensch im Ganzen geworden und wandelbar und selbst der einzelne Mensch nichts Festes und Beharrendes ist. – Ebenso steht es bei einer andern metaphysischen Voraussetzung: gesetzt, dass unsere sichtbare Welt nur Erscheinung wäre, wie es die Metaphysiker annehmen, so käme die Kunst der wirklichen Welt ziemlich nahe zu stehen: denn zwischen der Erscheinungswelt und der Traumbild-Welt des Künstlers gäbe es dann gar zu viel Aehnliches; und die übrigbleibende Verschiedenheit stellte sogar die Bedeutung der Kunst höher, als die Bedeutung der Natur, weil die Kunst das Gleichförmige, die Typen und Vorbilder der Natur darstellte. – Jene Voraussetzungen sind aber falsch: welche Stellung bleibt nach dieser Erkenntniss jetzt noch der Kunst? Vor Allem hat sie durch Jahrtausende hindurch gelehrt, mit Interesse und Lust auf das Leben in jeder Gestalt zu sehen und unsere Empfindung so weit zu bringen, dass wir endlich rufen: "wie es auch sei, das Leben, es ist gut." Diese Lehre der Kunst, Lust am Dasein zu haben und das Menschenleben wie ein Stück Natur, ohne zu heftige Mitbewegung, als Gegenstand gesetzmässiger Entwickelung anzusehen, – diese Lehre ist in uns hineingewachsen, sie kommt jetzt als allgewaltiges Bedürfniss des Erkennens wieder an's Licht. Man könnte die Kunst aufgeben, würde damit aber nicht die von ihr gelernte Fähigkeit einbüssen: ebenso wie man die Religion aufgegeben hat, nicht aber die durch sie erworbenen Gemüths-Steigerungen und Erhebungen. Wie die bildende Kunst und die Musik der Maassstab des durch die Religion wirklich erworbenen und hinzugewonnenen Gefühls-Reichthumes ist, so würde nach einem Verschwinden der Kunst die von ihr gepflanzte Intensität und Vielartigkeit der Lebensfreude immer noch Befriedigung fordern. Der wissenschaftliche Mensch ist die Weiterentwickelung des künstlerischen.

223.

Abendröthe der Kunst. – Wie man sich im Alter der Jugend erinnert und Gedächtnissfeste feiert, so steht bald die Menschheit zur Kunst im Verhältniss einer rührenden Erinnerung an die Freuden der Jugend. Vielleicht dass niemals früher die Kunst so tief und seelenvoll erfasst wurde, wie jetzt, wo die Magie des Todes dieselbe zu umspielen scheint. Man denke an jene griechische Stadt in Unteritalien, welche an Einem Tage des Jahres noch ihre griechischen Feste feierte, unter Wehmuth und Thränen darüber, dass immer mehr die ausländische Barbarei über ihre mitgebrachten Sitten triumphire; niemals hat man wohl das Hellenische so genossen, nirgendswo diesen goldenen Nektar mit solcher Wollust geschlürft, als unter diesen absterbenden Hellenen. Den Künstler wird man bald als ein herrliches Ueberbleibsel ansehen und ihm, wie einem wunderbaren Fremden, an dessen Kraft und Schönheit das Glück früherer Zeiten hieng, Ehren erweisen, wie wir sie nicht leicht Unseresgleichen gönnen. Das Beste an uns ist vielleicht aus Empfindungen früherer Zeiten vererbt, zu denen wir jetzt auf unmittelbarem Wege kaum mehr kommen können; die Sonne ist schon hinuntergegangen, aber der Himmel unseres Lebens glüht und leuchtet noch von ihr her, ob wir sie schon nicht mehr sehen.

Fünftes Hauptstück

Anzeichen höherer und niederer Cultur

224.

Veredelung durch Entartung. – Aus der Geschichte ist zu lernen, dass der Stamm eines Volkes sich am besten erhält, in welchem die meisten Menschen lebendigen Gemeinsinn in Folge der Gleichheit ihrer gewohnten und undiscutirbaren Grundsätze, also in Folge ihres gemeinsamen Glaubens haben.

Hier erstarkt die gute, tüchtige Sitte, hier wird die Unterordnung des Individuums gelernt und dem Charakter Festigkeit schon als Angebinde gegeben und nachher noch anerzogen. Die Gefahr dieser starken, auf gleichartige, charaktervolle Individuen gegründeten Gemeinwesen ist die allmählich durch Vererbung gesteigerte Verdummung, welche nun einmal aller Stabilität wie ihr Schatten folgt. Es sind die ungebundneren, viel unsichereren und moralisch schwächeren Individuen, an denen das geistige Fortschreiten in solchen Gemeinwesen hängt: es sind die Menschen, welche Neues und überhaupt Vielerlei versuchen. Unzählige dieser Art gehen, ihrer Schwäche wegen, ohne sehr ersichtliche Wirkung zu Grunde; aber im Allgemeinen, zumal wenn sie Nachkommen haben, lockern sie auf und bringen von Zeit zu Zeit dem stabilen Elemente eines Gemeinwesens eine Wunde bei. Gerade an dieser wunden und schwach gewordenen Stelle wird dem gesammten Wesen etwas Neues gleichsam inoculirt ; seine Kraft im Ganzen muss aber stark genug sein, um dieses Neue in sein Blut aufzunehmen und sich zu assimiliren. Die abartenden Naturen sind überall da von höchster Bedeutung, wo ein Fortschritt erfolgen soll. Jedem Fortschritt im Grossen muss eine theilweise Schwächung vorhergehen. Die stärksten Naturen halten den Typus fest, die schwächeren helfen ihn fortbilden. – Etwas Aehnliches ergiebt sich für den einzelnen Menschen; selten ist eine Entartung, eine Verstümmelung, selbst ein Laster und überhaupt eine körperliche oder sittliche Einbusse ohne einen Vortheil auf einer anderen Seite. Der kränkere Mensch zum Beispiel wird vielleicht, inmitten eines kriegerischen und unruhigen Stammes, mehr Veranlassung haben, für sich zu sein und dadurch ruhiger und weiser zu werden, der Einäugige wird Ein stärkeres Auge haben, der Blinde wird tiefer in's Innere schauen und jedenfalls schärfer hören. Insofern scheint mir der berühmte Kampf um's Dasein nicht der einzige Gesichtspunct zu sein, aus dem das Fortschreiten oder Stärkerwerden eines Menschen, einer Rasse erklärt werden kann. Vielmehr muss zweierlei zusammen kommen: einmal die Mehrung der stabilen Kraft durch Bindung der Geister in Glauben und Gemeingefühl; sodann die Möglichkeit, zu höheren Zielen zu gelangen, dadurch dass entartende Naturen und, in Folge derselben, theilweise Schwächungen und Verwundungen der stabilen Kraft vorkommen; gerade die schwächere Natur, als die zartere und freiere, macht alles Fortschreiten überhaupt möglich. Ein Volk, das irgendwo anbröckelt und schwach wird, aber im Ganzen noch stark und gesund ist, vermag die Infection des Neuen aufzunehmen und sich zum Vortheil einzuverleiben. Bei dem einzelnen Menschen lautet die Aufgabe der Erziehung so: ihn so fest und sicher hinzustellen, dass er als Ganzes gar nicht mehr aus seiner Bahn abgelenkt werden kann. Dann aber hat der Erzieher ihm Wunden beizubringen oder die Wunden, welche das Schicksal ihm schlägt, zu benutzen, und wenn so der Schmerz und das Bedürfniss entstanden sind, so kann auch in die verwundeten Stellen etwas Neues und Edles inoculirt werden. Seine gesammte Natur wird es in sich hineinnehmen und später, in ihren Früchten, die Veredelung spüren lassen. – Was den Staat betrifft, so sagt Macchiavelli, dass "die Form der Regierungen von sehr geringer Bedeutung ist, obgleich halbgebildete Leute anders denken. Das grosse Ziel der Staatskunst sollte Dauer sein, welche alles Andere aufwiegt, indem sie weit werthvoller ist, als Freiheit". Nur bei sicher begründeter und verbürgter grösster Dauer ist stetige Entwickelung und veredelnde Inoculation überhaupt möglich. Freilich wird gewöhnlich die gefährliche Genossin aller Dauer, die Autorität, sich dagegen wehren.

225.

Freigeist ein relativer Begriff. – Man nennt Den einen Freigeist, welcher anders denkt, als man von ihm auf Grund seiner Herkunft, Umgebung, seines Standes und Amtes oder auf Grund der herrschenden Zeitansichten erwartet. Er ist die Ausnahme, die gebundenen Geister sind die Regel; diese werfen ihm vor, dass seine freien Grundsätze ihren Ursprung entweder in der Sucht, aufzufallen, haben oder gar auf freie Handlungen, das heisst auf solche, welche mit der gebundenen Moral unvereinbar sind, schliessen lassen. Bisweilen sagt man auch, diese oder jene freien Grundsätze seien aus Verschrobenheit und Ueberspanntheit des Kopfes herzuleiten; doch spricht so nur die Bosheit, welche selber an Das nicht glaubt, was sie sagt, aber damit schaden will: denn das Zeugniss für die grössere Güte und Schärfe seines Intellectes ist dem Freigeist gewöhnlich in's Gesicht geschrieben, so lesbar, dass es die gebundenen Geister gut genug verstehen. Aber die beiden andern Ableitungen der Freigeisterei sind redlich gemeint; in der That entstehen auch viele Freigeister auf die eine oder die andere Art. Desshalb könnten aber die Sätze, zu denen sie auf jenen Wegen gelangten, doch wahrer und zuverlässiger sein, als die der gebundenen Geister. Bei der Erkenntniss der Wahrheit kommt es darauf an, dass man sie hat, nicht darauf, aus welchem Antrieb man sie gesucht, auf welchem Wege man sie gefunden hat. Haben die Freigeister Recht, so haben die gebundenen Geister Unrecht, gleichgültig, ob die ersteren aus Unmoralität zur Wahrheit gekommen sind, die anderen aus Moralität bisher an der Unwahrheit festgehalten haben. – Uebrigens gehört es nicht zum Wesen des Freigeistes, dass er richtigere

Ansichten hat, sondern vielmehr, dass er sich von dem Herkömmlichen gelöst hat, sei es mit Glück oder mit einem Misserfolg. Für gewöhnlich wird er aber doch die Wahrheit oder mindestens den Geist der Wahrheitsforschung auf seiner Seite haben: er fordert Gründe, die Anderen Glauben.

226.

Herkunft des Glaubens. – Der gebundene Geist nimmt seine Stellung nicht aus Gründen ein, sondern aus Gewöhnung; er ist zum Beispiel Christ, nicht weil er die Einsicht in die verschiedenen Religionen und die Wahl zwischen ihnen gehabt hätte; er ist Engländer, nicht weil er sich für England entschieden hat, sondern er fand das Christenthum und das Engländerthum vor und nahm sie an ohne Gründe, wie jemand, der in einem Weinlande geboren wurde, ein Weintrinker wird. Später, als er Christ und Engländer war, hat er vielleicht auch einige Gründe zu Gunsten seiner Gewöhnung ausfindig gemacht; man mag diese Gründe umwerfen, damit wirft man ihn in seiner ganzen Stellung nicht um. Man nöthige zum Beispiel einen gebundenen Geist, seine Gründe gegen die Bigamie vorzubringen, dann wird man erfahren, ob sein heiliger Eifer für die Monogamie auf Gründen oder auf Angewöhnung beruht. Angewöhnung geistiger Grundsätze ohne Gründe nennt man Glauben.

227.

Aus den Folgen auf Grund und Ungrund zurückgeschlossen. – Alle Staaten und Ordnungen der Gesellschaft: die Stände, die Ehe, die Erziehung, das Recht, alles diess hat seine Kraft und Dauer allein in dem Glauben der gebundenen Geister an sie, – also in der Abwesenheit der Gründe, mindestens in der Abwehr des Fragens nach Gründen. Das wollen die gebundenen Geister nicht gern zugeben und sie fühlen wohl, dass es ein Pudendum ist. Das Christenthum, das sehr unschuldig in seinen intellectuellen Einfällen war, merkte von diesem Pudendum Nichts, forderte Glauben und Nichts als Glauben und wies das Verlangen nach Gründen mit Leidenschaft ab; es zeigte auf den Erfolg des Glaubens hin: ihr werdet den Vortheil des Glaubens schon spüren, deutete es an, ihr sollt durch ihn selig werden. Thatsächlich verfährt der Staat ebenso und jeder Vater erzieht in gleicher Weise seinen Sohn: halte diess nur für wahr, sagt er, du wirst spüren, wie gut diess thut. Diess bedeutet aber, dass aus dem persönlichen Nutzen , den eine Meinung einträgt, ihre Wahrheit erwiesen werden soll, die Zuträglichkeit einer Lehre soll für die intellectuelle Sicherheit und Begründetheit Gewähr leisten. Es ist diess so, wie wenn der Angeklagte vor

Gericht spräche: mein Vertheidiger sagt die ganze Wahrheit, denn seht nur zu, was aus seiner Rede folgt: ich werde freigesprochen. – Weil die gebundenen Geister ihre Grundsätze ihres Nutzens wegen haben, so vermuthen sie auch beim Freigeist, dass er mit seinen Ansichten ebenfalls seinen Nutzen suche und nur Das für wahr halte, was ihm gerade frommt. Da ihm aber das Entgegengesetzte von dem zu nützen scheint, was seinen Landes- oder Standesgenossen nützt, so nehmen diese an, dass seine Grundsätze ihnen gefährlich sind; sie sagen oder fühlen: er darf nicht Recht haben, denn er ist uns schädlich.

228.

Der starke, gute Charakter. – Die Gebundenheit der Ansichten, durch Gewöhnung zum Instinct geworden, führt zu dem, was man Charakterstärke nennt. Wenn jemand aus wenigen, aber immer aus den gleichen Motiven handelt, so erlangen seine Handlungen eine grosse Energie; stehen diese Handlungen im Einklange mit den Grundsätzen der gebundenen Geister, so werden sie anerkannt und erzeugen nebenbei in Dem, der sie thut, die Empfindung des guten Gewissens. Wenige Motive, energisches Handeln und gutes Gewissen machen Das aus, was man Charakterstärke nennt. Dem Charakterstarken fehlt die Kenntniss der vielen Möglichkeiten und Richtungen des Handelns; sein Intellect ist unfrei, gebunden, weil er ihm in einem gegebenen Falle vielleicht nur zwei Möglichkeiten zeigt; zwischen diesen muss er jetzt gemäss seiner ganzen Natur mit Nothwendigkeit wählen, und er thut diess leicht und schnell, weil er nicht zwischen fünfzig Möglichkeiten zu wählen hat. Die erziehende Umgebung will jeden Menschen unfrei machen, indem sie ihm immer die geringste Zahl von Möglichkeiten vor Augen stellt. Das Individuum wird von seinen Erziehern behandelt, als ob es zwar etwas Neues sei, aber eine Wiederholung werden solle. Erscheint der Mensch zunächst als etwas Unbekanntes, nie Dagewesenes, so soll er zu etwas Bekanntem, Dagewesenem gemacht werden. Einen guten Charakter nennt man an einem Kinde das Sichtbarwerden der Gebundenheit durch das Dagewesene; indem das Kind sich auf die Seite der gebundenen Geister stellt, bekundet es zuerst seinen erwachenden Gemeinsinn; auf der Grundlage dieses Gemeinsinns aber wird es später seinem Staate oder Stande nützlich.

229.

Maass der Dinge bei den gebundenen Geistern. – Von vier Gattungen der Dinge sagen die gebundenen Geister, sie seien im Rechte. Erstens: alle Dinge, welche

Dauer haben, sind im Recht; zweitens: alle Dinge, welche uns nicht lästig fallen, sind im Recht; drittens: alle Dinge, welche uns Vortheil bringen, sind im Recht; viertens: alle Dinge, für welche wir Opfer gebracht haben, sind im Recht. Letzteres erklärt zum Beispiel, wesshalb ein Krieg, der wider Willen des Volkes begonnen wurde, mit Begeisterung fortgeführt wird, sobald erst Opfer gebracht sind. – Die Freigeister, welche ihre Sache vor dem Forum der gebundenen Geister führen, haben nachzuweisen, dass es immer Freigeister gegeben hat, also dass die Freigeisterei Dauer hat, sodann, dass sie nicht lästig fallen wollen, und endlich, dass sie den gebundenen Geistern im Ganzen Vortheil bringen; aber weil sie von diesem Letzten die gebundenen Geister nicht überzeugen können, nützt es ihnen Nichts, den ersten und zweiten Punct bewiesen zu haben.

230.

Esprit fort. – Verglichen mit Dem, welcher das Herkommen auf seiner Seite hat und keine Gründe für sein Handeln braucht, ist der Freigeist immer schwach, namentlich im Handeln; denn er kennt zu viele Motive und Gesichtspuncte und hat desshalb eine unsichere, ungeübte Hand. Welche Mittel giebt es nun, um ihn doch verhältnissmässig stark zu machen, so dass er sich wenigstens durchsetzt und nicht wirkungslos zu Grunde geht? Wie entsteht der starke Geist (esprit fort)? Es ist diess in einem einzelnen Falle die Frage nach der Erzeugung des Genius'. Woher kommt die Energie, die unbeugsame Kraft, die Ausdauer, mit welcher der Einzelne, dem Herkommen entgegen, eine ganz individuelle Erkenntniss der Welt zu erwerben trachtet?

231.

Die Entstehung des Genie's. – Der Witz des Gefangenen, mit welchem er nach Mitteln zu seiner Befreiung sucht, die kaltblütigste und langwierigste Benützung jedes kleinsten Vortheils kann lehren, welcher Handhabe sich mitunter die Natur bedient, um das Genie – ein Wort, das ich bitte, ohne allen mythologischen und religiösen Beigeschmack zu verstehen – zu Stande zu bringen: sie fängt es in einen Kerker ein und reizt seine Begierde, sich zu befreien, auf das äusserste. – Oder mit einem anderen Bilde: jemand, der sich auf seinem Wege im Walde völlig verirrt hat, aber mit ungemeiner Energie nach irgend einer Richtung hin in's Freie strebt, entdeckt mitunter einen neuen Weg, welchen Niemand kennt: so entstehen die Genies, denen man Originalität nachrühmt. – Es wurde schon erwähnt, dass eine Verstümmelung, Verkrüppelung, ein erheblicher Mangel eines Organs häufig die Veranlassung dazu giebt, dass ein anderes Organ sich ungewöhnlich gut entwickelt, weil es seine eigene Function und noch eine andere zu versehen hat. Hieraus ist der Ursprung mancher glänzenden Begabung zu errathen. – Aus diesen allgemeinen Andeutungen über die Entstehung des Genius' mache man die Anwendung auf den speciellen Fall, die Entstehung des vollkommenen Freigeistes.

232.

Vermuthung über den Ursprung der Freigeisterei. – Ebenso wie die Gletscher zunehmen, wenn in den Aequatorialgegenden die Sonne mit grösserer Gluth als früher auf die Meere niederbrennt, so mag auch wohl eine sehr starke, um sich greifende Freigeisterei Zeugniss dafür sein, dass irgendwo die Gluth der Empfindung ausserordentlich gewachsen ist.

233.

Die Stimme der Geschichte. – Im Allgemeinen scheint die Geschichte über die Erzeugung des Genius' folgende Belehrung zu geben: misshandelt und quält die Menschen, – so ruft sie den Leidenschaften Neid, Hass und Wetteifer zu – treibt sie zum Aeussersten, den Einen wider den Andern, das Volk gegen das Volk, und zwar durch Jahrhunderte hindurch, dann flammt vielleicht, gleichsam aus einem bei Seite fliegenden Funken der dadurch entzündeten furchtbaren Energie, auf einmal das Licht des Genius' empor; der Wille, wie ein Ross durch den Sporn des Reiters wild gemacht, bricht dann aus und springt auf ein anderes Gebiet über. – Wer zum Bewusstsein über die Erzeugung des Genius' käme und die Art, wie die Natur gewöhnlich verfährt, auch praktisch durchführen wollte, würde gerade so böse und rücksichtslos wie die Natur sein müssen. – Aber vielleicht haben wir uns verhört.

234.

Werth der Mitte des Wegs. – Vielleicht ist die Erzeugung des Genius' nur einem begränzten Zeitraume der Menschheit vorbehalten. Denn man darf von der Zukunft der Menschheit nicht zugleich alles Das erwarten, was ganz bestimmte Bedingungen irgend welcher Vergangenheit allein hervorzubringen vermochten; zum Beispiel nicht die erstaunlichen Wirkungen des religiösen Gefühles. Dieses selbst hat seine Zeit gehabt und vieles sehr Gute kann nie wieder wachsen, weil es allein aus ihm wachsen konnte. So wird es nie wieder einen religiös umgränzten Horizont des Lebens und der Cultur geben. Vielleicht ist selbst der Typus des Heiligen nur bei einer gewissen Befangenheit des

Intellectes möglich, mit der es, wie es scheint, für alle Zukunft vorbei ist. Und so ist die Höhe der Intelligenz vielleicht einem einzelnen Zeitalter der Menschheit aufgespart gewesen: sie trat hervor – und tritt hervor, denn wir leben noch in diesem Zeitalter –, als eine ausserordentliche, lang angesammelte Energie des Willens sich ausnahmsweise auf geistige Ziele durch Vererbung übertrug. Es wird mit jener Höhe vorbei sein, wenn diese Wildheit und Energie nicht mehr gross gezüchtet werden. Die Menschheit kommt vielleicht auf der Mitte ihres Weges, in der mittleren Zeit ihrer Existenz, ihrem eigentlichen Ziele näher, als am Ende. Es könnten Kräfte, durch welche zum Beispiel die Kunst bedingt ist, geradezu aussterben; die Lust am Lügen, am Ungenauen, am Symbolischen, am Rausche, an der Ekstase könnte in Missachtung kommen. Ja, ist das Leben erst im vollkommenen Staate geordnet, so ist aus der Gegenwart gar kein Motiv zur Dichtung mehr zu entnehmen, und es würden allein die zurückgebliebenen Menschen sein, welche nach dichterischer Unwirklichkeit verlangten. Diese würden dann jedenfalls mit Sehnsucht rückwärts schauen, nach den Zeiten des unvollkommenen Staates, der halb-barbarischen Gesellschaft nach unseren Zeiten.

235.

Genius und idealer Staat in Widerspruch. – Die Socialisten begehren für möglichst Viele ein Wohlleben herzustellen. Wenn die dauernde Heimath dieses Wohllebens, der vollkommene Staat, wirklich erreicht wäre, so würde durch dieses Wohlleben der Erdboden, aus dem der grosse Intellect und überhaupt das mächtige Individuum wächst, zerstört sein: ich meine die starke Energie. Die Menschheit würde zu matt geworden sein, wenn dieser Staat erreicht ist, um den Genius noch erzeugen zu können. Müsste man somit nicht wünschen, dass das Leben seinen gewaltsamen Charakter behalte und dass immer von Neuem wieder wilde Kräfte und Energien hervorgerufen werden? Nun will das warme, mitfühlende Herz gerade die Beseitigung jenes gewaltsamen und wilden Charakters, und das wärmste Herz, das man sich denken kann, würde eben darnach am leidenschaftlichsten verlangen: während doch gerade seine Leidenschaft aus jenem wilden und gewaltsamen Charakter des Lebens ihr Feuer, ihre Wärme, ja ihre Existenz genommen hat; das wärmste Herz will also Beseitigung seines Fundamentes, Vernichtung seiner selbst, das heisst doch: es will etwas Unlogisches, es ist nicht intelligent. Die höchste Intelligenz und das wärmste Herz können nicht in einer Person beisammen sein, und der Weise, welcher über das Leben das Urtheil spricht, stellt sich auch über die Güte und betrachtet diese nur als Etwas, das bei der Gesammtrechnung des Lebens mit abzuschätzen ist. Der Weise muss jenen ausschweifenden Wünschen der unintelligenten Güte widerstreben, weil ihm an dem Fortleben seines Typus' und an dem endlichen Entstehen des höchsten Intellectes gelegen ist; mindestens wird er der Begründung des "vollkommenen Staates" nicht förderlich sein, insofern in ihm nur ermattete Individuen Platz haben. Christus dagegen, den wir uns einmal als das wärmste Herz denken wollen, förderte die Verdummung der Menschen, stellte sich auf die Seite der geistig Armen und hielt die Erzeugung des grössten Intellectes auf: und diess war consequent. Sein Gegenbild, der vollkommene Weise – diess darf man wohl vorhersagen – wird ebenso nothwendig der Erzeugung eines Christus hinderlich sein. – Der Staat ist eine kluge Veranstaltung zum Schutz der Individuen gegen einander: übertreibt man seine Veredelung, so wird zuletzt das Individuum durch ihn geschwächt, ja aufgelöst, – also der ursprüngliche Zweck des Staates am gründlichsten vereitelt.

236.

Die Zonen der Cultur. – Man kann gleichnissweise sagen, dass die Zeitalter der Cultur den Gürteln der verschiedenen Klimate entsprechen, nur dass diese hinter einander und nicht, wie die geographischen Zonen, neben einander liegen. Im Vergleich mit der gemässigten Zone der Cultur, in welche überzugehen unsere Aufgabe ist, macht die vergangene im Ganzen und Grossen den Eindruck eines tropischen Klima's. Gewaltsame Gegensätze, schroffer Wechsel von Tag und Nacht, Gluth und Farbenpracht, die Verehrung alles Plötzlichen, Geheimnissvollen, Schrecklichen, die Schnelligkeit der hereinbrechenden Unwetter, überall das verschwenderische Ueberströmen der Füllhörner der Natur: und dagegen, in unserer Cultur, ein heller, doch nicht leuchtender Himmel, reine, ziemlich gleich verbleibende Luft, Schärfe, ja Kälte gelegentlich: so heben sich beide Zonen gegen einander ab. Wenn wir dort sehen, wie die wüthendsten Leidenschaften durch metaphysische Vorstellungen mit unheimlicher Gewalt niedergerungen und zerbrochen werden, so ist es uns zu Muthe, als ob vor unsern Augen in den Tropen wilde Tiger unter den Windungen ungeheurer Schlangen zerdrückt würden; unserem geistigen Klima fehlen solche Vorkommnisse, unsere Phantasie ist gemässigt, selbst im Traume kommt uns Das nicht bei, was frühere Völker im Wachen sahen. Aber sollten wir über diese Veränderung nicht glücklich sein dürfen, selbst zugegeben, dass die Künstler durch das Verschwinden der tropischen Cultur wesentlich beeinträchtigt sind und uns Nicht-Künstler ein Wenig zu nüchtern finden?

Insofern haben Künstler wohl das Recht, den "Fortschritt" zu leugnen, denn in der That: ob die letzten drei Jahrtausende in den Künsten einen fortschreitenden Verlauf zeigen, das lässt sich mindestens bezweifeln; ebenso wird ein metaphysischer Philosoph, wie Schopenhauer, keinen Anlass haben, den Fortschritt zu erkennen, wenn er die letzten vier Jahrtausende in Bezug auf metaphysische Philosophie und Religion überblickt. – Uns gilt aber die Existenz der gemässigten Zone der Cultur selbst als Fortschritt.

237.

Renaissance und Reformation. – Die italiänische Renaissance bar – in sich alle die positiven Gewalten, welchen man die moderne Cultur verdankt – also Befreiung des Gedankens, Missachtung der Autoritäten, Sieg der Bildung über den Dünkel der Abkunft, – Begeisterung für die Wissenschaft und die wissenschaftliche Vergangenheit der Menschen, Entfesselung des Individuums, eine Gluth der Wahrhaftigkeit und Abneigung gegen Schein und blosen Effect (welche Gluth in einer ganzen Fülle künstlerischer Charaktere hervorloderte, die Vollkommenheit in ihren Werken und Nichts als Vollkommenheit mit höchster sittlicher Reinheit von sich forderten); ja, die Renaissance hatte positive Kräfte, welche in unserer bisherigen modernen Cultur noch nicht wieder so mächtig geworden sind. Es war das goldene Zeitalter dieses Jahrtausends, trotz aller Flecken und Laster. Dagegen hebt sich nun die deutsche Reformation ab als ein energischer Protest zurückgebliebener Geister, welche die Weltanschauung des Mittelalters noch keineswegs satt hatten und die Zeichen seiner Auflösung, die ausserordentliche Verflachung und Veräusserlichung des religiösen Lebens, anstatt mit Frohlocken, wie sich gebührt, mit tiefem Unmuthe empfanden. Sie warfen mit ihrer nordischen Kraft und Halsstarrigkeit die Menschen wieder zurück, erzwangen die Gegenreformation, das heisst ein katholisches Christenthum der Nothwehr, mit den Gewaltsamkeiten eines Belagerungszustandes und verzögerten um zwei bis drei Jahrhunderte ebenso das völlige Erwachen und Herrschen der Wissenschaften, als sie das völlige In-Eins-Verwachsen des antiken und des modernen Geistes vielleicht für immer unmöglich machten. Die grosse Aufgabe der Renaissance konnte nicht zu Ende gebracht werden, der Protest des inzwischen zurückgebliebenen deutschen Wesens (welches im Mittelalter Vernunft genug gehabt hatte, um immer und immer wieder zu seinem Heile über die Alpen zu steigen) verhinderte diess. Es lag in dem Zufall einer ausserordentlichen Constellation der Politik, dass damals Luther erhalten blieb und jener Protest Kraft gewann: denn der Kaiser schützte ihn, um seine Neuerung gegen den Papst als Werkzeug des Druckes zu verwenden, und ebenfalls begünstigte ihn im Stillen der Papst, um die protestantischen Reichsfürsten als Gegengewicht gegen den Kaiser zu benutzen. Ohne diess seltsame Zusammenspiel der Absichten wäre Luther verbrannt worden wie Huss – und die Morgenröthe der Aufklärung vielleicht etwas früher und mit schönerem Glanze, als wir jetzt ahnen können, aufgegangen.

238.

Gerechtigkeit gegen den werdenden Gott. – Wenn sich die ganze Geschichte der Cultur vor den Blicken aufthut als ein Gewirr von bösen und edlen, wahren und falschen Vorstellungen und es Einem beim Anblick dieses Wellenschlags fast seekrank zu Muthe wird, so begreift man, was für ein Trost in der Vorstellung eines werdenden Gottes liegt: dieser enthüllt sich immer mehr in den Verwandelungen und Schicksalen der Menschheit, es ist nicht Alles blinde Mechanik, sinn- und zweckloses Durcheinanderspielen von Kräften. Die Vergottung des Werdens ist ein metaphysischer Ausblick – gleichsam von einem Leuchtthurm am Meere der Geschichte herab –, an welchem eine allzuviel historisirende Gelehrtengeneration ihren Trost fand; darüber darf man nicht böse werden, so irrthümlich jene Vorstellung auch sein mag. Nur wer, wie Schopenhauer, die Entwickelung leugnet, fühlt auch Nichts von dem Elend dieses historischen Wellenschlags und darf desshalb, weil er von jenem werdenden Gotte und dem Bedürfniss seiner Annahme Nichts weiss, Nichts fühlt, billigerweise seinen Spott auslassen.

239.

Die Früchte nach der Jahreszeit. – Jede bessere Zukunft, welche man der Menschheit anwünscht, ist nothwendigerweise auch in manchem Betracht eine schlechtere Zukunft: denn es ist Schwärmerei, zu glauben, dass eine höhere neue Stufe der Menschheit alle die Vorzüge früherer Stufen in sich vereinigen werde und zum Beispiel auch die höchste Gestaltung der Kunst erzeugen müsse. Vielmehr hat jede Jahreszeit ihre Vorzüge und Reize für sich und schliesst die der anderen aus. Das, was aus der Religion und in ihrer Nachbarschaft gewachsen ist, kann nicht wieder wachsen, wenn diese zerstört ist; höchstens können verirrte, spät kommende Absenker zur Täuschung darüber verleiten, ebenso wie die zeitweilig ausbrechende Erinnerung an die alte Kunst: ein Zustand, der wohl das Gefühl des Verlustes, der Entbehrung verräth, aber kein Beweis für die Kraft ist, aus der eine neue Kunst geboren werden könnte.

240.

Zunehmende Severität der Welt. – je höher die Cultur eines Menschen steigt, um so mehr Gebiete entziehen sich dem Scherz, dem Spotte. Voltaire war für die Erfindung der Ehe und der Kirche von Herzen dem Himmel dankbar: als welcher damit so gut für unsere Aufheiterung gesorgt habe. Aber er und seine Zeit, und vor ihm das sechszehnte Jahrhundert, haben diese Themen zu Ende gespottet; es ist Alles, was jetzt Einer auf diesem Gebiete noch witzelt, verspätet und vor Allem gar zu wohlfeil, als dass es die Käufer begehrlich machen könnte. Jetzt fragt man nach den Ursachen; es ist das Zeitalter des Ernstes. Wem liegt jetzt noch daran, die Differenzen zwischen Wirklichkeit und anspruchsvollem Schein, zwischen dem, was der Mensch ist und was er vorstellen will, in scherzhaftem Lichte zu sehen; das Gefühl dieser Contraste wirkt alsbald ganz anders, wenn man nach den Gründen sucht. Je gründlicher Jemand das Leben versteht, desto weniger wird er spottet, nur dass er zuletzt vielleicht noch über die "Gründlichkeit seines Verstehens" spottet.

241.

Genius der Cultur. – Wenn jemand einen Genius der Cultur imaginiren wollte, wie würde dieser beschaffen sein? Er handhabt die Lüge, die Gewalt, den rücksichtslosesten Eigennutz so sicher als seine Werkzeuge, dass er nur ein böses dämonisches Wesen zu nennen wäre; aber seine Ziele, welche hie und da durchleuchten, sind gross und gut. Es ist ein Centaur, halb Thier, halb Mensch und hat noch Engelsflügel dazu am Haupte.

242.

Wunder-Erziehung. – Das Interesse in der Erziehung wird erst von dem Augenblick an grosse Stärke bekommen, wo man den Glauben an einen Gott und seine Fürsorge aufgiebt: ebenso wie die Heilkunst erst erblühen konnte, als der Glaube an Wunder-Curen aufhörte. Bis jetzt glaubt aber alle Welt noch an die Wunder-Erziehung: aus der grössten Unordnung, Verworrenheit der Ziele, Ungunst der Verhältnisse sah man ja die fruchtbarsten, mächtigsten Menschen erwachsen: wie konnte diess doch mit rechten Dingen zugehen? – jetzt wird man, bald auch in diesen Fällen, näher zusehen, sorgsamer prüfen: Wunder wird man dabei niemals entdecken. Unter gleichen Verhältnissen gehen fortwährend zahlreiche Menschen zu Grunde, das einzelne gerettete Individuum ist dafür gewöhnlich stärker geworden, weil es diese schlimmen Umstände vermöge unverwüstlicher eingeborener Kraft ertrug und diese Kraft noch geübt und vermehrt hat: so erklärt sich das Wunder. Eine Erziehung, welche an kein Wunder mehr glaubt, wird auf dreierlei zu achten haben: erstens, wie viel Energie ist vererbt? zweitens, wodurch kann noch neue Energie entzündet werden? drittens, wie kann das Individuum jenen so überaus vielartigen Ansprüchen der Cultur angepasst werden, ohne dass diese es beunruhigen und seine Einartigkeit zersplittern, - kurz, wie kann das Individuum in den Contrapunct der privaten und öffentlichen Cultur eingereiht werden, wie kann es zugleich die Melodie führen und als Melodie begleiten?

243.

Die Zukunft des Arztes. - Es giebt jetzt keinen Beruf, der eine so hohe Steigerung zuliesse, wie der des Arztes; namentlich nachdem die geistlichen Aerzte, die sogenannten Seelsorger ihre Beschwörungskünste nicht mehr unter öffentlichem Beifall treiben dürfen und ein Gebildeter ihnen aus dem Wege geht. Die höchste geistige Ausbildung eines Arztes ist jetzt nicht erreicht, wenn er die besten neuesten Methoden kennt und auf sie eingeübt ist und jene fliegenden Schlüsse von Wirkungen auf Ursachen zu machen versteht, derentwegen die Diagnostiker berühmt sind: er muss ausserdem eine Beredtsamkeit haben, die sich jedem Individuum anpasst und ihm das Herz aus dem Leibe zieht, eine Männlichkeit, deren Anblick schon den Kleinmuth (den Wurmfrass aller Kranken) verscheucht, eine Diplomaten-Geschmeidigkeit im Vermitteln zwischen Solchen, welche Freude zu ihrer Genesung nöthig haben und Solchen, die aus Gesundheitsgründen Freude machen müssen (und können), die Feinheit eines Polizeiagenten und Advocaten, die Geheimnisse einer Seele zu verstehen, ohne sie zu verrathen, - kurz ein guter Arzt bedarf jetzt der Kunstgriffe und Kunstvorrechte aller andern Berufsclassen: so ausgerüstet, ist er dann im Stande, der ganzen Gesellschaft ein Wohlthäter zu werden, durch Vermehrung guter Werke, geistiger Freude und Fruchtbarkeit, durch Verhütung von bösen Gedanken, Vorsätzen, Schurkereien (deren ekler Quell so häufig der Unterleib ist), durch Herstellung einer geistig-leiblichen Aristokratie (als Ehestifter und Eheverhinderer), durch wohlwollende Abschneidung aller sogenannten Seelenqualen und Gewissensbisse: so erst wird er aus einem "Medicinmann" ein Heiland und braucht doch keine Wunder zu thun, hat auch nicht nöthig, sich kreuzigen zu lassen.

244.

In der Nachbarschaft des Wahnsinns. – Die Summe der Empfindungen, Kenntnisse, Erfahrungen, also die ganze Last der Cultur, ist so gross geworden, dass eine Ueberreizung der Nerven- und Denkkräfte die allgemeine Gefahr ist, ja dass die cultivirten Classen der europäischen Länder durchweg neurotisch sind und fast jede ihrer grösseren Familien in einem Gliede dem Irrsinn nahe gerückt ist. Nun kommt man zwar der Gesundheit jetzt auf alle Weise entgegen; aber in der Hauptsache bleibt eine Verminderung jener Spannung des Gefühls, jener niederdrückenden Cultur-Last vonnöthen, welche, wenn sie selbst mit schweren Einbussen erkauft werden sollte, uns doch zu der grossen Hoffnung einer neuen Renaissance Spielraum giebt. Man hat dem Christenthum, den Philosophen, Dichtern, Musikern eine Ueberfülle tief erregter Empfindungen zu danken: damit diese uns nicht überwuchern, müssen wir den Geist der Wissenschaft beschwören, welcher im Ganzen etwas kälter und skeptischer macht und namentlich den Gluthstrom des Glaubens an letzte endgültige Wahrheiten abkühlt; er ist vornehmlich durch das Christenthum so wild geworden.

245.

Glockenguss der Cultur. – Die Cultur ist entstanden wie eine Glocke, innerhalb eines Mantels von gröberem, gemeinerem Stoffe: Unwahrheit, Gewaltsamkeit, unbegränzte Ausdehnung aller einzelnen Ich's, aller einzelnen Völker, waren dieser Mantel. Ist es an der Zeit, ihn jetzt abzunehmen? Ist das Flüssige erstarrt, sind die guten, nützlichen Triebe, die Gewohnheiten des edleren Gemüthes so sicher und allgemein geworden, dass es keiner Anlehnung an Metaphysik und die Irrthümer der Religionen mehr bedarf, keiner Härten und Gewaltsamkeiten als mächtigster Bindemittel zwischen Mensch und Mensch, Volk und Volk? – Zur Beantwortung dieser Frage ist kein Wink eines Gottes uns mehr hülfreich: unsere eigene Einsicht muss da entscheiden. Die Erdregierung des Menschen im Grossen hat der Mensch selber in die Hand zu nehmen, seine "Allwissenheit" muss über dem weiteren Schicksal der Cultur mit scharfem Auge wachen.

246.

Die Cyklopen der Cultur. – Wer jene zerfurchten Kessel sieht, in denen Gletscher gelagert haben, hält es kaum für möglich, dass eine Zeit kommt, wo an der selben Stelle ein Wiesen- und Waldthal mit Bächen darin sich hinzieht. So ist es auch in der Geschichte der Menschheit; die wildesten Kräfte brechen Bahn, zunächst zerstörend, aber trotzdem war ihre Thätigkeit nöthig, damit später eine mildere Gesittung hier ihr Haus aufschlage. Die schrecklichen Energien – Das, was man das Böse nennt – sind die cyklopischen Architekten und Wegebauer der Humanität.

247.

Kreislauf des Menschenthums. – Vielleicht ist das ganze Menschenthum nur eine Entwickelungsphase einer bestimmten Thierart von begränzter Dauer. so dass der Mensch aus dem Affen geworden ist und wieder zum Affen werden wird, während Niemand da ist, der an diesem verwunderlichen Komödienausgang irgend ein Interesse nehme. So wie mit dem Verfalle der römischen Cultur und seiner wichtigsten Ursache, der Ausbreitung des Christenthums, eine allgemeine Verhässlichung des Menschen innerhalb des römischen Reiches überhand nahm, so könnte auch durch den einstmaligen Verfall der allgemeinen Erdcultur eine viel höher gesteigerte Verhässlichung und endlich Verthierung des Menschen, bis in's Affenhafte, herbeigeführt werden. – Gerade weil wir diese Perspective in's Auge fassen können, sind wir vielleicht im Stande, einem solchen Ende der Zukunft vorzubeugen.

248.

Trostrede eines desperaten Fortschritts. – Unsere Zeit macht den Eindruck eines Interim-Zustandes; die alten Weltbetrachtungen, die alten Culturen sind noch theilweise vorhanden, die neuen noch nicht sicher und gewohnheitsmässig und daher ohne Geschlossenheit und Consequenz. Es sieht aus, als ob Alles chaotisch würde, das Alte verloren gienge, das Neue nichts tauge und immer schwächlicher werde. Aber so geht es dem Soldaten, welcher marschiren lernt; er ist eine Zeit lang unsicherer und unbeholfener als je, weil die Muskeln bald nach dem alten System, bald nach dem neuen bewegt werden und noch keines entschieden den Sieg behauptet. Wir schwanken, aber es ist nöthig, dadurch nicht ängstlich zu werden und das Neu-Errungene etwa preiszugeben. Ueberdiess können wir in's Alte nicht zurück, wir haben die Schiffe verbrannt; es bleibt nur übrig, tapfer zu sein, mag nun dabei diess oder jenes herauskommen. – Schreiten wir nur zu, kommen wir nur von der Stelle! Vielleicht sieht sich unser Gebahren doch einmal wie Fortschritt an; wenn aber nicht, so mag Friedrich's des Grossen Wort auch zu uns gesagt sein und zwar zum Troste: Ah, mon cher Sulzer, vous ne connaissez pas assez cette race maudite, ä laquelle nous appartenons.

249.

An der Vergangenheit der Cultur leiden. – Wer sich das Problem der Cultur klar gemacht hat, leidet dann an einem ähnlichen Gefühle wie Der, welcher einen durch unrechtmässige Mittel erworbenen Reichthum ererbt hat, oder wie der Fürst, der durch Gewaltthat seiner Vorfahren regiert. Er denkt mit Trauer an seinen Ursprung und ist oft beschämt, oft reizbar. Die ganze Summe von Kraft, Lebenswillen, Freude, welche er seinem Besitze zuwendet, balancirt sich oft mit einer tiefen Müdigkeit: er kann seinen Ursprung nicht vergessen. Die Zukunft sieht er wehmüthig an, seine Nachkommen, er weiss es voraus, werden an der Vergangenheit leiden wie er.

250.

Manieren. – Die guten Manieren verschwinden in dem Maasse, in welchem der Einfluss des Hofes und einer abgeschlossenen Aristokratie nachlässt: man kann diese Abnahme von Jahrzehnt zu Jahrzehnt deutlich beobachten, wenn man ein Auge für die öffentlichen Acte hat: als welche ersichtlich immer pöbelhafter werden. Niemand versteht mehr, auf geistreiche Art zu huldigen und zu schmeicheln; daraus ergiebt sich die lächerliche Thatsache, dass man in Fällen, wo man gegenwärtig Huldigungen darbringen muss (zum Beispiel einem grossen Staatsmanne oder Künstler), die Sprache des tiefsten Gefühls, der treuherzigen, ehrenfesten Biederkeit borgt – aus Verlegenheit und Mangel an Geist und Grazie. So scheint die öffentliche festliche Begegnung der Menschen immer ungeschickter, aber gefühlvoller und biederer, ohne diess zu sein. – Sollte es aber mit den Manieren immerfort bergab gehen? Es scheint mir vielmehr, dass die Manieren eine tiefe Curve machen und wir uns ihrem niedrigsten Stande nähern. Wenn erst die Gesellschaft ihrer Absichten und Principien sicherer geworden ist, so dass diese formbildend wirken (während jetzt die angelernten Manieren früherer formbildender Zustände immer schwächer vererbt und angelernt werden), so wird es Manieren des Umgangs, Gebärden und Ausdrücke des Verkehrs geben, welche so nothwendig und schlicht natürlich erscheinen müssen, als es diese Absichten und Principien sind. Die bessere Vertheilung der Zeit und Arbeit, die zur Begleiterin jeder schönen Mussezeit umgewandelte gymnastische Uebung, das vermehrte und strenger gewordene Nachdenken, welches selbst dem Körper Klugheit und Geschmeidigkeit giebt, bringt diess Alles mit sich. – Hier könnte man nun freilich mit einigem Spotte unserer Gelehrten gedenken, ob denn sie, die doch Vorläufer jener neuen Cultur sein wollen, sich in der That durch bessere Manieren auszeichnen? Es ist diess wohl nicht der Fall, obgleich ihr Geist willig genug dazu sein mag: aber ihr Fleisch ist schwach. Die Vergangenheit ist noch zu mächtig in ihren Muskeln: sie stehen noch in einer unfreien Stellung und sind zur Hälfte weltliche Geistliche, zur Hälfte abhängige Erzieher vornehmer Leute und Stände, und überdiess durch Pedanterie der Wissenschaft, durch veraltete geistlose Methoden verkrüppelt und unlebendig gemacht. Sie sind also, jedenfalls ihrem Körper nach und oft auch zu Dreiviertel ihres Geistes, immer noch die Höflinge einer alten, ja greisenhaften Cultur und als solche selber greisenhaft; der neue Geist, der gelegentlich in diesen alten Gehäusen rumort, dient einstweilen nur dazu, sie unsicherer und ängstlicher zu machen. In ihnen gehen sowohl die Gespenster der Vergangenheit, als die Gespenster der Zukunft um: was Wunder, wenn sie dabei nicht die beste Miene machen, nicht die gefälligste Haltung haben?

251.

Zukunft der Wissenschaft. – Die Wissenschaft giebt Dem, welcher in ihr arbeitet und sucht, viel Vergnügen, Dem, welcher ihre Ergebnisse lernt, sehr wenig. Da allmählich aber alle wichtigen Wahrheiten der Wissenschaft alltäglich und gemein werden müssen, so hört auch dieses wenige Vergnügen auf: so wie wir beim Lernen des so bewunderungswürdigen Einmaleins längst aufgehört haben, uns zu freuen. Wenn nun die Wissenschaft immer weniger Freude durch sich macht und immer mehr Freude, durch Verdächtigung der tröstlichen Metaphysik, Religion und Kunst, nimmt: so verarmt jene grösste Quelle der Lust, welcher die Menschheit fast ihr gesammtes Menschenthum verdankt. Desshalb muss eine höhere Cultur dem Menschen ein Doppelgehirn, gleichsam zwei Hirnkammern geben, einmal um Wissenschaft, sodann um Nicht-Wissenschaft zu empfinden: neben einander liegend, ohne Verwirrung, trennbar, abschliessbar; es ist diess eine Forderung der Gesundheit. Im einen Bereiche liegt die Kraftquelle, im anderen der Regulator: mit Illusionen, Einseitigkeiten, Leidenschaften muss geheizt werden, mit Hülfe der erkennenden Wissenschaft muss den bösartigen und gefährlichen Folgen einer Ueberheizung vorgebeugt werden. – Wird dieser Forderung der höheren Cultur nicht genügt, so ist der weitere Verlauf der menschlichen Entwickelung fast mit Sicherheit vorherzusagen: das Interesse am Wahren hört auf, je weniger es Lust gewährt; die Illusion, der Irrthum, die Phantastik erkämpfen sich Schritt um Schritt, weil sie mit Lust verbunden sind, ihren ehemals behaupteten Boden: der Ruin der Wissenschaften, das Zurücksinken in Barbarei ist die nächste Folge; von Neuem muss die Menschheit wieder anfangen, ihr Gewebe zu weben, nachdem sie es, gleich Penelope, des Nachts zerstört hat. Aber wer bürgt uns dafür, dass sie immer wieder die Kraft dazu findet?

252.

Die Lust am Erkennen. – Wesshalb ist das Erkennen, das Element des Forschers und Philosophen, mit Lust verknüpft? Erstens und vor Allem, weil man sich dabei seiner Kraft bewusst wird, also aus dem selben Grunde, aus dem gymnastische Uebungen auch ohne Zuschauer lustvoll sind. Zweitens, weil man, im Verlauf der Erkenntniss, über ältere Vorstellungen und deren Vertreter, hinauskommt, Sieger wird oder wenigstens es zu sein glaubt. Drittens, weil wir uns durch eine noch so kleine neue Erkenntniss über Alle erhaben und uns als die Einzigen fühlen, welche hierin das Richtige wissen. Diese drei Gründe zur Lust sind die wichtigsten, doch giebt es, je nach der Natur des Erkennenden, noch viele Nebengründe. – Ein nicht unbeträchtliches Verzeichniss von solchen giebt, an einer Stelle, wo man es nicht suchen würde, meine paraenetische Schrift über Schopenhauer: mit deren Aufstellungen sich jeder erfahrene Diener der Erkenntniss zufrieden geben kann, sei es auch, dass er den ironischen Anflug, der auf jenen Seiten zu liegen scheint, wegwünschen wird. Denn wenn es wahr ist, dass zum Entstehen des Gelehrten "eine Menge sehr menschlicher Triebe und Triebchen zusammengegossen werden muss", dass der Gelehrte zwar ein sehr edles, aber kein reines Metall ist und "aus einem verwickelten Geflecht sehr verschiedener Antriebe und Reize besteht": so gilt doch das Selbe ebenfalls von Entstehung und Wesen des Künstlers, Philosophen, moralischen Genie's – und wie die in jener Schrift glorificirten grossen Namen lauten. Alles Menschliche verdient in Hinsicht auf seine Entstehung die ironische Betrachtung: desshalb ist die Ironie in der Welt so überflüssig.

253.

Treue als Beweis der Stichhaltigkeit. – Es ist ein vollkommenes Zeichen für die Güte einer Theorie, wenn ihr Urheber vierzig Jahre lang kein Misstrauen gegen sie bekommt; aber ich behaupte, dass es noch keinen Philosophen gegeben hat, welcher auf die Philosophie, die seine Jugend erfand, nicht endlich mit Geringschätzung – mindestens mit Argwohn – herabgesehen hätte. – Vielleicht hat er aber nicht öffentlich von dieser Umstimmung gesprochen, aus Ehrsucht oder – wie es bei edlen Naturen wahrscheinlicher ist – aus zarter Schonung seiner Anhänger.

254.

Zunahme des Interessanten. – Im Verlaufe der höheren Bildung wird dem Menschen Alles interessant, er weiss die belehrende Seite einer Sache rasch zu finden und den Punct anzugeben, wo eine Lücke seines Denkens mit ihr ausgefüllt oder ein Gedanke durch sie bestätigt werden kann. Dabei verschwindet immer mehr die Langeweile, dabei auch die übermässige Erregbarkeit des Gemüthes. Er geht zuletzt wie ein Naturforscher unter Pflanzen, so unter Menschen herum und nimmt sich selber als ein Phänomen wahr, welches nur seinen erkennenden Trieb stark anregt.

255.

Aberglauben im Gleichzeitigen. – Etwas Gieichzeitiges hängt zusammen, meint man. Ein Verwandter stirbt in der Ferne, zu gleicher Zeit träumen wir von ihm, – also! Aber zahllose Verwandte sterben und wir träumen nicht von ihnen. Es ist wie bei den Schiffbrüchigen, welche Gelübde thun: man sieht später im Tempel die Votivtafeln Derer, welche zu Grunde giengen, nicht. – Ein Mensch stirbt, eine Eule krächzt, eine Uhr steht still, alles in Einer Nachtstunde: sollte da nicht ein Zusammenhang sein? Eine solche Vertraulichkeit mit der Natur, wie diese Ahnung sie annimmt, schmeichelt den Menschen. – Diese Gattung des Aberglaubens findet sich in verfeinerter Form bei Historikern und Culturmalern wieder, welche vor allem sinnlosen Nebeneinander, an dem doch das Leben der Einzelnen und der Völker so reich ist, eine Art Wasserscheu zu haben pflegen.

256.

Das Können, nicht das Wissen, durch die Wissenschaft geübt. – Der Werth davon, dass man zeitweilig eine strenge Wissenschaft streng betrieben hat, beruht nicht gerade auf deren Ergebnissen: denn diese werden, im Verhältniss zum Meere des Wissenswerthen, ein verschwindend kleiner Tropfen sein. Aber es ergiebt einen Zuwachs an Energie, an Schlussvermögen, an Zähigkeit der Ausdauer; man hat gelernt, einen Zweck zweckmässig zu erreichen. Insofern ist es sehr schätzbar, in Hinsicht auf Alles, was man später treibt, einmal ein wissenschaftlicher Mensch gewesen zu sein.

257.

Jugendreiz der Wissenschaft. – Das Forschen nach Wahrheit hat jetzt noch den Reiz, dass sie sich überall stark gegen den grau und langweilig gewordenen

Irrthum abhebt; dieser Reiz verliert sich immer mehr; jetzt zwar leben wir noch im Jugendzeitalter der Wissenschaft und pflegen der Wahrheit wie einem schönen Mädchen nachzugehen; wie aber, wenn sie eines Tages zum ältlichen, mürrisch blickenden Weibe geworden ist? Fast in allen Wissenschaften ist die Grundeinsicht entweder erst in jüngster Zeit gefunden oder wird noch gesucht; wie anders reizt diess an, als wenn alles Wesentliche gefunden ist und nur noch eine kümmerliche Herbstnachlese dem Forscher übrig bleibt (welche Empfindung man in einigen historischen Disciplinen kennen lernen kann).

258.

Die Statue der Menschheit. – Der Genius der Cultur verfährt wie Cellini, als dieser den Guss seiner Perseus-Statue machte: die flüssige Masse drohte, nicht auszureichen, aber sie sollte es: so warf er Schüsseln und Teller und was ihm sonst in die Hände kam, hinein. Und ebenso wirft jener Genius Irrthümer, Laster, Hoffnungen, Wahnbilder und andere Dinge von schlechterem wie von edlerem Metalle hinein, denn die Statue der Menschheit muss herauskommen und fertig werden; was liegt daran, dass hie und da geringerer Stoff verwendet wurde?

259.

Eine Cultur der Männer. – Die griechische Cultur der classischen Zeit ist eine Cultur der Männer. Was die Frauen anlangt, so sagt Perikles in der Grabrede Alles mit den Worten: sie seien am besten, wenn unter Männern so wenig als möglich von ihnen gesprochen werde. – Die erotische Beziehung der Männer zu den Jünglingen war in einem, unserem Verständniss unzugänglichen Grade die nothwendige, einzige Voraussetzung aller männlichen Erziehung (ungefähr wie lange Zeit alle höhere Erziehung der Frauen bei uns erst durch die Liebschaft und Ehe herbeigeführt wurde), aller Idealismus der Kraft der griechischen Natur warf sich auf jenes Verhältniss, und wahrscheinlich sind junge Leute niemals wieder so aufmerksam, so liebevoll, so durchaus in Hinsicht auf ihr Bestes (virtus) behandelt worden, wie im sechsten und fünften Jahrhundert, – also gemäss dem schönen Spruche Hölderlin's "denn liebend giebt der Sterbliche vom Besten". Je höher dieses Verhältniss genommen wurde, um so tiefer sank der Verkehr mit der Frau: der Gesichtspunct der Kindererzeugung und der Wollust – Nichts weiter kam hier in Betracht; es gab keinen geistigen Verkehr, nicht einmal eine eigentliche Liebschaft. Erwägt man ferner, dass sie selbst vom Wettkampfe und Schauspiele jeder Art ausgeschlossen waren, so bleiben nur die religiösen Culte als einzige höhere Unterhaltung der Weiber. – Wenn man nun allerdings in der Tragödie Elektra und Antigone vorführte, so ertrug man diess eben in der Kunst, obschon man es im Leben nicht mochte: so wie wir jetzt alles Pathetische im Leben nicht vertragen, aber in der Kunst gern sehen. – Die Weiber hatten weiter keine Aufgabe, als Schöne, machtvolle Leiber hervorzubringen, in denen der Charakter des Vaters möglichst ungebrochen weiter lebte, und damit der überhand nehmenden Nervenüberreizung einer so hochentwickelten Cultur entgegenzuwirken. Diess hielt die griechische Cultur verhältnissmässig so lange jung; denn in den griechischen Müttern kehrte immer wieder der griechische Genius zur Natur zurück.

260.

Das Vorurtheil Zu Gunsten der Grösse. – Die Menschen überschätzen ersichtlich alles Grosse und Hervorstechende. Diess kommt aus der bewussten oder unbewussten Einsicht her, dass sie es sehr nützlich finden, wenn Einer alle Kraft auf Ein Gebiet wirft und aus sich gleichsam Ein monströses Organ macht. Sicherlich ist dem Menschen selber eine gleichmässige Ausbildung seiner Kräfte nützlicher und glückbringender; denn jedes Talent ist ein Vampyr, welcher den übrigen Kräften Blut und Kraft aussaugt, und eine übertriebene Production kann den begabtesten Menschen fast zur Tollheit bringen. Auch innerhalb der Künste erregen die extremen Naturen viel zu sehr die Aufmerksamkeit; aber es ist auch eine viel geringere Cultur nöthig, um von ihnen sich fesseln zu lassen. Die Menschen unterwerfen sich aus Gewohnheit Allem, was Macht haben will.

261.

Die Tyrannen des Geistes. – Nur wohin der Strahl des mythus fällt, da leuchtet das Leben der Griechen; sonst ist es düster. Nun berauben sich die griechischen Philosophen eben dieses Mythus': ist es nicht, als ob sie aus dem Sonnenschein sich in den Schatten, in die Düsterkeit setzen wollten? Aber keine Pflanze geht dem Lichte aus dem Wege; im Grunde suchten jene Philosophen nur eine hellere Sonne, der Mythus war ihnen nicht rein, nicht leuchtend genug. Sie fanden diess Licht in ihrer Erkenntniss, in dem, was jeder von ihnen seine "Wahrheit" nannte. Damals aber hatte die Erkenntniss noch einen grösseren Glanz; sie war noch jung und wusste noch wenig von allen Schwierigkeiten und Gefahren ihrer Pfade; sie konnte damals noch hoffen, mit einem einzigen Sprung an den Mittelpunct alles Seins zu kommen und von dort aus das Räthsel der Welt zu lösen. Diese Philosophen hatten – einen handfesten Glauben an sich und ihre "Wahrheit" und warfen mit ihr alle ihre Nachbarn und Vorgänger nieder; jeder von ihnen war ein streitbarer gewaltthätiger Tyrann. Vielleicht war das Glück im Glauben an den Besitz der Wahrheit nie grösser in der Welt, aber auch nie die Härte, der Uebermuth, das Tyrannische und Böse eines solchen Glaubens. Sie waren Tyrannen, also Das, was jeder Grieche sein wollte und was jeder war, wenn er es sein konnte. Vielleicht macht nur Solon eine Ausnahme; in seinen Gedichten sagt er es, wie er die persönliche Tyrannis verschmäht habe. Aber er that es aus Liebe zu seinem Werke, zu seiner Gesetzgebung; und Gesetzgeber sein ist eine sublimirtere Form des Tyrannenthums. Auch Parmenides gab Gesetze, wohl auch Pythagoras und Empedokles; Anaximander gründete eine Stadt. Plato war der fleischgewordene Wunsch, der höchste philosophische Gesetzgeber und Staatengründer zu werden; er scheint schrecklich an der Nichterfüllung seines Wesens gelitten zu haben, und seine Seele wurde gegen sein Ende hin voll der schwärzesten Galle. Je mehr das griechische Philosophenthum an Macht verlor, um so mehr litt es innerlich durch diese Galligkeit und Schmähsucht; als erst die verschiedenen Secten ihre Wahrheiten auf den Strassen verfochten, da waren die Seelen aller dieser Freier der Wahrheit durch Eifer- und Geifersucht völlig verschlammt, das tyrannische Element wüthete jetzt als Gift in ihrem Körper. Diese vielen kleinen Tyrannen hätten sich roh fressen mögen; es war kein Funke mehr von Liebe und allzuwenig Freude an ihrer eigenen Erkenntniss in ihnen übrig geblieben. – Ueberhaupt gilt der Satz, dass Tyrannen meistens ermordet werden und dass ihre Nachkommenschaft kurz lebt, auch von den Tyrannen des Geistes. Ihre Geschichte ist kurz, gewaltsam, ihre Nachwirkung bricht plötzlich ab. Fast von allen grossen Hellenen kann man sagen, dass sie zu spät gekommen scheinen, so von Aeschylus, von Pindar, von Demosthenes, von Thukydides; ein Geschlecht nach ihnen – und dann ist es immer völlig vorbei. Das ist das Stürmische und Unheimliche in der griechischen Geschichte. Jetzt zwar bewundert man das Evangelium der Schildkröte. Geschichtlich denken heisst jetzt fast so viel, als ob zu allen Zeiten nach dem Satze Geschichte gemacht worden wäre: "möglichst wenig in möglichst langer Zeit!" Ach, die griechische Geschichte läuft so rasch! Es ist nie wieder so verschwenderisch, so maasslos gelebt worden. Ich kann mich nicht überzeugen, dass die Geschichte der Griechen jenen natürlichen Verlauf genommen habe, der so an ihr gerühmt wird. Sie waren viel zu mannichfach begabt dazu, um in jener schrittweisen Manier allmählich zu sein, wie es die Schildkröte im Wettlauf mit Achilles ist: und das nennt man ja natürliche Entwickelung. Bei den Griechen geht es schnell vorwärts, aber eben so schnell abwärts; die Bewegung der ganzen Maschine ist so gesteigert, dass ein einziger Stein, in ihre Räder geworfen, sie zerspringen macht. Ein solcher Stein war zum Beispiel Sokrates; in einer Nacht war die bis dahin so wunderbar regelmässige, aber freilich allzu schleunige Entwickelung der philosophischen Wissenschaft zerstört. Es ist keine müssige Frage, ob nicht Plato, von der sokratischen Verzauberung frei geblieben, einen noch höheren Typus des philosophischen Menschen gefunden hätte, der uns auf immer verloren ist. Man sieht in die Zeiten vor ihm wie in einer Bildner-Werkstätte solcher Typen hinein. Das sechste und fünfte Jahrhundert scheint aber doch noch mehr und Höheres zu verheissen, als es selber hervorgebracht hat; aber es blieb bei dem Verheissen und Ankündigen. Und doch giebt es kaum einen schwereren Verlust, als den Verlust eines Typus', einer neuen, bis dahin unentdeckt gebliebenen höchsten Möglichkeit des philosophischen Lebens. Selbst von den älteren Typen sind die meisten schlecht überliefert; es scheinen mir alle Philosophen von Thales bis Demokrit ausserordentlich schwer erkennbar; wem es aber gelingt, diese Gestalten nachzuschaffen, der wandelt unter Gebilden von mächtigstem und reinstem Typus. Diese Fähigkeit ist freilich selten, sie fehlte selbst den späteren Griechen, welche sich mit der Kunde der älteren Philosophie befassten; Aristoteles zumal scheint seine Augen nicht im Kopfe zu haben, wenn er vor den Bezeichneten steht. Und so scheint es, als ob diese herrlichen Philosophen umsonst gelebt hätten oder als ob sie gar nur die streit- und redelustigen Schaaren der sokratischen Schulen hätten vorbereiten sollen. Es ist hier, wie gesagt, eine Lücke, ein Bruch in der Entwickelung; irgend ein grosses Unglück muss geschehen sein und die einzige Statue, an welcher man Sinn und Zweck jener grossen bildnerischen Vorübung erkannt haben würde, zerbrach oder misslang: was eigentlich geschehen ist, ist für immer ein Geheimniss der Werkstätte geblieben. – Das, was bei den Griechen sich ereignete – dass jeder grosse Denker im Glauben daran, Besitzer der absoluten Wahrheit zu sein, zum Tyrannen wurde, so dass auch die Geschichte des Geistes bei den Griechen jenen gewaltsamen, übereilten und gefährlichen Charakter bekommen hat, den ihre politische Geschichte zeigt – diese Art von Ereignissen war damit nicht erschöpft: es hat sich vieles Gleiche bis in die neueste Zeit hinein begeben, obwohl allmählich seltener und jetzt schwerlich mehr mit dem reinen naiven Gewissen der griechischen Philosophen. Denn im Ganzen redet jetzt die Gegenlehre und die Skepsis zu mächtig, zu laut. Die Periode der Tyrannen des Geistes ist vorbei. In den Sphären der höheren Cultur wird es freilich immer eine Herrschaft geben müssen, – aber diese Herrschaft liegt von jetzt ab in den Händen der Oligarchen des Geistes. Sie bilden, trotz aller räumlichen und politischen Trennung, eine zusammengehörige Gesellschaft, deren Mitglieder sich erkennen und anerkennen, was auch die öffentliche Meinung und die Urtheile der auf die Masse wirkenden Tages- und Zeitschriftsteller für Schätzungen der Gunst oder Abgunst in Umlauf bringen mögen. Die geistige Ueberlegenheit, welche früher trennte und verfeindete, pflegt jetzt zu binden: wie könnten die Einzelnen sich selbst behaupten und auf eigener Bahn, allen Strömungen entgegen, durch das Leben schwimmen, wenn sie nicht ihres Gleichen hier und dort unter gleichen Bedingungen leben sähen und deren Hand ergriffen, im Kampfe eben so sehr gegen den ochlokratischen Charakter des Halbgeistes und der Halbbildung, als gegen die gelegentlichen Versuche, mit Hülfe der Massenwirkung eine Tyrannei aufzurichten? Die Oligarchen sind einander nöthig, sie haben an einander ihre beste Freude, sie verstehen ihre Abzeichen, – aber trotzdem ist ein jeder von ihnen frei, er kämpft und siegt an seiner Stelle und geht lieber unter, als sich zu unterwerfen.

262.

Homer. – Die grösste Thatsache in der griechischen Bildung bleibt doch die, dass Homer so frühzeitig panhellenisch wurde. Alle geistige und menschliche Freiheit, welche die Griechen erreichten, geht auf diese Thatsache zurück. Aber zugleich ist es das eigentliche Verhängniss der griechischen Bildung gewesen, denn Homer verflachte, indem er centralisirte, und löste die ernsteren Instincte der Unabhängigkeit auf. Von Zeit zu Zeit erhob sich aus dem tiefsten Grunde des Hellenischen der Widerspruch gegen Homer; aber er blieb immer siegreich. Alle grossen geistigen Mächte üben neben ihrer befreienden Wirkung auch eine unterdrückende aus; aber freilich ist es ein Unterschied, ob Homer oder die Bibel oder die Wissenschaft die Menschen tyrannisiren.

263.

Begabung. – In einer so hoch entwickelten Menschheit, wie die jetzige ist, bekommt von Natur Jeder den Zugang zu vielen Talenten mit. Jeder hat angeborenes Talent, aber nur Wenigen ist der Grad von Zähigkeit, Ausdauer, Energie angeboren und anerzogen, so dass er wirklich ein Talent wird, also wird, was er ist, das heisst: es in Werken und Handlungen entladet.

264.

Der Geistreiche entweder überschätzt oder unterschätzt. – Unwissenschaftliche, aber begabte Menschen schätzen jedes Anzeichen von Geist, sei es nun, dass er auf wahrer oder falscher Fährte ist; sie wollen vor Allem, dass der Mensch, der mit ihnen verkehrt, sie gut mit seinem Geist unterhalte, sie ansporne, entflamme, zu Ernst und Scherz fortreisse und jedenfalls vor der Langenweile als kräftigstes Amulet schütze. Die wissenschaftlichen Naturen wissen dagegen, dass die Begabung, allerhand Einfälle zu haben, auf das strengste durch den Geist der Wissenschaft gezügelt werden müsse; nicht Das, was glänzt, scheint, erregt, sondern die oft unscheinbare Wahrheit ist die Frucht, welche er vom Baum der Erkenntniss zu schütteln wünscht. Er darf, wie Aristoteles, zwischen "Langweiligen" und "Geistreichen" keinen Unterschied machen, sein Dämon führt ihn durch die Wüste ebenso wie durch tropische Vegetation, damit er überall nur an dem Wirklichen, Haltbaren, Aechten seine Freude habe. – Daraus ergiebt sich, bei unbedeutenden Gelehrten, eine Missachtung und Verdächtigung des Geistreichen überhaupt, und wiederum haben geistreiche Leute häufig eine Abneigung gegen die Wissenschaft: wie zum Beispiel fast alle Künstler.

265.

Die Vernunft in der Schule. – Die Schule hat keine wichtigere Aufgabe, als strenges Denken, vorsichtiges Urtheilen, consequentes Schliessen zu lehren: desshalb hat sie von allen Dingen abzusehen, die nicht für diese Operationen tauglich sind, zum Beispiel von der Religion. Sie kann ja darauf rechnen, dass menschliche Unklarheit, Gewöhnung und Bedürfniss später doch wieder den Bogen des allzustraffen Denkens abspannen. Aber so lange ihr Einfluss reicht, soll sie Das erzwingen, was das Wesentliche und Auszeichnende am Menschen ist- "Vernunft und Wissenschaft des Menschen allerhöchste Kraft" – wie wenigstens Goethe urtheilt. – Der grosse Naturforscher von Baer findet die Ueberlegenheit aller Europäer im Vergleich zu Asiaten in der eingeschulten Fähigkeit, dass sie Gründe für Das, was sie glauben, angeben können, wozu Diese aber völlig unfähig sind. Europa ist in die Schule des consequenten und kritischen Denkens gegangen, Asien weiss immer noch nicht zwischen Wahrheit und Dichtung zu unterscheiden und ist sich nicht bewusst, ob seine Ueberzeugungen aus eigener Beobachtung und regelrechtem Denken oder aus Phantasien stammen. – Die Vernunft in der Schule hat Europa zu Europa gemacht: im Mittelalter war es auf dem Wege, wieder zu einem Stück und Anhängsel Asiens zu werden, – also den wissenschaftlichen Sinn, welchen es den Griechen verdankte, einzubüssen.

266.

Unterschätzte Wirkung des gymnasialen Unterrichts. – Man sucht den Werth des Gymnasiums selten in den Dingen, welche wirklich dort gelernt und von ihm unverlierbar heimgebracht werden, sondern in denen, welche man lehrt, welche der Schüler sich aber nur mit Widerwillen aneignet, um sie, so schnell er darf, von sich abzuschütteln. Das Lesen der Classiker – das giebt jeder Gebildete zu – ist so, wie es überall getrieben wird, eine monströse Procedur: vor jungen Menschen, welche in keiner Beziehung dazu reif sind, von Lehrern, welche durch jedes Wort, oft durch ihr Erscheinen schon einen Mehlthau über einen guten Autor legen. Aber darin liegt der Werth, der gewöhnlich verkannt wird, – dass diese Lehrer die abstracte Sprache der höhern Cultur reden, schwerfällig und schwer zum Verstehen, wie sie ist, aber eine hohe Gymnastik des Kopfes; dass Begriffe, Kunstausdrücke, Methoden, Anspielungen in ihrer Sprache fortwährend vorkommen, welche die jungen Leute im Gespräche ihrer Angehörigen und auf der Gasse fast nie hören. Wenn die Schüler nur hören, so wird ihr Intellect zu einer wissenschaftlichen Betrachtungsweise unwillkürlich präformirt. Es ist nicht möglich, aus dieser Zucht völlig unberührt von der Abstraction als reines Naturkind herauszukommen.

267.

Viele Sprachen lernen. – Viele Sprachen lernen füllt das Gedächtniss mit Worten, statt mit Thatsachen und Gedanken, aus, während diess ein Behältniss ist, welches bei jedem Menschen nur eine bestimmt begränzte Masse von Inhalt aufnehmen kann. Sodann schadet das Lernen vieler Sprachen, insofern es den Glauben, Fertigkeiten zu haben, erweckt und thatsächlich auch ein gewisses verführerisches Ansehen im Verkehre verleiht; es schadet sodann auch indirect dadurch, dass es dem Erwerben gründlicher Kenntnisse und der Absicht, auf redliche Weise die Achtung der Menschen zu verdienen, entgegenwirkt. Endlich ist es die Axt, welche dem feineren Sprachgefühl innerhalb der Muttersprache an die Wurzel gelegt wird: diess wird dadurch unheilbar beschädigt und zu Grunde gerichtet. Die beiden Völker, welche die grössten Stilisten erzeugten, Griechen und Franzosen, lernten keine fremden Sprachen. – Weil aber der Verkehr der Menschen immer kosmopolitischer werden muss, und zum Beispiel ein rechter Kaufmann in London jetzt schon sich in acht Sprachen schriftlich und mündlich verständlich zu machen hat, so ist freilich das Viele-Sprachen-lernen ein nothwendiges Uebel ; welches aber zuletzt zum Aeussersten kommend, die Menschheit zwingen wird, ein Heilmittel zu finden: und in irgend einer fernen Zukunft wird es eine neue Sprache, zuerst als Handelssprache, dann als Sprache des geistigen Verkehres überhaupt, für Alle geben, so gewiss, als es einmal Luft-Schifffahrt giebt. Wozu hätte auch die Sprachwissenschaft ein Jahrhundert lang die Gesetze der Sprache studirt und das Nothwendige, Werthvolle, Gelungene an jeder einzelnen Sprache abgeschätzt!

268.

Zur Kriegsgeschichte des Individuums. – Wir finden in ein einzelnes Menschenleben, welches durch mehrere Culturen geht, den Kampf zusammengedrängt, welcher sich sonst zwischen zwei Generationen, zwischen Vater und Sohn, abspielt: die Nähe der Verwandtschaft verschärft diesen Kampf, weil jede Partei schonungslos das ihr so gut bekannte Innere der anderen Partei mit hineinzieht; und so wird dieser Kampf im einzelnen Individuum am erbittertsten sein; hier schreitet jede neue Phase über die früheren mit grausamer Ungerechtigkeit und Verkennung von deren Mitteln und Zielen hinweg.

269.

Um eine Viertelstunde früher. – Man findet gelegentlich Einen, der mit seinen Ansichten über seiner Zeit steht, aber doch nur um so viel, dass er die Vulgäransichten des nächsten Jahrzehnts vorwegnimmt. Er hat die öffentliche Meinung eher, als sie öffentlich ist, das heisst: er ist einer Ansicht, die es verdient trivial zu werden, eine Viertelstunde eher in die Arme gefallen, als Andere. Sein Ruhm pflegt aber viel lauter zu sein, als der Ruhm der wirklichen Grossen und Ueberlegenen.

270.

Die Kunst, zu lesen. – jede starke Richtung ist einseitig; sie nähert sich der Richtung der geraden Linie und ist wie diese ausschliessend, das heisst sie berührt nicht viele andere Richtungen, wie diess schwache Parteien und Naturen in ihrem wellenhaften Hin- und Hergehen thun: das muss man also auch den Philologen nachsehen, dass sie einseitig sind. Herstellung und Reinhaltung der Texte, nebst der Erklärung derselben, in einer Zunft jahrhundertelang fortgetrieben, hat endlich jetzt die richtigen Methoden finden lassen; das ganze Mittelalter war tief unfähig zu einer streng philologischen Erklärung, das heisst zum einfachen Verstehenwollen dessen, was der Autor sagt, – es war Etwas, diese Methoden zu finden, man unterschätze es nicht! Alle Wissenschaft hat dadurch erst Continuität und Stetigkeit gewonnen, dass die Kunst des richtigen Lesens, das heisst die Philologie, auf ihre Höhe kam.

271.

Die Kunst, zu schliessen. – Der grösste Fortschritt, den die Menschen gemacht haben, liegt darin, dass sie richtig schliessen lernen. Das ist gar nicht so etwas Natürliches, wie Schopenhauer annimmt, wenn er sagt: "zu schliessen sind Alle, zu urtheilen Wenige fähig", sondern ist spät erlernt und jetzt noch nicht zur Herrschaft gelangt. Das faische Schliessen ist in älteren Zeiten die Regel: und die Mythologien aller Völker, ihre Magie und ihr Aberglaube, ihr religiöser Cultus, ihr Recht sind die unerschöpflichen Beweis-Fundstätten für diesen Satz.

272.

Jahresringe der individuellen Cultur. – Die Stärke und Schwäche der geistigen Productivität hängt lange nicht so an der angeerbten Begabung, als an dem mitgegebenen Maasse von Spannkraft. Die meisten jungen Gebildeten von dreissig Jahren gehen um diese Frühsonnenwende ihres Lebens zurück und sind für neue geistige Wendungen von da an unlustig. Desshalb ist dann gleich wieder zum Heile einer fort und fort wachsenden Cultur eine neue Generation nöthig, die es nun aber ebenfalls nicht weit bringt: denn um die Cultur des Vaters nachzuholen, muss der Sohn die angeerbte Energie, welche der Vater auf jener Lebensstufe, als er den Sohn zeugte, selber besass, fast aufbrauchen; mit dem kleinen Ueberschuss kommt er weiter (denn weil hier der Weg zum zweiten Mal gemacht wird, geht es ein Wenig schneller vorwärts; der Sohn verbraucht, um das Selbe zu lernen, was der Vater wusste, nicht ganz so viel Kraft). Sehr spannkräftige Männer, wie zum Beispiel Goethe, durchmessen so viel als kaum vier Generationen hinter einander vermögen; desshalb kommen sie aber zu schnell voraus, so dass die anderen Menschen sie erst in dem nächsten Jahrhundert einholen, vielleicht nicht einmal völlig, weil durch die häufigen Unterbrechungen die Geschlossenheit der Cultur, die Consequenz der Entwickelung geschwächt worden ist. – Die gewöhnlichen Phasen der geistigen Cultur, welche im Verlauf der Geschichte errungen ist, holen die Menschen immer schneller nach. Sie beginnen gegenwärtig in die Cultur als religiös bewegte Kinder einzutreten und bringen es vielleicht im zehnten Lebensjahre zur höchsten Lebhaftigkeit dieser Empfindungen, gehen dann in abgeschwächtere Formen (Pantheismus) über, während sie sich der Wissenschaft nähern; kommen über Gott, Unsterblichkeit und dergleichen ganz hinaus, aber verfallen den Zaubern einer metaphysischen Philosophie. Auch diese wird ihnen endlich unglaubwürdig; die Kunst scheint dagegen immer mehr zu gewähren, so dass eine Zeit lang die Metaphysik kaum noch in einer Umwandelung zur Kunst oder als künstlerisch verklärende Stimmung übrig bleibt und fortlebt. Aber der wissenschaftliche Sinn wird immer gebieterischer und führt den Mann hin zur Naturwissenschaft und Historie und namentlich zu den strengsten Methoden des Erkennens, während der Kunst eine immer mildere und anspruchslosere Bedeutung zufällt. Diess Alles pflegt sich jetzt innerhalb der ersten dreissig Jahre eines Mannes zu ereignen. Es ist die Recapitulation eines Pensums, an welchem die Menschheit vielleicht dreissigtausend Jahre sich abgearbeitet hat.

273.

Zurückgegangen, nicht zurückgeblieben. – Wer gegenwärtig seine Entwickelung noch aus religiösen Empfindungen heraus anhebt und vielleicht längere Zeit nachher in Metaphysik und Kunst weiterlebt, der hat sich allerdings ein gutes Stück zurückbegeben und beginnt sein Wettrennen mit anderen modernen Menschen unter ungünstigen Voraussetzungen: er verliert scheinbar Raum und Zeit. Aber dadurch, dass er sich in jenen Bereichen aufhielt, wo Gluth und Energie entfesselt werden und fortwährend Macht als vulcanischer Strom aus unversiegbarer Quelle strömt, kommt er dann, sobald er sich nur zur rechten Zeit von jenen Gebieten getrennt hat, um so schneller vorwärts, sein Fuss ist beflügelt, seine Brust hat ruhiger, länger, ausdauernder athmen gelernt. – Er hat sich nur zurückgezogen, um zu seinem Sprunge genügenden Raum zu haben: so kann selbst etwas Fürchterliches, Drohendes in diesem Rückgange liegen.

274.

Ein Ausschnitt unseres Selbst als künstlerisches Object. – Es ist ein Zeichen überlegener Cultur, gewisse Phasen der Entwickelung, welche die geringeren Menschen fast gedankenlos durchleben und von der Tafel ihrer Seele dann wegwischen, mit Bewusstsein festzuhalten und ein getreues Bild davon zu entwerfen: denn diess ist die höhere Gattung der Malerkunst, welche nur Wenige verstehen. Dazu wird es nöthig, jene Phasen künstlich zu isoliren. Die historischen Studien bilden die Befähigung zu diesem Malerthum aus, denn sie fordern uns fortwährend auf, bei Anlass eines Stückes Geschichte, eines Volkes – oder Menschenlebens uns einen ganz bestimmten Horizont von Gedanken, eine bestimmte Stärke von Empfindungen, das Vorwalten dieser, das Zurücktreten jener vorzustellen. Darin, dass man solche Gedanken- und Gefühlssysteme aus gegebenen Anlässen schnell reconstruiren kann, wie den Eindruck eines Tempels aus einigen zufällig stehen gebliebenen Säulen und Mauerresten, besteht der historische Sinn. Das nächste Ergebniss desselben ist, dass wir unsere Mitmenschen als ganz bestimmte solche Systeme und Vertreter verschiedener Culturen verstehen, das heisst als nothwendig, aber als veränderlich. Und wiederum, dass wir in unserer eigenen Entwickelung Stücke heraustrennen und selbständig hinstellen können.

275.

Cyniker und Epikureer. – Der Cyniker erkennt den Zusammenhang zwischen den vermehrten und stärkeren Schmerzen des höher cultivirten Menschen und der Fülle von Bedürfnissen; er begreift also, dass die Menge von Meinungen über das Schöne, Schickliche, Geziemende, Erfreuende ebenso sehr reiche Genuss-, aber auch Unlustquellen entspringen lassen musste. Gemäss dieser Einsicht bildet er sich zurück, indem er viele dieser Meinungen aufgiebt und sich gewissen Anforderungen der Cultur entzieht; damit gewinnt er ein Gefühl der Freiheit und der Kräftigung; und allmählich, wenn die Gewohnheit ihm seine Lebensweise erträglich macht, hat er in der That seltnere und schwächere Unlustempfindungen, als die cultivirten Menschen, und nähert sich dem Hausthier an; überdiess empfindet er Alles im Reiz des Contrastes und – schimpfen kann er ebenfalls nach Herzenslust; so dass er dadurch wieder hoch über die Empfindungswelt des Thieres hinauskommt. – Der Epikureer hat den selben Gesichtspunct wie der Cyniker; zwischen ihm und jenem ist gewöhnlich nur ein Unterschied des Temperamentes. Sodann benutzt der Epikureer seine höhere Cultur, um sich von den herrschenden Meinungen unabhängig zu machen; er erhebt sich über dieselben, während der Cyniker nur in der Negation bleibt. Er wandelt gleichsam in windstillen, wohlgeschützten, halbdunkelen Gängen, während über ihm, im Winde, die Wipfel der Bäume brausen und ihm verrathen, wie heftig bewegt da draussen die Welt ist. Der Cyniker dagegen geht gleichsam nackt draussen im Windeswehen umher und härtet sich bis zur Gefühllosigkeit ab.

276.

Mikrokosmus und Makrokosmus der Cultur. – Die besten Entdeckungen über die Cultur macht der Mensch in sich selbst, wenn er darin zwei heterogene

Mächte waltend findet. Gesetzt, es lebe Einer eben so sehr in der Liebe zur bildenden Kunst oder zur Musik als er vom Geiste der Wissenschaft fortgerissen werde, und er sehe es als unmöglich an, diesen Widerspruch durch Vernichtung der einen und volle Entfesselung der anderen Macht aufzuheben: so bleibt ihm nur übrig, ein so grosses Gebäude der Cultur aus sich zu gestalten, dass jene beiden Mächte, wenn auch an verschiedenen Enden desselben, in ihm wohnen können, während zwischen ihnen versöhnende Mittelmächte, mit überwiegender Kraft, um nöthigen falls den ausbrechenden Streit zu schlichten, ihre Herberge haben. Ein solches Gebäude der Cultur im einzelnen Individuum wird aber die grösste Aehnlichkeit mit dem Culturbau in ganzen Zeitperioden haben und eine fortgesetzte analogische Belehrung über denselben abgeben. Denn überall, wo sich die grosse Architektur der Cultur entfaltet hat, war ihre Aufgabe, die einander widerstrebenden Mächte zur Eintracht vermöge einer übermächtigen Ansammelung der weniger unverträglichen übrigen Mächte zu zwingen, ohne sie desshalb zu unterdrücken und in Fesseln zu schlagen.

277.

Glück und Cultur. – Der Anblick der Umgebungen unserer Kindheit erschüttert uns: das Gartenhaus, die Kirche mit den Gräbern, der Teich und der Wald, – diess sehen wir immer als Leidende wieder. Mitleid mit uns selbst ergreift uns, denn was haben wir seitdem Alles durchgelitten! Und hier steht jegliches noch so still, so ewig da: nur wir sind so anders, so bewegt; selbst etliche Menschen finden wir wieder, an welchen die Zeit nicht mehr ihren Zahn gewetzt hat, als an einem Eichenbaume: Bauern, Fischer, Waldbewohner – sie sind die selben. – Erschütterung, Selbstmitleid im Angesichte der niederen Cultur ist das Zeichen der höheren Cultur; woraus sich ergiebt, dass durch diese das Glück jedenfalls nicht gemehrt worden ist. Wer eben Glück und Behagen vom Leben ernten will, der mag nur immer der höheren Cultur aus dem Wege gehen.

278.

Gleichniss vom Tanze. – Jetzt ist es als das entscheidende Zeichen grosser Cultur zu betrachten, wenn jemand jene Kraft und Biegsamkeit besitzt, um ebenso rein und streng im Erkennen zu sein als, in andern Momenten, auch befähigt, der Poesie, Religion und Metaphysik gleichsam hundert Schritte vorzugeben und ihre Gewalt und Schönheit nachzuempfinden. Eine solche Stellung zwischen zwei so verschiedenen Ansprüchen ist sehr schwierig, denn die Wissenschaft drängt zur absoluten Herrschaft ihrer Methode, und wird diesem Drängen nicht nachgegeben, so entsteht die andere Gefahr eines schwächlichen Auf- und Niederschwankens zwischen verschiedenen Antrieben. Indessen: um wenigstens mit einem Gleichniss einen Blick auf die Lösung dieser Schwierigkeit zu eröffnen, möge man sich doch daran erinnern, dass der Tanz nicht das Selbe wie ein mattes Hin- und Hertaumeln zwischen verschiedenen Antrieben ist. Die hohe Cultur wird einem kühnen Tanze ähnlich sehen: wesshalb, wie gesagt, viel Kraft und Geschmeidigkeit noth thut.

279.

Von der Erleichterung des Lebens. – Ein Hauptmittel, um sich das Leben zu erleichtern, ist das Idealisiren aller Vorgänge desselben; man soll sich aber aus der Malerei recht deutlich machen, was idealisiren heisst. Der Maler verlangt, dass der Zuschauer nicht zu genau, zu scharf zusehe, er zwingt ihn in eine gewisse Ferne zurück, damit er von dort aus betrachte; er ist genöthigt, eine ganz bestimmte Entfernung des Betrachters vom Bilde vorauszusetzen; ja er muss sogar ein ebenso bestimmtes Maass von Schärfe des Auges bei seinem Betrachter annehmen; in solchen Dingen darf er durchaus nicht schwanken. Jeder also, der sein Leben idealisiren will, muss es nicht zu genau sehen wollen und seinen Blick immer in eine gewisse Entfernung zurückbannen. Dieses Kunststück verstand zum Beispiel Goethe.

280.

Erschwerung als Erleichterung und umgekehrt. – Vieles, was auf gewissen Stufen des Menschen Erschwerung des Lebens ist, dient einer höheren Stufe als Erleichterung, weil solche Menschen stärkere Erschwerungen des Lebens kennen gelernt haben. Ebenso kommt das Umgekehrte vor: so hat zum Beispiel die Religion ein doppeltes Gesicht, je nachdem ein Mensch zu ihr hinaufblickt, um von ihr sich seine Last und Noth abnehmen zu lassen, oder auf sie hinabsieht, wie auf die Fessel, welche ihm angelegt ist, damit er nicht zu hoch in die Lüfte steige.

281.

Die höhere Cultur wird nothwendig missverstanden. – Wer sein Instrument nur mit zwei Saiten bespannt hat, wie die Gelehrten, welche ausser dem Wissenstrieb nur noch einen anerzogenen religiösen haben, der versteht solche Menschen nicht, welche auf mehr Saiten spielen können. Es liegt im Wesen der höheren vielsaitigeren Cultur, dass sie von der niederen immer falsch gedeutet wird; wie diess zum Beispiel geschieht, wenn die Kunst als eine verkappte Form des Religiösen gilt. Ja Leute, die nur religiös sind, verstehen selbst die Wissenschaft als Suchen des religiösen Gefühls, so wie Taubstumme nicht wissen, was Musik ist, wenn nicht sichtbare Bewegung.

282.

Klagelied. – Es sind vielleicht die Vorzüge unserer Zeiten, welche ein Zurücktreten und eine gelegentliche Unterschätzung der vita contemplativa mit sich bringen. Aber eingestehen muss man es sich, dass unsere Zeit arm ist an grossen Moralisten, dass Pascal, Epictet, Seneca, Plutarch wenig noch gelesen werden, dass Arbeit und Fleiss – sonst im Gefolge der grossen Göttin Gesundheit – mitunter wie eine Krankheit zu Wüthen scheinen. Weil Zeit zum Denken und Ruhe im Denken fehlt, so erwägt man abweichende Ansichten nicht mehr: man begnügt sich, sie zu hassen. Bei der ungeheuren Beschleunigung des Lebens wird Geist und Auge an ein halbes oder falsches Sehen und Urtheilen gewöhnt, und jedermann gleicht den Reisenden, welche Land und Volk von der Eisenbahn aus kennen lernen. Selbständige und vorsichtige Haltung der Erkenntniss schätzt man beinahe als eine Art Verrücktheit ab, der Freigeist ist in Verruf gebracht, namentlich durch Gelehrte, welche an seiner Kunst, die Dinge zu betrachten, ihre Gründlichkeit und ihren Ameisenfleiss vermissen und ihn gern in einen einzelnen Winkel der Wissenschaft bannen möchten: während er die ganz andere und höhere Aufgabe hat, von einem einsam gelegenen Standorte aus den ganzen Heerbann der wissenschaftlichen und gelehrten Menschen zu befehligen und ihnen die Wege und Ziele der Cultur zu zeigen. – Eine solche Klage, wie die eben abgesungene, wird wahrscheinlich ihre Zeit haben und von selber einmal, bei einer gewaltigen Rückkehr des Genius' der Meditation, verstummen.

283.

Hauptmangel der thätigen Menschen. – Den Thätigen fehlt gewöhnlich die höhere Thätigkeit: ich meine die individuelle. Sie sind als Beamte, Kaufleute, Gelehrte, das heisst als Gattungswesen thätig, aber nicht als ganz bestimmte einzelne und einzige Menschen; in dieser Hinsicht sind sie faul. – Es ist das Unglück der Thätigen, dass ihre Thätigkeit fast immer ein Wenig unvernünftig ist. Man darf zum Beispiel bei dem geldsammelnden Banquier nach dem Zweck seiner rastlosen Thätigkeit nicht fragen: sie ist unvernünftig. Die Thätigen rollen, wie der Stein rollt, gemäss der Dummheit der Mechanik. – Alle Menschen zerfallen, wie zu allen Zeiten so auch jetzt noch, in Sclaven und Freie; denn wer von seinem Tage nicht zwei Drittel für sich hat, ist ein Sclave, er sei übrigens wer er wolle: Staatsmann, Kaufmann, Beamter, Gelehrter.

284.

Zu Gunsten der Müssigen. – Zum Zeichen dafür, dass die Schätzung des beschaulichen Lebens abgenommen hat, wetteifern die Gelehrten jetzt mit den thätigen Menschen in einer Art von hastigem Genusse, so dass sie also diese Art, zu geniessen, höher zu schätzen scheinen, als die, welche ihnen eigentlich zukommt und welche in der That viel mehr Genuss ist. Die Gelehrten schämen sich des otium. Es ist aber ein edel Ding um Musse und Müssiggehen. – Wenn Müssiggang wirklich der Anfang aller Laster ist, so befindet er sich also wenigstens in der nächsten Nähe aller Tugenden; der müssige Mensch ist immer noch ein besserer Mensch als der thätige. – Ihr meint doch nicht, dass ich mit Musse und Müssiggehen auf euch ziele, ihr Faulthiere? –

285.

Die moderne Unruhe. – Nach dem Westen zu wird die moderne Bewegtheit immer grösser, so dass den Amerikanern die Bewohner Europa's insgesammt sich als ruheliebende und geniessende Wesen darstellen, während diese doch selbst wie Bienen und Wespen durcheinander fliegen. Diese Bewegtheit wird so gross, dass die höhere Cultur ihre Früchte nicht mehr zeitigen kann; es ist, als ob die Jahreszeiten zu rasch auf einander folgten. Aus Mangel an Ruhe läuft unsere Civilisation in eine neue Barbarei aus. Zu keiner Zeit haben die Thätigen, das heisst die Ruhelosen, mehr gegolten. Es gehört desshalb zu den nothwendigen Correcturen, welche man am Charakter der Menschheit vornehmen muss, das beschauliche Element in grossem Maasse zu verstärken. Doch hat schon jeder Einzelne, welcher in Herz und Kopf ruhig und stetig ist, das Recht zu glauben, dass er nicht nur ein gutes Temperament, sondern eine allgemein nützliche Tugend besitze und durch die Bewahrung dieser Tugend sogar eine höhere Aufgabe erfülle.

286.

Inwiefern der thätige faul ist. – Ich glaube, dass jeder über jedes Ding, über welches Meinungen möglich sind, eine eigene Meinung haben muss, weil er selber ein eigenes, nur einmaliges Ding ist, das zu allen anderen Dingen eine neue, nie dagewesene Stellung einnimmt. Aber die Faulheit, welche im Grunde der Seele des Thätigen liegt, verhindert den Menschen, das Wasser aus seinem eigenen Brunnen zu schöpfen. – Mit der Freiheit der Meinungen steht es wie mit der Gesundheit: beide sind individuell, von beiden kann kein allgemein gültiger Begriff aufgestellt werden. Das, was das eine Individuum zu seiner Gesundheit nöthig hat, ist für ein anderes schon Grund zur Erkrankung, und manche Mittel und Wege zur Freiheit des Geistes dürfen höher entwickelten Naturen als Wege und Mittel zur Unfreiheit gelten.

287.

Censor vitae. Der Wechsel von Liebe und Hass bezeichnet für eine lange Zeit den inneren Zustand eines Menschen, welcher frei in seinem Urtheile über das Leben werden will; er vergisst nicht und trägt den Dingen Alles nach, Gutes und Böses. Zuletzt, wenn die ganze Tafel seiner Seele mit Erfahrungen voll geschrieben ist, wird er das Dasein nicht verachten und hassen, aber es auch nicht lieben, sondern über ihm liegen bald mit dem Auge der Freude, bald mit dem der Trauer, und, wie die Natur, bald sommerlich, bald herbstlich gesinnt sein.

288.

Nebenerfolg. – Wer ernstlich frei werden will, wird dabei ohne allen Zwang die Neigung zu Fehlern und Lastern mit verlieren; auch Aerger und Verdruss werden ihn immer seltener anfallen. Sein Wille nämlich will Nichts angelegentlicher, als Erkennen und das Mittel dazu, das heisst: den andauernden Zustand, in dem er am tüchtigsten zum Erkennen ist.

289.

Werth der Krankheit. – Der Mensch, der krank zu Bette liegt, kommt mitunter dahinter, dass er für gewöhnlich an seinem Amte, Geschäfte oder an seiner Gesellschaft krank ist und durch sie jede Besonnenheit über sich verloren hat: er gewinnt diese Weisheit aus der Musse, zu welcher ihn seine Krankheit zwingt.

290.

Empfindung auf dem Lande. – Wenn man nicht feste, ruhige Linien am Horizonte seines Lebens hat, Gebirgs- und Waldlinien gleichsam, so wird der innerste Wille des Menschen selber unruhig, zerstreut und begehrlich wie das Wesen des Städters: er hat kein Glück und giebt kein Glück.

291.

Vorsicht der freien Geister. – Freigesinnte, der Erkenntniss allein lebende Menschen werden ihr äusserliches Lebensziel, ihre endgültige Stellung zu Gesellschaft und Staat bald erreicht finden und zum Beispiel mit einem kleinen Amte oder einem Vermögen, das gerade zum Leben ausreicht, gerne sich zufrieden geben; denn sie werden sich einrichten so zu leben, dass eine grosse Verwandelung der äusseren Güter, ja ein Umsturz der politischen Ordnungen ihr Leben nicht mit umwirft. Auf alle diese Dinge verwenden sie so wenig wie möglich an Energie, damit sie mit der ganzen angesammelten Kraft und gleichsam mit einem langen Athem in das Element des Erkennens hinabtauchen. So können sie hoffen, tief zu tauchen und auch wohl auf den Grund zu sehen. – Von einem Ereigniss wird ein solcher Geist gerne nur einen Zipfel nehmen, er liebt die Dinge in der ganzen Breite und Weitschweifigkeit ihrer Falten nicht: denn er will sich nicht in diese verwickeln. – Auch er kennt die Wochentage der Unfreiheit, der Abhängigkeit, der Dienstbarkeit. Aber von Zeit zu Zeit muss ihm ein Sonntag der Freiheit kommen, sonst wird er das Leben nicht aushalten. – Es ist wahrscheinlich, dass selbst seine Liebe zu den Menschen vorsichtig und etwas kurzathmig sein wird, denn er will sich nur, so weit es zum Zwecke der Erkenntniss nöthig ist, mit der Welt der Neigungen und der Blindheit einlassen. Er muss darauf vertrauen, dass der Genius der Gerechtigkeit Etwas für seinen Jünger und Schützling sagen wird, wenn anschuldigende Stimmen ihn arm an Liebe nennen sollten. – Es giebt in seiner Lebens- und Denkweise einen verfeinerten Heroismus, welcher es verschmäht, sich der grossen Massen-Verehrung, wie sein gröberer Bruder es thut, anzubieten und still durch die Welt und aus der Welt zu gehen pflegt. Was für Labyrinthe er auch durchwandert, unter welchen Felsen sich auch sein Strom zeitweilig durchgequält hat – kommt er an's Licht, so geht er hell, leicht und fast geräuschlos seinen Gang und lässt den Sonnenschein bis in seinen Grund hinab spielen.

292.

Vorwärts. – Und damit vorwärts auf der Bahn der Weisheit, guten Schrittes, guten Vertrauens! Wie du auch bist, so diene dir selber als Quell der Erfahrung! Wirf das Missvergnügen über dein Wesen ab, verzeihe dir dein eignes Ich, denn in jedem Falle hast du an dir eine Leiter mit hundert Sprossen, auf welchen du zur Erkenntniss steigen kannst. Das Zeitalter, in welches du dich mit Leidwesen geworfen fühlst, preist dich selig dieses Glückes wegen; es ruft dir zu, dass dir jetzt noch an Erfahrungen zu Theil werde, was Menschen späterer Zeit vielleicht entbehren müssen. Missachte es nicht, noch religiös gewesen zu sein; ergründe es völlig, wie du noch einen ächten Zugang zur Kunst gehabt hast. Kannst du nicht gerade mit Hülfe dieser Erfahrungen ungeheuren Wegstrecken der früheren Menschheit verständnisvoller nachgehen? Sind nicht gerade auf dem Boden, welcher dir mitunter so missfällt, auf dem Boden des unreinen Denkens, viele der herrlichsten Früchte älterer Cultur aufgewachsen? Man muss Religion und Kunst wie Mutter und Amme geliebt haben, – sonst kann man nicht weise werden. Aber man muss über sie hinaus sehen, ihnen entwachsen können; bleibt man in ihrem Banne, so versteht man sie nicht. Ebenso muss dir die Historie vertraut sein und das vorsichtige Spiel mit den Wagschalen: "einerseits-andererseits". Wandle zurück, in die Fussstapfen tretend, in welchen die Menschheit ihren leidvollen grossen Gang durch die Wüste der Vergangenheit machte: so bist du am gewissesten belehrt, wohin alle spätere Menschheit nicht wieder gehen kann oder darf. Und indem du mit aller Kraft vorauserspähen willst, wie der Knoten der Zukunft noch geknüpft wird, bekommt dein eigenes Leben den Werth eines Werkzeuges und Mittels zur Erkenntniss. Du hast es in der Hand zu erreichen, dass all dein Erlebtes: die Versuche, Irrwege, Fehler, Täuschungen, Leidenschaften, deine Liebe und deine Hoffnung, in deinem Ziele ohne Rest aufgehn. Dieses Ziel ist, selber eine nothwendige Kette von Cultur-Ringen zu werden und von dieser Nothwendigkeit aus auf die Nothwendigkeit im Gange der allgemeinen Cultur zu schliessen. Wenn dein Blick stark genug geworden ist, den Grund in dem dunklen Brunnen deines Wesens und deiner Erkenntnisse zu sehen, so werden dir vielleicht auch in seinem Spiegel die fernen Sternbilder zukünftiger Culturen sichtbar werden. Glaubst du, ein solches Leben mit einem solchen Ziele sei zu mühevoll, zu ledig aller Annehmlichkeiten? So hast du noch nicht gelernt, dass kein Honig süsser als der der Erkenntniss ist und dass die hängenden Wolken der Trübsal dir noch zum Euter dienen müssen, aus dem du die Milch zu deiner Labung melken wirst. Kommt das Alter, so merkst du erst recht, wie du der Stimme der Natur Gehör gegeben, jener Natur, welche die ganze Welt durch Lust beherrscht: das selbe Leben, welches seine Spitze im Alter hat, hat auch seine Spitze in der Weisheit, in jenem milden Sonnenglanz einer beständigen geistigen Freudigkeit; beiden, dem Alter und der Weisheit, begegnest du auf Einem Bergrücken des Lebens, so wollte es die Natur. Dann ist es Zeit und kein Anlass zum Zürnen, dass der Nebel des Todes naht. Dem Lichte zu – deine letzte Bewegung; ein jauchzen der Erkenntniss – dein letzter Laut.

Sechstes Hauptstück

Der Mensch im Verkehr

293.

Wohlwollende Verstellung. – Es ist häufig im Verkehre mit Menschen eine wohlwollende Verstellung nöthig, als ob wir die Motive ihres Handelns nicht durchschauten.

294.

Copien. – Nicht selten begegnet man Copien bedeutender Menschen; und den Meisten gefallen, wie bei Gemälden, so auch hier, die Copien besser als die Originale.

295.

Der Redner. – Man kann höchst passend reden und doch so, dass alle Weldt über das Gegentheil schreit: nämlich dann, wenn man nicht zu aller Welt redet.

296.

Mangel an Vertraulichkeit. – Mangel an Vertraulichkeit unter Freunden ist ein Fehler, der nicht gerügt werden kann, ohne unheilbar zu werden.

297.

Zur Kunst des Schenkens. – Eine Gabe ausschlagen zu müssen, blos weil sie nicht auf die rechte Weise angeboten wurde, erbittert gegen den Geber.

298.

Der gefährlichste Parteimann. – In jeder Partei ist Einer, der durch sein gar zu gläubiges Aussprechen der Parteigrundsätze die Uebrigen zum Abfall reizt.

299.

Rathgeber des Kranken. Wer einem Kranken seine Rathschläge giebt, erwirbt sich ein Gefühl von Ueberlegenheit über ihn, sei es, dass sie angenommen oder dass sie verworfen werden. Desshalb hassen reizbare und stolze Kranke die Rathgeber noch mehr als ihre Krankheit.

300.

Doppelte Art der Gleichheit. – Die Sucht nach Gleichheit kann sich so äussern, dass man entweder alle Anderen zu sich hinunterziehen möchte (durch Verkleinern, Secretiren, Beinstellen) oder sich mit Allen hinauf (durch Anerkennen, Helfen, Freude an fremdem Gelingen).

301.

Gegen Verlegenheit. – Das beste Mittel, sehr verlegenen Leuten zu Hülfe zu kommen und sie zu beruhigen, besteht darin, dass man sie entschieden lobt.

302.

Vorliebe für einzelne Tugenden. – Wir legen nicht eher besonderen Werth auf den Besitz einer Tugend, bis wir deren völlige Abwesenheit an unserem Gegner wahrnehmen.

303.

Warum man widerspricht. – Man widerspricht oft einer Meinung, während uns eigentlich nur der Ton, mit dem sie vorgetragen wurde, unsympathisch ist.

304.

Vertrauen und Vertraulichkeit. – Wer die Vertraulichkeit mit einer anderen Person geflissentlich zu erzwingen sucht, ist gewöhnlich nicht sicher darüber, ob er ihr Vertrauen besitzt. Wer des Vertrauens sicher ist, legt auf Vertraulichkeit wenig Werth.

305.

Gleichgewicht der Freundschaft. – Manchmal kehrt, im Verhältniss von uns zu einem andern Menschen, das rechte Gleichgewicht der Freundschaft zurück, wenn wir in unsre eigene Wagschale einige Gran Unrecht legen.

306.

Die gefährlichsten Aerzte. – Die gefährlichsten Aerzte sind die, welche es dem geborenen Arzte als geborene Schauspieler mit vollkommener Kunst der Täuschung nachmachen.

307.

Wann Paradoxien am Platze sind. – Geistreichen Personen braucht man mitunter, um sie für einen Satz zu gewinnen, denselben nur in der Form einer ungeheuerlichen Paradoxie vorzulegen.

308.

Wie muthige Leute gewonnen werden. – Muthige Leute überredet man dadurch zu einer Handlung, dass man dieselbe gefährlicher darstellt, als sie ist.

309.

Artigkeiten. – Unbeliebten Personen rechnen wir die Artigkeiten, welche sie uns erweisen, zum Vergehen an.

310.

Warten lassen. – Ein sicheres Mittel, die Leute aufzubringen und ihnen böse Gedanken in den Kopf zu setzen, ist, sie lange warten zu lassen. Diess macht unmoralisch.

311.

Gegen die Vertraulichen. – Leute, welche uns ihr volles Vertrauen schenken, glauben dadurch ein Recht auf das unsrige zu haben. Diess ist ein Fehlschluss; durch Geschenke erwirbt man keine Rechte.

312.

Ausgleichsmittel. – Es genügt oft, einem Andern, dem man einen Nachtheil zugefügt hat, Gelegenheit zu einem Witze über uns zu geben, um ihm persönlich Genugthuung zu schaffen, ja um ihn für uns gut zu stimmen.

313.

Eitelkeit der Zunge. – Ob der Mensch seine schlechten Eigenschaften und Laster verbirgt oder mit Offenheit sie eingesteht, so wünscht doch in beiden Fällen seine Eitelkeit einen Vortheil dabei zu haben: man beachte nur, wie fein er unterscheidet, vor wem er jene Eigenschaften verbirgt, vor wem er ehrlich und offenherzig wird.

314.

Rücksichtsvoll. – Niemanden kränken, Niemanden beeinträchtigen wollen kann ebensowohl das Kennzeichen einer gerechten, als einer ängstlichen Sinnesart sein.

315.

Zum Disputiren erforderlich. – Wer seine Gedanken nicht auf Eis zu legen versteht, der soll sich nicht in die Hitze des Streites begeben.

316.

Umgang und Anmaassung. – Man verlernt die Anmaassung, wenn man sich immer unter verdienten Menschen weiss; Allein-sein pflanzt Uebermuth. Junge Leute sind anmaassend, denn sie gehen mit Ihresgleichen um, welche alle Nichts sind, aber gerne viel bedeuten.

317.

Motiv des Angriffs. – Man greift nicht nur an, um jemandem wehe zu thun, ihn zu besiegen, sondern vielleicht auch nur, um sich seiner Kraft bewusst zu werden.

318.

Schmeichelei. – Personen, welche unsere Vorsicht im Verkehr mit ihnen durch Schmeicheleien betäuben wollen, wenden ein gefährliches Mittel an, gleichsam einen Schlaftrunk, welcher, wenn er nicht einschläfert, nur um so mehr wach erhält.

319.

Guter Briefschreiber. – Der, welcher keine Bücher schreibt, viel denkt und in unzureichender Gesellschaft lebt, wird gewöhnlich ein guter Briefschreiber sein.

320.

Am hässlichsten. – Es ist zu bezweifeln, ob ein Vielgereister irgendwo in der Welt hässlichere Gegenden gefunden hat, als im menschlichen Gesichte.

321.

Die Mitleidigen. – Die mitleidigen, im Unglück jederzeit hülfreichen Naturen sind selten zugleich die sich mitfreuenden: beim Glück der Anderen haben sie Nichts zu thun, sind überflüssig, fühlen sich nicht im Besitz ihrer Ueberlegenheit und zeigen desshalb leicht Missvergnügen.

322.

Verwandte eines Selbstmörders. – Verwandte eines Selbstmörders rechnen es ihm übel an, dass er nicht aus Rücksicht auf ihren Ruf am Leben geblieben ist.

323.

Undank vorauszusehen. – Der, welcher etwas Grosses schenkt, findet keine Dankbarkeit; denn der Beschenkte hat schon durch das Annehmen zu viel Last.

324.

In geistloser Gesellschaft. – Niemand dankt dem geistreichen Menschen die Höflichkeit, wenn er sich einer Gesellschaft gleichstellt, in der es nicht höflich ist, Geist zu zeigen.

325.

Gegenwart von Zeugen. – Man springt einem Menschen, der in's Wasser fällt, noch einmal so gern nach, wenn Leute zugegen sind, die es nicht wagen.

326.

Schweigen. – Die für beide Parteien unangenehmste Art, eine Polemik zu erwidern, ist, sich ärgern und schweigen: denn der Angreifende erklärt sich das Schweigen gewöhnlich als Zeichen der Verachtung.

327.

Das Geheimniss des Freundes. – Es wird Wenige geben, welche, wenn sie um Stoff zur Unterhaltung verlegen sind, nicht die geheimeren Angelegenheiten ihrer Freunde preisgeben.

328.

Humanität. – Die Humanität der Berühmtheiten des Geistes besteht darin, im Verkehre mit Unberühmten auf eine verbindliche Art Unrecht zu behalten.

329.

Der Befangene. – Menschen, die sich in der Gesellschaft nicht sicher fühlen, benutzen jede Gelegenheit, um an einem Nahegestellten, dem sie überlegen sind, diese Ueberlegenheit öffentlich , vor der Gesellschaft, zu zeigen, zum Beispiel durch Neckereien.

330.

Dank. – Eine feine Seele bedrückt es, sich Jemanden zum Dank verpflichtet zu wissen; eine grobe, sich Jemandem.

331.

Merkmal der Entfremdung. – Das stärkste Anzeichen von Entfremdung der Ansichten bei zwei Menschen ist diess, dass beide sich gegenseitig einiges Ironische sagen, aber keiner von beiden das Ironische daran fühlt.

332.

Anmaassung bei Verdiensten. – Anmaassung bei Verdiensten beleidigt noch mehr, als Anmaassung von Menschen ohne Verdienst. denn schon das Verdienst beleidigt.

333.

Gefahr in der Stimme. – Mitunter macht uns im Gespräche der Klang der eigenen Stimme verlegen und verleitet uns zu Behauptungen, welche gar nicht unserer Meinung entsprechen.

334.

Im Gespräche. – Ob man im Gespräche dem Andern vornehmlich Recht giebt oder Unrecht, ist durchaus die Sache der Angewöhnung: das Eine wie das Andere hat Sinn.

335.

Furcht vor dem Nächsten. – Wir fürchten die feindselige Stimmung des Nächsten, weil wir befürchten, dass er durch diese Stimmung hinter unsere Heimlichkeiten kommt.

336.

Durch Tadel auszeichnen. – Sehr angesehene Personen ertheilen selbst ihren Tadel so, dass sie uns damit auszeichnen wollen. Es soll uns aufmerksam machen, wie angelegentlich sie sich mit uns beschäftigen. Wir verstehen sie ganz falsch, wenn wir ihren Tadel sachlich nehmen und uns gegen ihn vertheidigen; wir ärgern sie dadurch und entfremden uns ihnen.

337.

Verdruss am Wohlwollen Anderer. – Wir irren uns über den Grad, in welchem wir uns gehasst, gefürchtet glauben: weil wir selber zwar gut den Grad unserer Abweichung von einer Person, Richtung, Partei kennen, jene Andern aber uns sehr oberflächlich kennen und desshalb auch nur oberflächlich hassen. Wir begegnen oft einem Wohlwollen, welches uns unerklärlich ist; verstehen wir es aber, so beleidigt es uns, weil es zeigt, dass man uns nicht ernst, nicht wichtig genug nimmt.

338.

Sich kreuzende Eitelkeiten. – Zwei sich begegnende Personen, deren Eitelkeit gleich gross ist, behalten hinterdrein von einander einen schlechten Eindruck, weil jede so mit dem Eindruck beschäftigt war, den sie bei der andern hervorbringen wollte, dass die andere auf sie keinen Eindruck machte; beide merken endlich, dass ihr Bemühen verfehlt ist und schieben je der andern die Schuld zu.

339.

Unarten als gute Anzeichen. – Der überlegene Geist hat an den Tactlosigkeiten, Anmaassungen, ja Feindseligkeiten ehrgeiziger Jünglinge gegen ihn sein Vergnügen; es sind die Unarten feuriger Pferde, welche noch keinen Reiter getragen haben und doch in Kurzem so stolz sein werden, ihn zu tragen.

340.

Wann es rathsam ist, Unrecht zu behalten. – Man thut gut, gemachte Anschuldigungen, selbst wenn sie uns Unrecht thun, ohne Widerlegung hinzunehmen, im Fall der Anschuldigende darin ein noch grösseres Unrecht unsererseits sehen würde, wenn wir ihm widersprächen und etwa gar ihn widerlegten. Freilich kann Einer auf diese Weise immer Unrecht haben und immer Recht behalten und zuletzt mit dem besten Gewissen von der Welt der unerträglichste Tyrann und Quälgeist werden; und was vom Einzelnen gilt, kann auch bei ganzen Classen der Gesellschaft vorkommen.

341.

Zuwenig geehrt. – Sehr eingebildete Personen, denen man Zeichen von geringerer Beachtung gegeben hat, als sie erwarteten, versuchen lange, sich selbst und Andere darüber irre zu führen und werden spitzfindige Psychologiker, um herauszubekommen, dass der Andere sie doch genügend geehrt hat: erreichen sie ihr Ziel nicht, reisst der Schleier der Täuschung, so geben sie sich einer um so grösseren Wuth hin.

342.

Urzustände in der Rede nachklingend. – In der Art, wie jetzt die Männer im Verkehre Behauptungen aufstellen, erkennt man oft einen Nachklang der Zeiten, wo dieselben sich besser auf Waffen, als auf irgend Etwas verstanden: sie handhaben ihre Behauptungen bald wie zielende Schützen ihr Gewehr, bald glaubt man das Sausen und Klirren der Klingen zu hören; und bei einigen Männern poltert eine Behauptung herab wie ein derber Knüttel. – Frauen dagegen sprechen so, wie Wesen, welche Jahrtausende lang am Webstuhl sassen oder die Nadel führten oder mit Kindern kindisch waren.

343.

Der Erzähler. – Wer Etwas erzählt, lässt leicht merken, ob er erzählt, weil ihn das Factum interessirt oder weil er durch die Erzählung interessiren will. Im letzteren Falle wird er übertreiben, Superlative gebrauchen und Aehnliches thun. Er erzählt dann gewöhnlich schlechter, weil er nicht so sehr an die Sache, als an sich denkt.

344.

Der Vorleser. – Wer dramatische Dichtungen vorliest, macht Entdeckungen über seinen Charakter: er findet für gewisse Stimmungen und Scenen seine Stimme natürlicher, als für andere, etwa für alles Pathetische oder für das Scurrile, während er vielleicht im gewöhnlichen Leben nur nicht Gelegenheit hatte, Pathos oder Scurrilität zu zeigen.

345.

Eine Lustspiel-Scene, welche im Leben vorkommt. – Jemand denkt sich eine geistreiche Meinung über ein Thema aus, um sie in einer Gesellschaft vorzutragen. Nun würde man im Lustspiel anhören und ansehen, wie er mit allen Segeln an den Punct zu kommen und die Gesellschaft dort einzuschiffen sucht, wo er seine Bemerkung machen kann: wie er fortwährend die Unterhaltung nach Einem Ziele schiebt, gelegentlich die Richtung verliert, sie wiedergewinnt, endlich den Augenblick erreicht: fast versagt ihm der Athem – und da nimmt ihm Einer aus der Gesellschaft die Bemerkung vom Munde weg. Was wird er thun? Seiner eigenen Meinung opponiren?

346.

Wider Willen unhöflich. – Wenn jemand wider Willen einen Andern unhöflich behandelt, zum Beispiel nicht grüsst, weil er ihn nicht erkennt, so wurmt ihn diess, obwohl er nicht seiner Gesinnung einen Vorwurf machen kann; ihn kränkt die schlechte Meinung, welche er bei dem Andern erzeugt hat, oder er fürchtet die Folgen einer Verstimmung, oder ihn schmerzt es, den Andern verletzt zu haben, – also Eitelkeit, Furcht oder Mitleid können rege werden, vielleicht auch alles zusammen.

347.

Verräther-Meisterstück. – Gegen den Mitverschworenen den kränkenden Argwohn zu äussern, ob man nicht von ihm verrathen werde, und diess gerade in dem Augenblicke, wo man selbst Verrath übt, ist ein Meisterstück der Bosheit, weil es den Andern persönlich occupirt und ihn zwingt, eine Zeit lang sich sehr unverdächtig und offen zu benehmen, so dass der wirkliche Verräther sich freie Hand gemacht hat.

348.

Beleidigen und beleidigt werden. – Es ist weit angenehmer, zu beleidigen und später um Verzeihung zu bitten, als beleidigt zu werden und Verzeihung zu gewähren. Der, welcher das Erste thut, giebt ein Zeichen von Macht und nachher von Güte des Charakters. Der Andere, wenn er nicht als inhuman gelten will, muss schon verzeihen; der Genuss an der Demüthigung des Anderen ist dieser Nöthigung wegen gering.

349.

Im Disput. – Wenn man zugleich einer anderen Meinung widerspricht und dabei seine eigene entwickelt, so verrückt gewöhnlich die fortwährende Rücksicht auf die andere Meinung die natürliche Haltung der eigenen: sie erscheint absichtlicher, schärfer, vielleicht etwas übertrieben.

350.

Kunstgriff. – Wer etwas Schwieriges von einem Andern erlangen will, muss die Sache überhaupt nicht als Problem fassen, sondern schlicht seinen Plan hinlegen, als sei er die einzige Möglichkeit; er muss es verstehen, wenn im Auge des Gegners der Einwand, der Widerspruch dämmert, schnell abzubrechen und ihm keine Zeit zu geben.

351.

Gewissensbisse nach Gesellschaften. – Warum haben wir nach gewöhnlichen Gesellschaften Gewissensbisse? Weil wir wichtige Dinge leicht genommen haben, weil wir bei der Besprechung von Personen nicht mit voller Treue gesprochen oder weil wir geschwiegen haben, wo wir reden sollten, weil wir gelegentlich nicht aufgesprungen und fortgelaufen sind, kurz weil wir uns in der Gesellschaft benahmen, als ob wir zu ihr gehörten.

352.

Man wird falsch beurtheilt. – Wer immer darnach hinhorcht, wie er beurtheilt wird, hat immer Aerger. Denn wir werden schon von Denen, welche uns am nächsten stehen ("am besten kennen"), falsch beurtheilt. Selbst gute Freunde lassen ihre Verstimmung mitunter in einem missgünstigen Worte aus; und würden sie unsere Freunde sein, wenn sie uns genau kennten? – Die Urtheile der Gleichgültigen thun sehr weh, weil sie so unbefangen, fast sachlich klingen. Merken wir aber gar, dass Jemand, der uns feind ist, uns in einem geheim gehaltenen Puncte so gut kennt, wie wir uns, wie gross ist dann erst der Verdruss!

353.

Tyrannei des Portraits. – Künstler und Staatsmänner, die schnell aus einzelnen Zügen das ganze Bild eines Menschen oder Ereignisses combiniren, sind am meisten dadurch ungerecht, dass sie hinterdrein verlangen, das Ereigniss oder der Mensch müsse wirklich so sein, wie sie es malten; sie verlangen geradezu, dass Einer so begabt, so verschlagen, so ungerecht sei, wie er in ihrer Vorstellung lebt.

354.

Der Verwandte als der beste Freund. – Die Griechen, die so gut wussten, was ein Freund sei, – sie allein von allen Völkern haben eine tiefe, vielfache philosophische Erörterung der Freundschaft; sodass ihnen zuerst, und bis jetzt zuletzt, der Freund als ein lösenswerthes Problem erschienen ist – diese selben Griechen haben die Verwandten mit einem Ausdrucke bezeichnet, welcher der Superlativ des Wortes "Freund" ist. Diess bleibt mir unerklärlich.

355.

Verkannte Ehrlichkeit. – Wenn jemand im Gespräche sich selber citirt ("ich sagte damals", "ich pflege zu sagen"), so macht diess den Eindruck der Anmaassung, während es häufiger gerade aus der entgegengesetzten Quelle hervorgeht, mindestens aus Ehrlichkeit, welche den Augenblick nicht mit den Einfällen schmücken und herausputzen will, welche einem früheren Augenblicke angehören.

356.

Der Parasit. – Es bezeichnet einen völligen Mangel an vornehmer Gesinnung, wenn Jemand lieber in Abhängigkeit, auf Anderer Kosten, leben will, um nur nicht arbeiten zu müssen, gewöhnlich mit einer heimlichen Erbitterung gegen Die, von denen er abhängt. – Eine solche Gesinnung ist viel häufiger bei Frauen als bei Männern, auch viel verzeihlicher (aus historischen Gründen).

357.

Auf dem Altar der Versöhnung. – Es giebt Umstände, wo man eine Sache von einem Menschen nur so erlangt, dass man ihn beleidigt und sich verfeindet: dieses Gefühl, einen Feind zu haben, quält ihn so, dass er gern das erste Anzeichen einer milderen Stimmung zur Versöhnung benützt und jene Sache auf dem Altar dieser Versöhnung opfert, an der ihm früher so viel gelegen war, dass er sie um keinen Preis geben wollte.

358.

Mitleid fordern als Zeichen der Anmaassung. – Es giebt Menschen, welche, wenn sie in Zorn gerathen und die Anderen beleidigen, dabei erstens verlangen, dass man ihnen Nichts übel nehme und zweitens, dass man mit ihnen Mitleid habe, weil sie so heftigen Paroxysmen unterworfen sind. So weit geht die menschliche Anmaassung.

359.

Köder. – "Jeder Mensch hat seinen Preis", – das ist nicht wahr. Aber es findet sich wohl für Jeden ein Köder, an den er anbeissen muss. So braucht man, um manche Personen für eine Sache zu gewinnen, dieser Sache nur den Glanz des Menschenfreundlichen, Edlen, Mildthätigen, Aufopfernden zu geben – und welcher Sache könnte man ihn nicht geben? – Es ist das Zuckerwerk und die Näscherei ihrer Seele; andere haben anderes.

360.

Verhalten beim Lobe. – Wenn gute Freunde die begabte Natur loben, so wird sie sich öfters aus Höflichkeit und Wohlwollen darüber erfreut zeigen, aber in Wahrheit ist es ihr gleichgültig. Ihr eigentliches Wesen ist ganz träge dagegen und um keinen Schritt dadurch aus der Sonne oder dem Schatten, in dem sie liegt, herauszuwälzen; aber die Menschen wollen durch Lob eine Freude machen und man würde sie betrüben, wenn man sich über ihr Lob nicht freute.

361.

Die Erfahrung des Sokrates. – Ist man in einer Sache Meister geworden, so ist man gewöhnlich eben dadurch in den meisten andern Sachen ein völliger Stümper geblieben; aber man urtheilt gerade umgekehrt, wie diess schon Sokrates erfuhr. Diess ist der Uebelstand, welcher den Umgang mit Meistern unangenehm macht.

362.

Mittel der Verthierung. – Im Kampf mit der Dummheit werden die billigsten und sanftesten Menschen zuletzt brutal. Sie sind damit vielleicht auf dem rechten Wege der Vertheidigung; denn an die dumme Stirn gehört, als Argument, von Rechtswegen die geballte Faust. Aber weil, wie gesagt, ihr Charakter sanft und billig ist, so leiden sie durch diese Mittel der Nothwehr mehr als sie Leid zufügen.

363.

Neugierde. – Wenn die Neugierde nicht wäre, würde wenig für das Wohl des Nächsten gethan werden. Aber die Neugierde schleicht sich unter dem Namen der Pflicht oder des Mitleides in das Haus des Unglücklichen und Bedürftigen. – Vielleicht ist selbst an der vielberühmten Mutterliebe ein gut Stück Neugierde.

364.

Verrechnung in der Gesellschaft. – Dieser wünscht interessant zu sein durch seine Urtheile, jener durch seine Neigungen und Abneigungen, der Dritte durch seine Bekanntschaften, ein Vierter durch seine Vereinsamung – und sie verrechnen sich Alle. Denn Der, vor dem das Schauspiel aufgeführt wird, meint selber dabei das einzig in Betracht kommende Schauspiel zu sein.

365.

Duell. – Zu Gunsten aller Ehrenhändel und Duelle ist zu sagen, dass, wenn Einer ein so reizbares Gefühl hat, nicht leben zu wollen, wenn Der und Der das und das über ihn sagt oder denkt, er ein Recht hat, die Sache auf den Tod des Einen oder des Andern ankommen zu lassen. Darüber, dass er so reizbar ist, ist gar nicht zu rechten, damit sind wir die Erben der Vergangenheit, ihrer Grösse sowohl wie ihrer Uebertreibungen, ohne welche es nie eine Grösse gab. Existirt nun ein Ehren-Kanon, welcher Blut an Stelle des Todes gelten lässt, so dass nach einem regelmässigen Duell das Gemüth erleichtert ist, so ist diess eine grosse Wohlthat, weil sonst viele Menschenleben in Gefahr wären. – So eine Institution erzieht übrigens die Menschen in Vorsicht auf ihre Aeusserungen und macht den Umgang mit ihnen möglich.

366.

Vornehmheit und Dankbarkeit. – Eine vornehme Seele wird sich gern zur Dankbarkeit verpflichtet fühlen und den Gelegenheiten, bei denen sie sich verpflichtet, nicht ängstlich aus dem Wege zu gehen; ebenso wird sie nachher gelassen in den Aeusserungen der Dankbarkeit sein; während niedere Seelen sich gegen alles Verpflichtet werden sträuben oder nachher in den Aeusserungen ihrer Dankbarkeit übertrieben und allzu sehr beflissen sind. Letzteres kommt übrigens auch bei Personen von niederer Herkunft oder gedrückter Stellung vor: eine Gunst, ihnen erwiesen, deucht ihnen ein Wunder von Gnade.

367.

Die Stunden der Beredtsamkeit. – Der Eine hat, um gut zu sprechen, jemanden nöthig, der ihm entschieden und anerkannt überlegen ist, der Andere kann nur vor Einem, den er überragt, völlige Freiheit der Rede und glückliche Wendungen der Beredtsamkeit finden: in beiden Fällen ist es der selbe Grund; jeder von ihnen redet nur gut, wenn er sans gêne redet, der Eine, weil er vor dem Höheren den Antrieb der Concurrenz, des Wettbewerbs nicht fühlt, der Andere ebenfalls desshalb angesichts des Niederen. – Nun giebt es eine ganz andere Gattung von Menschen, die nur gut reden, wenn sie im Wetteifer, mit der Absicht zu siegen, reden. Welche von beiden Gattungen ist die ehrgeizigere: die, welche aus erregter Ehrsucht gut, oder die, welche aus eben diesen Motiven schlecht oder gar nicht spricht?

368.

Das Talent zur Freundschaft. – Unter den Menschen, welche eine besondere Gabe zur Freundschaft haben, treten zwei Typen hervor. Der Eine ist in einem fortwährenden Aufsteigen und findet für jede Phase seiner Entwickelung einen genau zugehörigen Freund. Die Reihe von Freunden, welche er auf diese Weise erwirbt, ist unter sich selten im Zusammenhang, mitunter in Misshelligkeit und Widerspruch: ganz dem entsprechend, dass die späteren Phasen in seiner Entwickelung die früheren Phasen aufheben oder beeinträchtigen. Ein solcher Mensch mag im Scherz eine Leiter heissen. – Den andern Typus vertritt Der, welcher eine Anziehungskraft auf sehr verschiedene Charaktere und Begabungen ausübt, so dass er einen ganzen Kreis von Freunden gewinnt; diese aber kommen dadurch selber unter einander in freundschaftliche Beziehung, trotz aller Verschiedenheit. Einen solchen Menschen nenne man einen Kreis : denn in ihm muss jene Zusammengehörigkeit so verschiedener Anlagen und Naturen irgendwie vorgebildet sein. – Uebrigens ist die Gabe, gute Freunde zu haben, in manchem Menschen viel grösser, als die Gabe, ein guter Freund zu sein.

369.

Taktik im Gespräch. – Nach einem Gespräch mit jemandem ist man am besten auf den Mitunterredner zu sprechen, wenn man Gelegenheit hatte, seinen Geist, seine Liebenswürdigkeit vor ihm im ganzen Glanze zu zeigen. Diess benutzen kluge Menschen, welche jemanden sich günstig stimmen wollen, indem sie bei der Unterredung ihm die besten Gelegenheiten zu einem guten Witz und dergleichen zuschieben. Es wäre ein lustiges Gespräch zwischen zwei sehr Klugen zu denken, welche sich gegenseitig günstig stimmen wollen und sich desshalb die schönen Gelegenheiten im Gespräch hin und her zuwerfen, während keiner sie annimmt: so dass das Gespräch im Ganzen geistlos und unliebenswürdig verliefe, weil Jeder dem Andern die Gelegenheit zu Geist und Liebenswürdigkeit zuwiese.

370.

Entladung des Unmuthes. – Der Mensch, dem Etwas misslingt, führt diess Misslingen lieber auf den bösen Willen eines Anderen, als auf den Zufall zurück.

Seine gereizte Empfindung wird dadurch erleichtert, eine Person und nicht eine Sache sich als Grund seines Misslingens zu denken; denn an Personen kann man sich rächen, die Unbilden des Zufalls aber muss man hinunterwürgen. Die Umgebung eines Fürsten pflegt desshalb, wenn diesem Etwas misslungen ist, einen einzelnen Menschen als angebliche Ursache ihm zu bezeichnen und im Interesse aller Höflinge aufzuopfern; denn der Missmuth des Fürsten würde sich sonst an ihnen Allen auslassen, da er ja an der Schicksalsgöttin selber keine Rache nehmen kann.

371.

Die Farbe der Umgebung annehmen. – Warum ist Neigung und Abneigung so ansteckend, dass man kaum in der Nähe einer stark empfindenden Person leben kann, ohne wie ein Gefäss mit ihrem Für und Wider angefüllt zu werden? Erstens ist die völlige Enthaltung des Urtheils sehr schwer, mitunter für unsere Eitelkeit geradezu unerträglich; sie trägt da gleiche Farbe mit der Gedanken- und Empfindungsarmuth oder mit der Aengstlichkeit, der Unmännlichkeit: und so werden wir wenigstens dazu fortgerissen, Partei zu nehmen, vielleicht gegen die Richtung unserer Umgebung, wenn diese Stellung unserm Stolze mehr Vergnügen macht. Gewöhnlich aber – das ist das Zweite – bringen wir uns den Uebergang von Gleichgültigkeit zu Neigung oder Abneigung gar nicht zum Bewusstsein, sondern allmählich gewöhnen wir uns an die Empfindungsweise unserer Umgebung, und weil sympathisches Zustimmen und Sichverstehen so angenehm ist, tragen wir bald alle Zeichen und Parteifarben dieser Umgebung.

372.

Ironie. – Die Ironie ist nur als pädagogisches Mittel am Platze, von seiten eines Lehrers im Verkehr mit Schülern irgend welcher Art: ihr Zweck ist Demüthigung, Beschämung, aber von jener heilsamen Art, welche gute Vorsätze erwachen lässt und Dem, welcher uns so behandelte, Verehrung, Dankbarkeit als einem Arzte entgegenbringen heisst. Der Ironische stellt sich unwissend und zwar so gut, dass die sich mit ihm unterredenden Schüler, getäuscht sind und in ihrem guten Glauben an ihr eigenes Besserwissen dreist werden und sich Blössen aller Art geben; sie verlieren die Behutsamkeit und zeigen sich, wie sie sind, – bis in einem Augenblick die Leuchte, die sie dem Lehrer in's Gesicht hielten, ihre Strahlen sehr demüthigend auf sie selbst zurückfallen lässt. – Wo ein solches Verhältniss, wie zwischen Lehrer und Schüler, nicht stattfindet, ist sie eine Unart, ein gemeiner Affect. Alle ironischen Schriftsteller rechnen auf die alberne

Gattung von Menschen, welche sich gerne allen Anderen mit dem Autor zusammen überlegen fühlen wollen, als welchen sie für das Mundstück ihrer Anmaassung ansehen. – Die Gewöhnung an Ironie, ebenso wie die an Sarkasmus, verdirbt übrigens den Charakter, sie verleiht allmählich die Eigenschaft einer schadenfrohen Ueberlegenheit: man ist zuletzt einem bissigen Hunde gleich, der noch das Lachen gelernt hat, ausser dem Beissen.

373.

Anmaassung. – Vor Nichts soll man sich so hüten, als vor dem Aufwachsen jenes Unkrautes, welches Anmaassung heisst und uns jede gute Ernte verdirbt; denn es giebt Anmaassung in der Herzlichkeit, in der Ehrenbezeigung, in der wohlwollenden Vertraulichkeit, in der Liebkosung, im freundschaftlichen Rathe, im Eingestehen von Fehlern, in dem Mitleid für Andere, und alle diese schönen Dinge erwecken Widerwillen, wenn jenes Kraut dazwischen wächst. Der Anmaassende, das heisst Der, welcher mehr bedeuten will als er ist oder gilt, macht immer eine falsche Berechnung. Zwar hat er den augenblicklichen Erfolg für sich, insofern die Menschen, vor denen er anmaassend ist, ihm gewöhnlich das Maass von Ehre zollen, welches er fordert, aus Angst oder Bequemlichkeit; aber sie nehmen eine schlimme Rache dafür, insofern sie ebensoviel, als er über das Maass forderte, von dem Werthe subtrahiren, den sie ihm bis jetzt beilegten. Es ist Nichts, was die Menschen sich theurer bezahlen lassen, als Demüthigung. Der Anmaassende kann sein wirkliches grosses Verdienst so in den Augen der Andern verdächtigen und klein machen, dass man mit staubigen Füssen darauf tritt. Selbst ein stolzes Benehmen sollte man sich nur dort erlauben, wo man ganz sicher sein kann, nicht missverstanden und als anmaassend betrachtet zu werden, zum Beispiel vor Freunden und Gattinnen. Denn es giebt im Verkehre mit Menschen keine grössere Thorheit, als sich den Ruf der Anmaassung zuzuziehen; es ist noch schlimmer, als wenn man nicht gelernt hat, höflich zu lügen.

374.

Zwiegespräch. – Das Zwiegespräch ist das vollkommene Gespräch, weil Alles, was der Eine sagt, seine bestimmte Farbe, seinen Klang, seine begleitende Gebärde in strenger Rücksicht auf den Anderen, mit dem gesprochen wird, erhält, also dem entsprechend, was beim Briefverkehr geschieht, dass ein und der selbe zehn Arten des seelischen Ausdrucks zeigt, je nachdem er bald an Diesen, bald an Jenen schreibt. Beim Zwiegespräch giebt es nur eine einzige

Strahlenbrechung des Gedankens: diese bringt der Mitunterredner hervor, als der Spiegel, in welchem wir unsere Gedanken möglichst schön wiedererblicken wollen. Wie aber ist es bei zweien, bei dreien und mehr Mitunterrednern? Da verliert nothwendig das Gespräch an individualisirender Feinheit, die verschiedenen Rücksichten kreuzen sich, heben sich auf; die Wendung, welche dem Einen wohlthut, ist nicht der Sinnesart des Andern gemäss. Desshalb wird der Mensch im Verkehr mit Mehreren gezwungen, sich auf sich zurückzuziehen, die Thatsachen hinzustellen, wie sie sind, aber jenen spielenden Aether der Humanität den Gegenständen zu nehmen, welcher ein Gespräch zu den angenehmsten Dingen der Welt macht. Man höre nur den Ton, in welchem Männer im Verkehr mit ganzen Gruppen von Männern zu reden pflegen, es ist als ob der Grundbass aller Rede der sei: "das bin ich, das sage ich, nun haltet davon, was ihr wollt!" Diess ist der Grund, wesshalb geistreiche Frauen bei Dem, welcher sie in der Gesellschaft kennen lernte, meistens einen befremdenden, peinlichen, abschreckenden Eindruck hinterlassen: es ist das Reden zu Vielen, vor Vielen, welches sie aller geistigen Liebenswürdigkeit beraubt und nur das bewusste Beruhen auf sich selbst, ihre Taktik und die Absicht auf öffentlichen Sieg in grellem Lichte zeigt: während die selben Frauen im Zwiegespräche wieder zu Weibern werden und ihre geistige Anmuth wiederfinden.

375.

Nachruhm. – Auf die Anerkennung einer fernen Zukunft hoffen, hat nur Sinn, wenn man die Annahme macht, dass die Menschheit wesentlich unverändert bleibe und dass alles Grosse nicht für Eine, sondern für alle Zeiten als gross empfunden werden müsse. Diess ist aber ein Irrthum; die Menschheit, in allem Empfinden und Urtheilen über Das, was schön und gut ist, verwandelt sich sehr stark; es ist Phantasterei, von sich zu glauben, dass man eine Meile Wegs voraus sei und dass die gesammte Menschheit unsere Strasse ziehe. Zudem: ein Gelehrter, der verkannt wird, darf jetzt bestimmt darauf rechnen, dass seine Entdeckung von Anderen auch gemacht wird, und dass ihm besten Falls einmal später von einem Historiker zuerkannt wird, er habe diess und jenes auch schon gewusst, sei aber nicht im Stande gewesen, seinem Satz Glauben zu verschaffen. Nicht-anerkannt-werden wird von der Nachwelt immer als Mangel an Kraft ausgelegt. – Kurz, man soll der hochmüthigen Vereinsamung nicht so leicht das Wort reden. Es giebt übrigens Ausnahmefälle; aber zumeist sind es unsere Fehler, Schwächen und Narrheiten, welche die Anerkennung unserer grossen Eigenschaften verhindern.

376.

Von den Freunden. – Ueberlege nur mit dir selber einmal, wie verschieden die Empfindungen, wie getheilt die Meinungen selbst unter den nächsten Bekannten sind; wie selbst gleiche Meinungen in den Köpfen deiner Freunde eine ganz andere Stellung oder Stärke haben, als in deinem; wie hundertfältig der Anlass kommt zum Missverstehen, zum feindseligen Auseinanderfliehen. Nach alledem wirst du dir sagen: wie unsicher ist der Boden, auf dem alle unsere Bündnisse und Freundschaften ruhen, wie nahe sind kalte Regengüsse oder böse Wetter, wie vereinsamt ist jeder Mensch! Sieht Einer diess ein und noch dazu, dass alle Meinungen und deren Art und Stärke bei seinen Mitmenschen ebenso nothwendig und unverantwortlich sind wie ihre Handlungen, gewinnt er das Auge für diese innere Nothwendigkeit der Meinungen aus der unlösbaren Verflechtung von Charakter, Beschäftigung, Talent, Umgebung, – so wird er vielleicht die Bitterkeit und Schärfe jener Empfindung los, mit der jener Weise rief: "Freunde, es giebt keine Freunde!" Er wird sich vielmehr eingestehen: ja es giebt Freunde, aber der Irrthum, die Täuschung über dich führte sie dir zu; und Schweigen müssen sie gelernt haben, um dir Freund zu bleiben; denn fast immer beruhen solche menschliche Beziehungen darauf, dass irgend ein paar Dinge nie gesagt werden, ja dass an sie nie gerührt wird; kommen diese Steinchen aber in's Rollen, so folgt die Freundschaft hinterdrein und zerbricht. Giebt es Menschen, welche nicht tödtlich zu verletzen sind, wenn sie erführen, was ihre vertrautesten Freunde im Grunde von ihnen wissen? – Indem wir uns selbst erkennen und unser Wesen selber als eine wandelnde Sphäre der Meinungen und Stimmungen ansehen und somit ein Wenig geringschätzen lernen, bringen wir uns wieder in's Gleichgewicht mit den Uebrigen. Es ist wahr, wir haben gute Gründe, jeden unserer Bekannten, und seien es die grössten, gering zu achten; aber eben so gute, diese Empfindung gegen uns selber zu kehren. – Und so wollen wir es mit einander aushalten, da wir es ja mit uns aushalten; und vielleicht kommt jedem auch einmal die freudigere Stunde, wo er sagt:

> "Freunde, es giebt keine Freunde!" so rief der sterbende Weise;
> "Feinde, es giebt keinen Feind!" – ruf' ich, der lebende Thor.

Siebentes Hauptstück
Weib und Kind

377.

Das vollkommene Weib. – Das vollkommene Weib ist ein höherer Typus des Menschen, als der vollkommene Mann: auch etwas viel Selteneres. – Die Naturwissenschaft der Thiere bietet ein Mittel, diesen Satz wahrscheinlich zu machen.

378.

Freundschaft und Ehe. – Der beste Freund wird wahrscheinlich die beste Gattin bekommen, weil die gute Ehe auf dem Talent zur Freundschaft beruht.

379.

Fortleben der Eltern. – Die unaufgelösten Dissonanzen im Verhältniss von Charakter und Gesinnung der Eltern klingen in dem Wesen des Kindes fort und machen seine innere Leidensgeschichte aus.

380.

Von der Mutter her. – Jedermann trägt ein Bild des Weibes von der Mutter her in sich: davon wird er bestimmt, die Weiber überhaupt zu verehren oder sie geringzuschätzen oder gegen sie im Allgemeinen gleichgültig zu sein.

381.

Die Natur corrigiren. – Wenn man keinen guten Vater hat, so soll man sich einen anschaffen.

382.

Väter und Söhne. – Väter haben viel zu thun, um es wieder gut zu machen, dass sie Söhne haben.

383.

Irrthum vornehmer Frauen. – Die vornehmen Frauen denken, dass eine Sache gar nicht da ist, wenn es nicht möglich ist, von ihr in der Gesellschaft zu sprechen.

384.

Eine Männerkrankheit. – Gegen die Männerkrankheit der Selbstverachtung hilft es am sichersten, von einem klugen Weibe geliebt zu werden.

385.

Eine Art der Eifersucht. – Mütter sind leicht eifersüchtig auf die Freunde ihrer Söhne, wenn diese besondere Erfolge haben. Gewöhnlich liebt eine Mutter sich mehr in ihrem Sohn, als den Sohn selber.

386.

Vernünftige Unvernunft. – In der Reife des Lebens und des Verstandes überkommt den Menschen das Gefühl, dass sein Vater Unrecht hatte, ihn zu zeugen.

387.

Mütterliche Güte. – Manche Mutter braucht glückliche geehrte Kinder, manche unglückliche: sonst kann sich ihre Güte als Mutter nicht zeigen.

388.

Verschiedene Seufzer. – Einige Männer haben über die Entführung ihrer Frauen geseufzt, die meisten darüber, dass Niemand sie ihnen entführen wollte.

389.

Liebesheirathen. – Die Ehen, welche aus Liebe geschlossen werden (die sogenannten Liebesheirathen), haben den Irrthum zum Vater und die Noth (das Bedürfniss) zur Mutter.

390.

Frauenfreundschaft. – Frauen können recht gut mit einem Manne Freundschaft schliessen; aber um diese aufrecht zu erhalten – dazu muss wohl eine kleine physische Antipathie mithelfen.

391.

Langeweile. – Viele Menschen, namentlich Frauen, empfinden die Langeweile nicht, weil sie niemals ordentlich arbeiten gelernt haben.

392.

Ein Element der Liebe. – In jeder Art der weiblichen Liebe kommt auch Etwas von der mütterlichen Liebe zum Vorschein.

393.

Die Einheit des Ortes und das Drama. – Wenn die Ehegatten nicht beisammen lebten, würden die guten Ehen häufiger sein.

394.

Gewöhnliche Folgen der Ehe. – Jeder Umgang, der nicht hebt, zieht nieder, und umgekehrt; desshalb sinken gewöhnlich die Männer etwas, wenn sie Frauen nehmen, während die Frauen etwas gehoben werden. Allzu geistige Männer bedürfen eben so sehr der Ehe, als sie ihr wie einer widrigen Medicin widerstreben.

395.

Befehlen lehren. – Kinder aus bescheidenen Familien muss man eben so sehr das Befehlen durch Erziehung lehren, wie andere Kinder das Gehorchen.

396.

Verliebt werden wollen. – Verlobte, welche die Convenienz zusammengefügt hat, bemühen sich häufig, verliebt zu werden, um über den Vorwurf der kalten, berechnenden Nützlichkeit hinwegzukommen. Ebenso bemühen sich Solche, die ihres Vortheils wegen zum Christenthum umlenken, wirklich fromm zu werden; denn so wird das religiöse Mienenspiel ihnen leichter.

397.

Kein Stillstand in der Liebe. – Ein Musiker, der das langsame Tempo liebt, wird die selben Tonstücke immer langsamer nehmen. So giebt es in keiner Liebe ein Stillstehen.

398.

Schamhaftigkeit. – Mit der Schönheit der Frauen nimmt im Allgemeinen ihre Schamhaftigkeit zu.

399.

Ehe von gutem Bestand. – Eine Ehe, in der Jedes durch das Andere ein individuelles Ziel erreichen will, hält gut zusammen, zum Beispiel wenn die Frau durch den Mann berühmt, der Mann durch die Frau beliebt werden will.

400.

Proteus-Natur.- Weiber werden aus Liebe ganz zu dem, als was sie in der Vorstellung der Männer, von denen sie geliebt werden, leben.

401.

Lieben und besitzen. – Frauen lieben meistens einen bedeutenden Mann so, dass sie ihn allein haben wollen. Sie würden ihn gern in Verschluss legen, wenn nicht ihre Eitelkeit widerriethe: diese will, dass er auch vor Anderen bedeutend erscheine.

402.

Probe einer guten Ehe. – Die Güte einer Ehe bewährt sich dadurch, dass sie einmal eine "Ausnahme" verträgt.

403.

Mittel, Alle zu Allem zu bringen. – Man kann Jedermann so durch Unruhen, Aengste, Ueberhäufung von Arbeit und Gedanken abmatten und schwach machen, dass er einer Sache, die den Schein des Complicirten hat, nicht mehr widersteht, sondern ihr nachgiebt, – das wissen die Diplomaten und die Weiber.

404.

Ehrbarkeit und Ehrlichkeit. – Jene Mädchen, welche allein ihrem Jugendreize die Versorgung für's ganze Leben verdanken wollen und deren Schlauheit die gewitzigten Mütter noch souffliren, wollen ganz das Selbe wie die Hetären, nur dass sie klüger und unehrlicher als diese sind.

405.

Masken. – Es giebt Frauen, die, wo man bei ihnen auch nachsucht, kein Inneres haben, sondern reine Masken sind. Der Mann ist zu beklagen, der sich mit solchen fast gespenstischen, nothwendig unbefriedigenden Wesen einlässt, aber gerade sie vermögen das Verlangen des Mannes auf das stärkste zu erregen: er sucht nach ihrer Seele – und sucht immer fort.

406.

Die Ehe als langes Gespräch. – Man soll sich beim Eingehen einer Ehe die Frage vorlegen: glaubst du, dich mit dieser Frau bis in's Alter hinein gut zu unterhalten? Alles Andere in der Ehe ist transitorisch, aber die meiste Zeit des Verkehrs gehört dem Gespräche an.

407.

Mädchenträume. – Unerfahrene Mädchen schmeicheln sich mit der Vorstellung, dass es in ihrer Macht stehe, einen Mann glücklich zu machen; später lernen sie, dass es so viel heisst als: einen Mann geringschätzen, wenn man annimmt, dass es nur eines Mädchens bedürfe, um ihn glücklich zu machen. – Die Eitelkeit der Frauen verlangt, dass ein Mann mehr sei, als ein glücklicher Gatte.

408.

Aussterben von Faust und Gretchen. – Nach der sehr einsichtigen Bemerkung eines Gelehrten ähneln die gebildeten Männer des gegenwärtigen Deutschland einer Mischung von Mephistopheles und Wagner, aber durchaus nicht Fausten: welchen die Grossväter (in ihrer Jugend wenigstens) in sich rumoren fühlten. Zu ihnen passen also – um jenen Satz fortzusetzen – aus zwei Gründen die Gretchen nicht. Und weil sie nicht mehr begehrt werden, so sterben sie, scheint es, aus.

409.

Mädchen als Gymnasiasten. – Um Alles in der Welt nicht noch unsere Gymnasialbildung auf die Mädchen übertragen! Sie, die häufig aus geistreichen, wissbegierigen, feurigen jungen – Abbilder ihrer Lehrer macht!

410.

Ohne Nebenbuhlerinnen. – Frauen merken es einem Manne leicht an, ob seine Seele schon in Besitz genommen ist; sie wollen ohne Nebenbuhlerinnen geliebt sein und verargen ihm die Ziele seines Ehrgeizes, seine politischen Aufgaben, seine Wissenschaften und Künste, wenn er eine Leidenschaft zu solchen Sachen hat. Es sei denn, dass er durch diese glänze, – dann erhoffen sie, im Falle einer Liebesverbindung mit ihm, zugleich einen Zuwachs ihres Glanzes; wenn es so steht, begünstigen sie den Liebhaber.

411.

Der weibliche Intellect. – Der Intellect der Weiber zeigt sich als vollkommene Beherrschung, Gegenwärtigkeit des Geistes, Benutzung aller Vortheile. Sie vererben ihn als ihre Grundeigenschaft auf ihre Kinder, und der Vater giebt den dunkleren Hintergrund des Willens dazu. Sein Einfluss bestimmt gleichsam Rhythmus und Harmonie, mit denen das neue Leben abgespielt werden soll; aber die Melodie desselben stammt vom Weibe. – Für Solche gesagt, welche Etwas sich zurecht zu legen wissen: die Weiber haben den Verstand, die Männer das Gemüth und die Leidenschaft. Dem widerspricht nicht, dass die Männer thatsächlich es mit ihrem Verstande so viel weiterbringen: sie haben die tieferen, gewaltigeren Antriebe; diese tragen ihren Verstand, der an sich etwas Passives ist, so weit. Die Weiber wundern sich im Stillen oft über die grosse Verehrung, welche die Männer ihrem Gemüthe zollen. Wenn die Männer vor Allem nach einem tiefen, gemüthvollen Wesen, die Weiber aber nach einem klugen, geistesgegenwärtigen und glänzenden Wesen bei der Wahl ihres Ehegenossen suchen, so sieht man im Grunde deutlich, wie der Mann nach dem idealisirten Manne, das Weib nach dem idealisirten Weibe sucht, also nicht nach Ergänzung, sondern nach Vollendung der eigenen Vorzüge.

412.

Ein Urtheil Hesiod's bekräftigt. – Ein Zeichen für die Klugheit der Weiber ist es, dass sie es fast überall verstanden haben, sich ernähren zu lassen, wie Drohnen im Bienenkorbe. Man erwäge doch, was das aber ursprünglich bedeuten will und warum die Männer sich nicht von den Frauen ernähren lassen. Gewiss weil die männliche Eitelkeit und Ehrsucht grösser als die weibliche Klugheit ist; denn die Frauen haben es verstanden, sich durch Unterordnung doch den überwiegenden Vortheil, ja die Herrschaft zu sichern. Selbst das Pflegen der Kinder könnte ursprünglich von der Klugheit der Weiber als Vorwand benutzt sein, um sich der Arbeit möglichst zu entziehen. Auch jetzt noch verstehen sie, wenn sie wirklich thätig sind, zum Beispiel als Haushälterinnen, davon ein sinnverwirrendes Aufheben zu machen: so dass von den Männern das Verdienst ihrer Thätigkeit zehnfach überschätzt zu werden pflegt.

413.

Die Kurzsichtigen sind verliebt. – Mitunter genügt schon eine stärkere Brille, um den Verliebten zu heilen; und wer die Kraft der Einbildung hätte, um ein

Gesicht, eine Gestalt sich zwanzig Jahre älter vorzustellen, gienge vielleicht sehr ungestört durch das Leben.

414.

Frauen im Hass. – Im Zustande des Hasses sind Frauen gefährlicher, als Männer; zuvörderst weil sie durch keine Rücksicht auf Billigkeit in ihrer einmal erregten feindseligen Empfindung gehemmt werden, sondern ungestört ihren Hass bis zu den letzten Consequenzen anwachsen lassen, sodann weil sie darauf eingeübt sind, wunde Stellen (die jeder Mensch, jede Partei hat) zu finden und dort hinein zu stechen: wozu ihnen ihr dolchspitzer Verstand treffliche Dienste leistet (während die Männer beim Anblick von Wunden zurückhaltend, oft grossmüthig und versöhnlich gestimmt werden).

415.

Liebe. – Die Abgötterei, welche die Frauen mit der Liebe treiben, ist im Grunde und ursprünglich eine Erfindung der Klugheit, insofern sie ihre Macht durch alle jene Idealisirungen der Liebe erhöhen und sich in den Augen der Männer als immer begehrenswerther darstellen. Aber durch die Jahrhundertelange Gewöhnung an diese übertriebene Schätzung der Liebe ist es geschehen, dass sie in ihr eigenes Netz gelaufen sind und jenen Ursprung vergessen haben. Sie selber sind jetzt noch mehr die Getäuschten, als die Männer, und leiden desshalb auch mehr an der Enttäuschung, welche fast nothwendig im Leben jeder Frau eintreten wird – sofern sie überhaupt Phantasie und Verstand genug hat, um getäuscht und enttäuscht werden zu können.

416.

Zur Emancipation der Frauen. – Können die Frauen überhaupt gerecht sein, wenn sie so gewohnt sind, zu lieben, gleich für oder wider zu empfinden? Daher sind sie auch seltener für Sachen, mehr für Personen eingenommen: sind sie es aber für Sachen, so werden sie sofort deren Parteigänger und verderben damit die reine unschuldige Wirkung derselben. So entsteht eine nicht geringe Gefahr, wenn ihnen die Politik und einzelne Theile der Wissenschaft anvertraut werden (zum Beispiel Geschichte). Denn was wäre seltener, als eine Frau, welche wirklich wüsste, was Wissenschaft ist? Die besten nähren sogar im Busen gegen sie eine heimliche Geringschätzung, als ob sie irgend wodurch ihr überlegen wären. Vielleicht kann diess Alles anders werden, einstweilen ist es so.

417.

Die Inspiration im Urtheile der Frauen. – Jene plötzlichen Entscheidungen über das Für und Wider, welche Frauen zu geben pflegen, die blitzschnellen Erhellungen persönlicher Beziehungen durch ihre hervorbrechenden Neigungen und Abneigungen, kurz die Beweise der weiblichen Ungerechtigkeit sind von liebenden Männern mit einem Glanz umgeben worden, als ob alle Frauen Inspirationen von Weisheit hätten, auch ohne den delphischen Kessel und die Lorbeerbinde: und ihre Aussprüche werden noch lange nachher wie sibyllinische Orakel interpretirt und zurechtgelegt. Wenn man aber erwägt, dass für jede Person, für jede Sache sich etwas geltend machen lässt, aber ebenso gut auch Etwas gegen sie, dass alle Dinge nicht nur zwei-, sondern drei- und vierseitig sind, so ist es beinahe Schwer, mit solchen plötzlichen Entscheidungen gänzlich fehl zu greifen; ja man könnte sagen: die Natur der Dinge ist so eingerichtet, dass die Frauen immer Recht behalten.

418.

Sich lieben lassen. – Weil die eine von zwei liebenden Personen gewöhnlich die liebende, die andere die geliebte Person ist, so ist der Glaube entstanden, es gäbe in jedem Liebeshandel ein gleichbleibendes Maass von Liebe: je mehr eine davon an sich reisse, um so weniger bleibe für die andere Person übrig. Ausnahmsweise kommt es vor, dass die Eitelkeit jede der beiden Personen überredet, sie sei die, welche geliebt werden müsse; so dass sich beide lieben lassen wollen: woraus sich namentlich in der Ehe mancherlei halb drollige, halb absurde Scenen ergeben.

419.

Widersprüche in weiblichen Köpfen. – Weil die Weiber so viel mehr persönlich als sachlich sind, vertragen sich in ihrem Gedankenkreise Richtungen, die logisch mit einander in Widerspruch sind: sie pflegen sich eben für die Vertreter dieser Richtungen der Reihe nach zu begeistern und nehmen deren Systeme in Bausch und Bogen an; doch so, dass überall dort eine todte Stelle entsteht, wo eine neue Persönlichkeit später das Uebergewicht bekommt. Es kommt vielleicht vor, dass die ganze Philosophie im Kopf einer alten Frau aus lauter solchen todten Stellen besteht.

420.

Wer leidet mehr? – Nach einem persönlichen Zwiespalt und Zanke zwischen einer Frau und einem Manne leidet der eine Theil am meisten bei der Vorstellung, dem anderen Wehe gethan zu haben; während jener am meisten bei der Vorstellung leidet, dem andern nicht genug Wehe gethan zu haben, wesshalb er sich bemüht, durch Thränen, Schluchzen und verstörte Mienen, ihm noch hinterdrein das Herz schwer zu machen.

421.

Gelegenheit zu weiblicher Grossmuth. – Wenn man sich über die Ansprüche der Sitte einmal in Gedanken hinwegsetzt, so könnte man wohl erwägen, ob nicht Natur und Vernunft den Mann auf mehrfache Verheirathung nach einander anweist, etwa in der Gestalt, dass er zuerst im Alter von zwei und zwanzig Jahren ein älteres Mädchen heirathet, das ihm geistig und sittlich überlegen ist und seine Führerin durch die Gefahren der zwanziger Jahre (Ehrgeiz, Hass, Selbstverachtung, Leidenschaften aller Art) werden kann. Die Liebe dieser würde später ganz in das Mütterliche übertreten, und sie ertrüge es nicht nur, sondern förderte es auf die heilsamste Weise, wenn der Mann in den dreissiger Jahren mit einem ganz jungen Mädchen eine Verbindung eingienge, dessen Erziehung er selber in die Hand nähme. – Die Ehe ist für die zwanziger Jahre einnöthiges, für die dreissiger ein nützliches, aber nicht nöthiges Institut: für das spätere Leben wird sie oft schädlich und befördert die geistige Rückbildung des Mannes.

422.

Tragödie der Kindheit. – Es kommt vielleicht nicht selten vor, dass edel- und hochstrebende Menschen ihren härtesten Kampf in der Kindheit zu bestehen haben: etwa dadurch, dass sie ihre Gesinnung gegen einen niedrig denkenden, dem Schein und der Lügnerei ergebenen Vater durchsetzen müssen, oder fortwährend, wie Lord Byron, im Kampfe mit einer kindischen und zornwüthigen Mutter leben. Hat man so Etwas erlebt, so wird man sein Leben lang es nicht verschmerzen, zu wissen, wer Einem eigentlich der grösste, der gefährlichste Feind gewesen ist.

423.

Eltern-Thorheit. – Die gröbsten Irrthümer in der Beurtheilung eines Menschen werden von dessen Eltern gemacht: diess ist eine Thatsache, aber wie soll man sie erklären? Haben die Eltern zu viele Erfahrung von dem Kinde und können sie diese nicht mehr zu einer Einheit zusammenbringen? Man bemerkt, dass Reisende unter fremden Völkern nur in der ersten Zeit ihres Aufenthaltes die allgemeinen unterscheidenden Züge eines Volkes richtig erfassen; je mehr sie das Volk kennen lernen, desto mehr verlernen sie, das Typische und Unterscheidende an ihm zu sehen. Sobald sie nah-sichtig werden, hören ihre Augen auf, fern-sichtig zu sein. Sollten die Eltern desshalb falsch über das Kind urtheilen, weil sie ihm nie fern genug gestanden haben? – Eine ganz andere Erklärung wäre folgende: die Menschen pflegen über das Nächste, was sie umgiebt, nicht mehr nachzudenken, sondern es nur hinzunehmen. Vielleicht ist die gewohnheitsmässige Gedankenlosigkeit der Eltern der Grund, wesshalb sie, einmal genöthigt über ihre Kinder zu urtheilen, so schief urtheilen.

424.

Aus der Zukunft der Ehe. – Jene edlen, freigesinnten Frauen, welche die Erziehung und Erhebung des weiblichen Geschlechtes sich zur Aufgabe stellen, sollen einen Gesichtspunct nicht übersehen: die Ehe in ihrer höheren Auffassung gedacht, als Seelenfreundschaft zweier Menschen verschiedenen Geschlechts, also so, wie sie von der Zukunft erhofft wird, zum Zweck der Erzeugung und Erziehung einer neuen Generation geschlossen, – eine solche Ehe, welche das Sinnliche gleichsam nur als ein seltenes, gelegentliches Mittel für einen grösseren Zweck gebraucht, bedarf wahrscheinlich, wie man besorgen muss, einer natürlichen Beihülfe, des Concubinats ; denn wenn aus Gründen der Gesundheit des Mannes das Eheweib auch zur alleinigen Befriedigung des geschlechtlichen Bedürfnisses dienen soll, so wird bei der Wahl einer Gattin schon ein falscher, den angedeuteten Zielen entgegengesetzter Gesichtspunct maassgebend sein: die Erzielung der Nachkommenschaft wird zufällig, die glückliche Erziehung höchst unwahrscheinlich. Eine gute Gattin, welche Freundin, Gehülfin, Gebärerin, Mutter, Familienhaupt, Verwalterin sein soll, ja vielleicht abgesondert von dem Manne ihrem eigenen Geschäft und Amte vorzustehen hat, kann nicht zugleich Concubine sein: es hiesse im Allgemeinen zu viel von ihr verlangen. Somit könnte in Zukunft das Umgekehrte dessen eintreten, was zu Perikles' Zeiten in Athen sich begab: die Männer, welche damals an ihren Eheweibern nicht viel mehr als Concubinen hatten, wandten sich nebenbei zu den Aspasien, weil sie nach den Reizen einer kopf- und herzbefreienden Geselligkeit verlangten, wie eine solche nur die Anmuth und geistige Biegsamkeit der Frauen zu schaffen vermag. Alle menschlichen

Institutionen, wie die Ehe, gestatten nur einen mässigen Grad von praktischer Idealisirung, widrigenfalls sofort grobe Remeduren nöthig werden.

425.

Sturm- und Drangperiode der Frauen. – Man kann in den drei oder vier civilisirten Ländern Europa's aus den Frauen durch einige Jahrhunderte von Erziehung Alles machen, was man will, selbst Männer, freilich nicht in geschlechtlichem Sinne, aber doch in jedem anderen Sinne. Sie werden unter einer solchen Einwirkung einmal alle männlichen Tugenden und Stärken angenommen haben, dabei allerdings auch deren Schwächen und Laster mit in den Kauf nehmen müssen: so viel, wie gesagt, kann man erzwingen. Aber wie werden wir den dadurch herbeigeführten Zwischenzustand aushalten, welcher vielleicht selber ein paar Jahrhunderte dauern kann, während denen die weiblichen Narrheiten und Ungerechtigkeiten, ihr uraltes Angebinde, noch die Uebermacht über alles Hinzugewonnene, Angelernte behaupten? Diese Zeit wird es sein, in welcher der Zorn den eigentlich männlichen Affect ausmacht, der Zorn darüber, dass alle Künste und Wissenschaften durch einen unerhörten Dilettantismus überschwemmt und verschlammt sind, die Philosophie durch sinnverwirrendes Geschwätz zu Tode geredet, die Politik phantastischer und parteiischer als je, die Gesellschaft in voller Auflösung ist, weil die Bewahrerinnen der alten Sitte sich selber lächerlich geworden und in jeder Beziehung ausser der Sitte zu stehen bestrebt sind. Hatten nämlich die Frauen ihre grösste Macht in der Sitte, wonach werden sie greifen müssen, um eine ähnliche Fülle der Macht wiederzugewinnen, nachdem sie die Sitte aufgegeben haben?

426.

Freigeist und Ehe. – Ob die Freigeister mit Frauen leben werden? Im Allgemeinen glaube ich, dass sie, gleich den wahrsagenden Vögeln des Alterthums, als die Wahrdenkenden, Wahrheit-Redenden der Gegenwart es vorziehen müssen, allein zu fliegen.

427.

Glück der Ehe. – Alles Gewohnte zieht ein immer fester werdendes Netz von Spinneweben um uns zusammen; und alsobald merken wir, dass die Fäden zu Stricken geworden sind und dass wir selber als Spinne in der Mitte sitzen, die sich hier gefangen hat und von ihrem eigenen Blute zehren muss. Desshalb hasst der Freigeist alle Gewöhnungen und Regeln, alles Dauernde und Definitive, desshalb reisst er, mit Schmerz, das Netz um sich immer wieder auseinander: wiewohl er in Folge dessen an zahlreichen kleinen und grossen Wunden leiden wird, – denn jene Fäden muss er von sich , von seinem Leibe, seiner Seele abreissen. Er muss dort lieben lernen, wo er bisher hasste, und umgekehrt. Ja es darf für ihn nichts Unmögliches sein, auf das selbe Feld Drachenzähne auszusäen, auf welches er vorher die Füllhörner seiner Güte ausströmen liess. – Daraus lässt sich abnehmen, ob er für das Glück der Ehe geschaffen ist.

428.

Zunahe. – Leben wir zu nahe mit einem Menschen zusammen, so geht es uns so, wie wenn wir einen guten Kupferstich immer wieder mit blossen Fingern anfassen: eines Tages haben wir schlechtes beschmutztes Papier und Nichts weiter mehr in den Händen. Auch die Seele eines Menschen wird durch beständiges Angreifen endlich abgegriffen; mindestens erscheint sie uns endlich so, – wir sehen ihre ursprüngliche Zeichnung und Schönheit nie wieder. – Man verliert immer durch den allzuvertraulichen Umgang mit Frauen und Freunden; und mitunter verliert man die Perle seines Lebens dabei.

429.

Die goldene Wiege. – Der Freigeist wird immer aufathmen, wenn er sich endlich entschlossen hat, jenes mutterhafte Sorgen und Bewachen, mit welchem die Frauen um ihn walten, von sich abzuschütteln. Was schadet ihm denn ein rauherer Luftzug, den man so ängstlich von ihm wehrte, was bedeutet ein wirklicher Nachtheil, Verlust, Unfall, eine Erkrankung, Verschuldung, Bethörung mehr oder weniger in seinem Leben, verglichen mit der Unfreiheit der goldenen Wiege, des Pfauenschweif-Wedels und der drückenden Empfindung, noch dazu dankbar sein zu müssen, weil er wie ein Säugling gewartet und verwöhnt wird? Desshalb kann sich die Milch, welche die mütterliche Gesinnung der ihn umgebenden Frauen reicht, so leicht in Galle verwandeln.

430.

Freiwilliges Opferthier. – Durch Nichts erleichtern bedeutende Frauen ihren Männern, falls diese berühmt und gross sind, das Leben so sehr, als dadurch dass sie gleichsam das Gefäss der allgemeinen Ungunst und gelegentlichen Verstimmung der übrigen Menschen werden. Die Zeitgenossen pflegen ihren grossen Männern viel Fehlgriffe und Narrheiten, ja Handlungen grober Ungerechtigkeit nachzusehen, wenn sie nur Jemanden finden, den sie als eigentliches Opferthier zur Erleichterung ihres Gemüthes misshandeln und schlachten dürfen. Nicht selten findet eine Frau den Ehrgeiz in sich, sich zu dieser Opferung anzubieten, und dann kann freilich der Mann sehr zufrieden sein, – falls er nämlich Egoist genug ist, um sich einen solchen freiwilligen Blitz-, Sturm- und Regenableiter in seiner Nähe gefallen zu lassen.

431.

Angenehme Widersacher. – Die naturgemässe Neigung der Frauen zu ruhigem, gleichmässigem, glücklich zusammenstimmendem Dasein und Verkehren, das Oelgleiche und Beschwichtigende ihrer Wirkungen auf dem Meere des Lebens, arbeitet unwillkürlich dem heroischeren inneren Drange des Freigeistes entgegen. Ohne dass sie es merken, handeln die Frauen so, als wenn man dem wandernden Mineralogen die Steine vom Wege nimmt, damit sein Fuss nicht daran stosse, – während er gerade ausgezogen ist, um daran zu stossen.

432.

Missklang zweier Consonanzen. – Die Frauen wollen dienen und haben darin ihr Glück: und der Freigeist will nicht bedient sein und hat darin sein Glück.

433.

Xanthippe. – Sokrates fand eine Frau, wie er sie brauchte, – aber auch er hätte sie nicht gesucht, falls er sie gut genug gekannt hätte: so weit wäre auch der Heroismus dieses freien Geistes nicht gegangen. Thatsächlich trieb ihn Xanthippe in seinen eigenthümlichen Beruf immer mehr hinein, indem sie ihm Haus und Heim unhäuslich und unheimlich machte: sie lehrte ihn, auf den Gassen und überall dort zu leben, wo man schwätzen und müssig sein konnte und bildete ihn damit zum grössten athenischen Gassen-Dialektiker aus: der sich zuletzt selber mit einer zudringlichen Bremse vergleichen musste, welche dem schönen Pferde Athen von einem Gotte auf den Nacken gesetzt sei, um es nicht zur Ruhe kommen zu lassen.

434.

Für die Ferne blind. – Ebenso wie die Mütter eigentlich nur Sinn und Auge für die augen- und sinnfälligen Schmerzen ihrer Kinder haben, so vermögen die Gattinnen hoch strebender Männer es nicht über sich zu gewinnen, ihre Ehegenossen leidend, darbend und gar missachtet zu sehen, – während vielleicht alles diess nicht nur die Wahrzeichen einer richtigen Wahl ihrer Lebenshaltung, sondern schon die Bürgschaften dafür sind, dass ihre grossen Ziele irgendwann einmal erreicht werden müssen. Die Frauen intriguiren im Stillen immer gegen die höhere Seele ihrer Männer; sie wollen dieselbe um ihre Zukunft, zu Gunsten einer schmerzlosen, behaglichen Gegenwart, betrügen.

435.

Macht und Freiheit. – So hoch Frauen ihre Männer ehren, so ehren sie doch die von der Gesellschaft anerkannten Gewalten und Vorstellungen noch mehr: sie sind seit Jahrtausenden gewohnt, vor allem Herrschenden gebückt, die Hände auf die Brust gefaltet, einherzugehen und missbilligen alle Auflehnung gegen die öffentliche Macht. Desshalb hängen sie sich, ohne es auch nur zu beabsichtigen, vielmehr wie aus Instinct, als Hemmschuh in die Räder eines freigeisterischen unabhängigen Strebens und machen unter Umständen ihre Gatten aufs Höchste ungeduldig, zumal wenn diese sich noch vorreden, dass Liebe es sei, was die Frauen im Grunde dabei antreibe. Die Mittel der Frauen missbilligen und grossmüthig die Motive dieser Mittel ehren, – das ist Männer-Art und oft genug Männer-Verzweiflung.

436.

Ceterum censeo. – Es ist zum Lachen, wenn eine Gesellschaft von Habenichtsen die Abschaffung des Erbrechts decretirt, und nicht minder zum Lachen ist es, wenn Kinderlose an der praktischen Gesetzgebung eines Landes arbeiten: – sie haben ja nicht genug Schwergewicht in ihrem Schiffe, um sicher in den Ocean der Zukunft hineinsegeln zu können. Aber ebenso ungereimt erscheint es, wenn Der, welcher die allgemeinste Erkenntniss und die Abschätzung des gesammten Daseins zu seiner Aufgabe erkoren hat, sich mit persönlichen Rücksichten auf eine Familie, auf Ernährung, Sicherung, Achtung von Weib und Kind, belastet und vor sein Teleskop jenen trüben Schleier aufspannt, durch welchen kaum einige Strahlen der fernen Gestirnwelt hindurchzudringen vermögen. So komme auch ich zu dem Satze, dass in den Angelegenheiten der höchsten philosophischen Art alle Verheiratheten verdächtig sind.

437.

Zuletzt. – Es giebt mancherlei Arten von Schierling, und gewöhnlich findet das Schicksal eine Gelegenheit, dem Freigeiste einen Becher dieses Giftgetränkes an die Lippen zu setzen, – um ihn zu "strafen", wie dann alle Welt sagt. Was thun dann die Frauen um ihn? Sie werden schreien und wehklagen und vielleicht die Sonnenuntergangs-Ruhe des Denkers stören: wie sie es im Gefängniss von Athen thaten. "O Kriton, heisse doch jemanden diese Weiber da fortführen!" sagte endlich Sokrates. –

Achtes Hauptstück

Ein Blick auf den Staat

438.

Um das Wort bitten. – Der demagogische Charakter und die Absicht, auf die Massen zu wirken, ist gegenwärtig allen politischen Parteien gemeinsam: sie alle sind genöthigt, der genannten Absicht wegen, ihre Principien zu grossen Alfresco-Dummheiten umzuwandeln und sie so an die Wand zu malen. Daran ist Nichts mehr zu ändern, ja es ist überflüssig, auch nur einen Finger dagegen aufzuheben; denn auf diesem Gebiete gilt, was Voltaire sagt: quand la populace se mêle de raisonner, tout est perdu. Seitdem diess geschehen ist, muss man sich den neuen Bedingungen fügen, wie man sich fügt, wenn ein Erdbeben die alten Gränzen und Umrisse der Bodengestalt verrückt und den Werth des Besitzes verändert hat. Ueberdiess: wenn es sich nun einmal bei aller Politik darum handelt, möglichst Vielen das Leben erträglich zu machen, so mögen immerhin diese Möglichst-Vielen auch bestimmen, was sie unter einem erträglichen Leben verstehen; trauen sie sich den Intellect zu, auch die richtigen Mittel zu diesem Ziele zu finden, was hülfe es, daran zu zweifeln? Sie wollen nun einmal ihres Glückes und Unglückes eigene Schmiede sein; und wenn dieses Gefühl der Selbstbestimmung, der Stolz auf die fünf, sechs Begriffe, welche ihr Kopf birgt und zu Tage bringt, ihnen in der That das Leben so angenehm macht, dass sie die fatalen Folgen ihrer Beschränktheit gern ertragen: so ist wenig einzuwenden, vorausgesetzt, dass die Beschränktheit nicht so weit geht, zu verlangen, es solle Alles in diesem Sinne zur Politik werden, es solle jeder nach solchem Maassstabe leben und wirken. Zuerst nämlich muss es Einigen mehr als je, erlaubt sein, sich der Politik zu enthalten und ein Wenig bei Seite zu treten: dazu treibt auch sie die Lust an der Selbstbestimmung, und auch ein kleiner Stolz mag damit verbunden sein, zu schweigen, wenn zu Viele oder überhaupt nur Viele reden. Sodann muss man es diesen Wenigen nachsehen, wenn sie das Glück der Vielen, verstehe man nun darunter Völker oder Bevölkerungsschichten, nicht so wichtig nehmen und sich hie und da eine ironische Miene zu Schulden kommen lassen; denn ihr Ernst liegt anderswo, ihr Glück ist ein anderer Begriff, ihr Ziel ist nicht von jeder plumpen Hand, welche eben nur fünf Finger hat, zu umspannen. Endlich kommt – was ihnen gewiss am schwersten zugestanden wird, aber ebenfalls zugestanden werden muss – von Zeit zu Zeit ein Augenblick, wo sie aus ihren schweigsamen Vereinsamungen heraustreten und die Kraft ihrer Lungen wieder einmal versuchen: dann rufen sie nämlich einander zu wie Verirrte in einem Walde, um sich einander zu erkennen zu geben und zu ermuthigen; wobei freilich Mancherlei laut wird, was den Ohren, für welche es nicht bestimmt ist, übel klingt. – Nun, bald darauf ist es wieder stille im Walde, so stille, dass man das Schwirren, Summen und Flattern der zahllosen Insecten, welche in, über und unter ihm leben, wieder deutlich vernimmt. –

439.

Cultur und Kaste. – Eine höhere Cultur kann allein dort entstehen, wo es zwei unterschiedene Kasten der Gesellschaft giebt: die der Arbeitenden und die der Müssigen, zu wahrer Musse Befähigten; oder mit stärkerem Ausdruck: die Kaste der Zwangs-Arbeit und die Kaste der Frei-Arbeit. Der Gesichtspunct der Vertheilung des Glücks ist nicht wesentlich, wenn es sich um die Erzeugung einer höheren Cultur handelt; jedenfalls aber ist die Kaste der Müssigen die leidensfähigere, leidendere, ihr Behagen am Dasein ist geringer, ihre Aufgabe grösser. Findet nun gar ein Austausch der beiden Kasten statt, so, dass die stumpferen, ungeistigeren Familien und Einzelnen aus der oberen Kaste in die niedere herabgesetzt werden und wiederum die freieren Menschen aus dieser den Zutritt zur höheren erlangen: so ist ein Zustand erreicht, über den hinaus man nur noch das offene Meer unbestimmter Wünsche sieht. – So redet die verklingende Stimme der alten Zeit zu uns; aber wo sind noch Ohren, sie zu hören?

440.

Von Geblüt. – Das, was Männer und Frauen von Geblüt vor Anderen voraus haben und was ihnen unzweifelhaftes Anrecht auf höhere Schätzung giebt, sind zwei durch Vererbung immer mehr gesteigerte Künste: die Kunst, befehlen zu können, und die Kunst des stolzen Gehorsams. – Nun entsteht überall, wo das Befehlen zum Tagesgeschäft gehört (wie in der grossen Kaufmanns- und Industrie-Welt), etwas Aehnliches wie jene Geschlechter "von Geblüt", aber ihnen fehlt die vornehme Haltung im Gehorsam, welche bei jenen eine Erbschaft feudaler Zustände ist und die in unserem Cultur-Klima nicht mehr wachsen will.

441.

Subordination. – Die Subordination, welche im Militär- und Beamtenstaate so hoch geschätzt wird, wird uns bald ebenso unglaublich werden, wie die geschlossene Taktik der Jesuiten es bereits geworden ist; und wenn diese Subordination nicht mehr möglich ist, lässt sich eine Menge der erstaunlichsten Wirkungen nicht mehr erreichen, und die Welt wird ärmer sein. Sie muss schwinden, denn ihr Fundament schwindet: der Glaube an die unbedingte Autorität, an die endgültige Wahrheit; selbst in Militärstaaten ist der physische Zwang nicht ausreichend, sie hervorzubringen, sondern die angeerbte Adoration vor dem Fürstlichen wie vor etwas Uebermenschlichem. – In freieren Verhältnissen ordnet man sich nur auf Bedingungen unter, in Folge gegenseitigen Vertrages, also mit allen Vorbehalten des Eigennutzes.

442.

Volksheere. – Der grösste Nachtheil der jetzt so verherrlichten Volksheere besteht in der Vergeudung von Menschen der höchsten Civilisation; nur durch die Gunst aller Verhältnisse giebt es deren überhaupt, – wie sparsam und ängstlich sollte man mit ihnen umgehen, da es grosser Zeiträume bedarf, um die zufälligen Bedingungen zur Erzeugung so zart organisirter Gehirne zu schaffen! Aber wie die Griechen in Griechenblut wütheten, so die Europäer jetzt in Europäerblut: und zwar werden relativ am meisten immer die Höchstgebildeten zum Opfer gebracht, Die, welche eine reichliche und gute Nachkommenschaft verbürgen; Solche nämlich stehen im Kampfe voran, als Befehlende, und setzen sich überdiess, ihres höheren Ehrgeizes wegen, den Gefahren am meisten aus. – Der grobe Römer-Patriotismus ist jetzt, wo ganz andere und höhere Aufgaben gestellt sind, als patria und honor, entweder etwas Unehrliches oder ein Zeichen der Zurückgebliebenheit.

443.

Hoffnung als Anmaassung. – Unsere gesellschaftliche Ordnung wird langsam wegschmelzen, wie es alle früheren Ordnungen gethan haben, sobald die Sonnen neuer Meinungen mit neuer Gluth über die Menschen hinleuchteten. Wünschen kann man diess Wegschmelzen nur, indem man hofft: und hoffen darf man vernünftigerweise nur, wenn man sich und seinesgleichen mehr Kraft in Herz und Kopf zutraut, als den Vertretern des Bestehenden. Gewöhnlich also wird diese Hoffnung eine Anmaassung, eine Ueberschätzung sein.

444.

Krieg. – Zu Ungunsten des Krieges kann man sagen: er macht den Sieger dumm, den Besiegten boshaft. Zu Gunsten des Krieges: er barbarisirt in beiden eben genannten Wirkungen und macht dadurch natürlicher; er ist für die Cultur Schlaf oder Winterszeit, der Mensch kommt kräftiger zum Guten und Bösen aus ihm heraus.

445.

Im Dienste des Fürsten. – Ein Staatsmann wird, um völlig rücksichtslos handeln zu können, am besten thun, nicht für sich, sondern für einen Fürsten sein Werk auszuführen. Von dem Glanze dieser allgemeinen Uneigennützigkeit wird das Auge des Beschauers geblendet, so dass er jene Tücken und Härten, welche das Werk des Staatsmannes mit sich bringt, nicht sieht.

446.

Eine Frage der Macht, nicht des Rechtes. – Für Menschen, welche bei jeder Sache den höheren Nutzen in's Auge fassen, giebt es bei dem Socialismus, falls er wirklich die Erhebung der Jahrtausende lang Gedrückten, Niedergehaltenen gegen ihre Unterdrücker ist, kein Problem des Rechtes (mit der lächerlichen, weichlichen Frage: "wie weit soll man seinen Forderungen nachgeben?"), sondern nur ein Problem der Macht ("wie weit kann man seine Forderungen benutzen?"); also wie bei einer Naturmacht, zum Beispiel dem Dampfe, welcher entweder von dem Menschen in seine Dienste, als Maschinengott, gezwungen wird, oder, bei Fehlern der Maschine, das heisst Fehlern der menschlichen Berechnung im Bau derselben, sie und den Menschen mit zertrümmert. Um jene Machtfrage zu lösen, muss man wissen, wie stark der Socialismus ist, in welcher Modification er noch als mächtiger Hebel innerhalb des jetzigen politischen Kräftespiels benutzt werden kann; unter Umständen müsste man selbst Alles thun, ihn zu kräftigen. Die Menschheit muss bei jeder grossen Kraft – und sei es die gefährlichste – daran denken, aus ihr ein Werkzeug ihrer Absichten zu machen. – Ein Recht gewinnt sich der Socialismus erst dann, wenn es zwischen den beiden Mächten, den Vertretern des Alten und Neuen, zum Kriege gekommen zu sein scheint, wenn aber dann das kluge Rechnen auf möglichste Erhaltung und Zuträglichkeit auf Seiten beider Parteien das Verlangen nach einem Vertrag entstehen lässt. Ohne Vertrag kein Recht. Bis jetzt giebt es aber auf dem bezeichneten Gebiete weder Krieg, noch Verträge, also auch keine Rechte, kein "Sollen".

447.

Benutzung der kleinsten Unredlichkeit. – Die Macht der Presse besteht darin, dass jeder Einzelne, der ihr dient, sich nur ganz wenig verpflichtet und verbunden fühlt. Er sagt für gewöhnlich seine Meinung, aber sagt sie einmal auch nicht, um seiner Partei oder der Politik seines Landes oder endlich sich selbst zu nützen. Solche kleine Vergehen der Unredlichkeit oder vielleicht nur einer unredlichen Verschwiegenheit sind von dem Einzelnen nicht schwer zu tragen, doch sind die Folgen ausserordentlich, weil diese kleinen Vergehen von Vielen zu gleicher Zeit begangen werden. Jeder von Diesen sagt sich: "für so geringe Dienste lebe ich besser, kann ich mein Auskommen finden; durch den Mangel solcher kleinen Rücksichten mache ich mich unmöglich". Weil es beinahe sittlich gleichgültig erscheint, eine Zeile, noch dazu vielleicht ohne Namensunterschrift, mehr zu schreiben oder nicht zu schreiben, so kann Einer, der Geld und Einfluss hat, jede Meinung zur öffentlichen machen. Wer da weiss, dass die meisten Menschen in Kleinigkeiten schwach sind, und seine eigenen Zwecke durch sie erreichen will, ist immer ein gefährlicher Mensch.

448.

Allzu lauter Ton bei Beschwerden. – Dadurch, dass ein Nothstand (zum Beispiel die Gebrechen einer Verwaltung, Bestechlichkeit und Gunstwillkür in politischen oder gelehrten Körperschaften) stark übertrieben dargestellt wird, verliert zwar die Darstellung bei den Einsichtigen ihre Wirkung, aber wirkt um so stärker auf die Nichteinsichtigen (welche bei einer sorgsamen maassvollen Darlegung gleichgültig geblieben wären). Da diese aber bedeutend in der Mehrzahl sind und stärkere Willenskräfte, ungestümere Lust zum Handeln in sich beherbergen, so wird jene Uebertreibung zum Anlass von Untersuchungen, Bestrafungen, Versprechen, Reorganisationen. – Insofern ist es nützlich, Nothstände übertrieben darzustellen.

449.

Die anscheinenden Wettermacher der Politik. – Wie das Volk bei Dem, welcher sich auf das Wetter versteht und es um einen Tag voraussagt, im Stillen annimmt, dass er das Wetter mache, so legen selbst Gebildete und Gelehrte mit einem Aufwand von abergläubischem Glauben grossen Staatsmännern alle die wichtigen Veränderungen und Conjuncturen, welche während ihrer Regierung eintraten, als deren eigenstes Werk bei, wenn es nur ersichtlich ist, dass jene Etwas davon eher wussten, als Andere, und ihre Berechnung darnach machten: sie werden also ebenfalls als Wettermacher genommen – und dieser Glaube ist nicht das geringste Werkzeug ihrer Macht.

450.

Neuer und alter Begriff der Regierung. – Zwischen Regierung und Volk so zu scheiden, als ob hier zwei getrennte Machtsphären, eine stärkere, höhere mit einer schwächeren, niederen, verhandelten und sich vereinbarten, ist ein Stück vererbter politischer Empfindung, welches der historischen Feststellung der Machtverhältnisse in den in eisten Staaten noch jetzt genau entspricht. Wenn zum Beispiel Bismarck die constitutionelle Form als einen Compromiss zwischen Regierung und Volk bezeichnet, so redet er gemäss einem Princip, welches seine Vernunft- in der Geschichte hat (ebendaher freilich auch den Beisatz von Unvernunft, ohne den nichts Menschliches existiren kann). Dagegen soll man nun lernen – gemäss einem Princip, welches rein aus dem Kopfe entsprungen ist und erst Geschichte machen soll –, dass Regierung Nichts als ein Organ des Volkes sei, nicht ein vorsorgliches, verehrungswürdiges "Oben" im Verhältniss zu einem an Bescheidenheit gewöhnten "Unten". Bevor man diese bis jetzt unhistorische und willkürliche, wenn auch logischere Aufstellung des Begriffs Regierung annimmt, möge man doch ja die Folgen erwägen: denn das Verhältniss zwischen Volk und Regierung ist das stärkste vorbildliche Verhältniss, nach dessen Muster sich unwillkürlich der Verkehr zwischen Lehrer und Schüler, Hausherrn und Dienerschaft, Vater und Familie, Heerführer und Soldat, Meister und Lehrling bildet. Alle diese Verhältnisse gestalten sich jetzt, unter dem Einflusse der herrschenden constitutionellen Regierungsform, ein Wenig um – sie werden Compromisse. Aber wie müssen sie sich verkehren und verschieben, Namen und Wesen wechseln, wenn jener allerneueste Begriff überall sich der Köpfe bemeistert hat! – wozu es aber wohl ein Jahrhundert noch brauchen dürfte. Hierbei ist Nichts mehr zu wünschen, als Vorsicht und langsame Entwickelung.

451.

Gerechtigkeit als Parteien-Lockruf. – Wohl können edle (wenn auch nicht gerade sehr einsichtsvolle) Vertreter der berrschenden Classe sich geloben: "wir wollen die Menschen als gleich behandeln, ihnen gleiche Rechte zugestehen"; insofern ist eine socialistische Denkungsweise, welche auf Gerechtigkeit ruht, möglich, aber wie gesagt nur innerhalb der herrschenden Classe, welche in diesem Falle die Gerechtigkeit mit Opfern und Verleugnungen übt. Dagegen Gleichheit der Rechte fordern , wie es die Socialisten der unterworfenen Kaste thun, ist nimmermehr der Ausfluss der Gerechtigkeit, sondern der Begehrlichkeit. – Wenn man der Bestie blutige Fleischstücke aus der Nähe zeigt und wieder wegzieht, bis sie endlich brüllt: meint ihr, dass diess Gebrüll Gerechtigkeit bedeute?

452.

Besitz und Gerechtigkeit. – Wenn die Socialisten nachweisen, dass die Eigenthums-Vertheilung in der gegenwärtigen Menschheit die Consequenz zahlloser Ungerechtigkeiten und Gewaltsamkeiten ist, und in summa die Verpflichtung gegen etwas so unrecht Begründetes ablehnen: so sehen sie nur etwas Einzelnes. Die ganze Vergangenheit der alten Cultur ist auf Gewalt, Sclaverei, Betrug, Irrthum aufgebaut; wir können aber uns selbst, die Erben aller dieser Zustände, ja die Concrescenzen aller jener Vergangenheit, nicht wegdecretiren und dürfen nicht ein einzelnes Stück herausziehen wollen. Die ungerechte Gesinnung steckt in den Seelen der Nicht-Besitzenden auch, sie sind nicht besser als die Besitzenden und haben kein moralisches Vorrecht, denn irgend wann sind ihre Vorfahren Besitzende gewesen. Nicht gewaltsame neue Vertheilungen, sondern allmähliche Umschaffungen des Sinnes thun noth, die Gerechtigkeit muss in Allen grösser werden, der gewaltthätige Instinct schwächer.

453.

Der Steuermann der Leidenschaften. – Der Staatsmann erzeugt öffentliche Leidenschaften, um den Gewinn von der dadurch erweckten Gegenleidenschaft zu haben. Um ein Beispiel zu nehmen: so weiss ein deutscher Staatsmann wohl, dass die katholische Kirche niemals mit Russland gleiche Pläne haben wird, ja sich viel lieber mit den Türken verbünden würde, als mit ihm; ebenso weiss er, dass Deutschland alle Gefahr von einem Bündnisse Frankreichs mit Russland droht. Kann er es nun dazu bringen, Frankreich zum Herd und Hort der katholischen Kirche zu machen, so hat er diese Gefahr auf eine lange Zeit beseitigt. Er hat demnach ein Interesse daran, Hass gegen die Katholiken zu zeigen und durch Feindseligkeiten aller Art die Bekenner der Autorität des

Papstes in eine leidenschaftliche politische Macht zu verwandeln, welche der deutschen Politik feindlich ist und sich naturgemäss mit Frankreich, als dem Widersacher Deutschlands, verschmelzen muss: sein Ziel ist ebenso nothwendig die Katholisirung Frankreichs, als Mirabeau in der Dekatholisirung das Heil seines Vaterlandes sah. – Der eine Staat will also die Verdunkelung von Millionen Köpfen eines anderen Staates, um seinen Vortheil aus dieser Verdunkelung zu ziehen. Es ist diess die selbe Gesinnung, welche die republicanische Regierungsform des nachbarlichen Staates – le désordre organisé, wie Mérimee sagt – aus dem alleinigen Grunde unterstützt, weil sie von dieser annimmt, dass sie das Volk schwächer, zerrissener und kriegsunfähiger mache.

454.

Die Gefährlichen unter den Umsturz-Geistern. – Man theile Die, welche auf einen Umsturz der Gesellschaft bedacht sind, in Solche ein, welche für sich selbst, und in Solche, welche für ihre Kinder und Enkel Etwas erreichen wollen. Die Letzteren sind die Gefährlicheren; denn sie haben den Glauben und das gute Gewissen der Uneigennützigkeit. Die Anderen kann man abspeisen: dazu ist die herrschende Gesellschaft immer noch reich und klug genug. Die Gefahr beginnt, sobald die Ziele unpersönlich werden; die Revolutionäre aus unpersönlichem Interesse dürfen alle Vertheidiger des Bestehenden als persönlich interessirt ansehen und sich desshalb ihnen überlegen fühlen.

455.

Politischer Werth der Vaterschaft. – Wenn der Mensch keine Söhne hat, so hat er kein volles Recht, über die Bedürfnisse eines einzelnen Staatswesens mitzureden. Man muss selber mit den Anderen sein Liebstes daran gewagt haben; das erst bindet an den Staat fest; man muss das Glück seiner Nachkommen in's Auge fassen, also vor Allem Nachkommen haben, um an allen Institutionen und deren Veränderung rechten, natürlichen Antheil zu nehmen. Die Entwickelung der höhern Moral hängt daran, dass Einer Söhne hat; diess stimmt ihn unegoistisch, oder richtiger: es erweitert seinen Egoismus der Zeitdauer nach, und lässt ihn Ziele über seine individuelle Lebenslänge hinaus mit Ernst verfolgen.

456.

Ahnenstolz. – Auf eine ununterbrochene Reihe guter Ahnen bis zum Vater herauf darf man mit Recht stolz sein, – nicht aber auf die Reihe; denn diese hat jeder. Die Herkunft von guten Ahnen macht den ächten Geburtsadel aus; eine einzige Unterbrechung in jener Kette, Ein böser Vorfahr also hebt den Geburtsadel auf. Man soll jeden, welcher von seinem Adel redet, fragen: hast du keinen gewaltthätigen, habsüchtigen, ausschweifenden, boshaften, grausamen Menschen unter deinen Vorfahren? Kann er darauf in gutem Wissen und Gewissen mit Nein antworten, so bewerbe man sich um seine Freundschaft.

457.

Sclaven und Arbeiter. – Dass wir mehr Werth auf Befriedigung der Eitelkeit, als auf alles übrige Wohlbefinden (Sicherheit, Unterkommen, Vergnügen aller Art) legen, zeigt sich in einem lächerlichen Grade daran, dass jedermann (abgesehen von politischen Gründen) die Aufhebung der Sclaverei wünscht und es auf's Aergste verabscheut, Menschen in diese Lage zu bringen: während jeder sich sagen muss, dass die Sclaven in allen Beziehungen sicherer und glücklicher leben, als der moderne Arbeiter, dass Sclavenarbeit sehr wenig Arbeit im Verhältniss zu der des "Arbeiters" ist. Man protestirt im Namen der "Menschenwürde": das ist aber, schlichter ausgedrückt, jene liebe Eitelkeit, welche das Nicht-gleich-gestelltsein, das Oeffentlich-niedriger-geschätzt-werden, als das härteste Loos empfindet. – Der Cyniker denkt anders darüber, weil er die Ehre verachtet: – und so war Diogenes eine Zeitlang Sclave und Hauslehrer.

458.

Leitende Geister und ihre Werkzeuge. – Wir sehen grosse Staatsmänner und überhaupt alle Die, welche sich vieler Menschen zur Durchführung ihrer Pläne bedienen müssen, bald so, bald so verfahren: entweder wählen sie sehr fein und sorgsam die zu ihren Plänen passenden Menschen aus und lassen ihnen dann verhältnissmässige grosse Freiheit, weil sie wissen, dass die Natur dieser Ausgewählten sie eben dahin treibt, wohin sie selber Jene haben wollen; oder sie wählen schlecht, ja nehmen was ihnen unter die Hand kommt, formen aber aus jedem Thone etwas für ihre Zwecke Taugliches. Diese letzte Art ist die gewaltsamere, sie begehrt auch unterwürfigere Werkzeuge; ihre Menschenkenntniss ist gewöhnlich viel geringer, ihre Menschenverachtung grösser, als bei den erstgenannten Geistern, aber die Maschine, welche sie construiren, arbeitet gemeinhin besser, als die Maschine aus der Werkstätte jener.

459.

Willkürliches Recht nothwendig. – Die Juristen streiten, ob das am vollständigsten durchgedachte Recht oder das am leichtesten zu verstehende in einem Volke zum Siege kommen solle. Das erste, dessen höchstes Muster das römische ist, erscheint dem Laien als unverständlich und desshalb nicht als Ausdruck seiner Rechtsempfindung. Die Volksrechte, wie zum Beispiel die germanischen, waren grob, abergläubisch, unlogisch, zum Theil albern, aber sie entsprachen ganz bestimmten vererbten heimischen Sitten und Empfindungen. – Wo aber Recht nicht mehr, wie bei uns, Herkommen ist, da kann es nur befohlen, Zwang sein; wir haben Alle kein herkömmliches Rechtsgefühl mehr, desshalb müssen wir uns Willkürsrechte gefallen lassen, die der Ausdruck der Nothwendigkeit sind, dass es ein Recht geben müsse. Das logischste ist dann jedenfalls das annehmbarste, weil es das unparteilichste ist: zugegeben selbst, dass in jedem Falle die kleinste Maasseinheit im Verhältniss von Vergehen und Strafe willkürlich angesetzt ist.

460.

Der grosse Mann der Masse. – Das Recept zu dem, was die Masse einen grossen Mann nennt, ist leicht gegeben. Unter allen Umständen verschaffe man ihr Etwas, das ihr sehr angenehm ist, oder setze ihr erst in den Kopf, dass diess und jenes sehr angenehm wäre, und gebe es ihr dann. Doch um keinen Preis sofort: sondern man erkämpfe es mit grösster Anstrengung oder scheine es zu erkämpfen. Die Masse muss den Eindruck haben, dass eine mächtige, ja unbezwingliche Willenskraft da sei; mindestens muss sie da zu sein scheinen. Den starken Willen bewundert jedermann, weil Niemand ihn hat und Jedermann sich sagt, dass, wenn er ihn hätte, es für ihn und seinen Egoismus keine Gränze mehr gäbe. Zeigt sich nun, dass ein solcher starker Wille etwas der Masse sehr Angenehmes bewirkt, statt auf die Wünsche seiner Begehrlichkeit zu hören, so bewundert man noch einmal und wünscht sich selber Glück. Im Uebrigen habe er alle Eigenschaften der Masse: um so weniger schämt sie sich vor ihm, um so mehr ist er populär. Also: er sei gewaltthätig, neidisch, ausbeuterisch, intrigant, schmeichlerisch, kriechend, aufgeblasen, je nach Umständen alles.

461.

Fürst und Gott. – Die Menschen verkehren mit ihren Fürsten vielfach in ähnlicher Weise wie mit ihrem Gotte, wie ja vielfach auch der Fürst der

Repräsentant des Gottes, mindestens sein Oberpriester war. Diese fast unheimliche Stimmung von Verehrung und Angst und Scham war und ist viel schwächer geworden, aber mitunter lodert sie auf und heftet sich an mächtige Personen, überhaupt. Der Cultus des Genius' ist ein Nachklang dieser Götter-Fürsten-Verehrung. Ueberall, wo man sich bestrebt, einzelne Menschen in das Uebermenschliche hinaufzuheben, entsteht auch die Neigung, ganze Schichten des Volkes sich roher und niedriger vorzustellen, als sie wirklich sind.

462.

Meine Utopie. – In einer besseren Ordnung der Gesellschaft wird die schwere Arbeit und Noth des Lebens Dem zuzumessen sein, welcher am wenigsten durch sie leidet, also dem Stumpfesten, und so schrittweise aufwärts bis zu Dem, welcher für die höchsten sublimirtesten Gattungen des Leidens am empfindlichsten ist und desshalb selbst noch bei der grössten Erleichterung des Lebens leidet.

463.

Ein Wahn in der Lehre vom Umsturz. – Es giebt politische und sociale Phantasten, welche feurig und beredt zu einem Umsturz aller Ordnungen auffordern, in dem Glauben, dass dann sofort das stolzeste Tempelhaus schönen Menschenthums gleichsam von selbst sich erheben werde. In diesen gefährlichen Träumen klingt noch der Aberglaube Rousseau's nach, welcher an eine wundergleiche, ursprüngliche, aber gleichsam verschüttete Güte der menschlichen Natur glaubt und den Institutionen der Cultur, in Gesellschaft, Staat, Erziehung, alle Schuld jener Verschüttung beimisst. Leider weiss man aus historischen Erfahrungen, dass jeder solche Umsturz die wildesten Energien als die längst begrabenen Furchtbarkeiten und Maasslosigkeiten fernster Zeitalter von Neuem zur Auferstehung bringt: dass also ein Umsturz wohl eine Kraftquelle in einer mattgewordenen Menschheit sein kann, nimmermehr aber ein Ordner, Baumeister, Künstler, Vollender der menschlichen Natur. – Nicht Voltaire's maassvolle, dem Ordnen, Reinigen und Umbauen zugeneigte Natur, sondern Rousseau's leidenschaftliche Thorheiten und Halblügen haben den optimistischen Geist der Revolution wachgerufen, gegen den ich rufe: "Ecrasez l'infame! " Durch ihn ist der Geist der Aufklärung und der fortschreitenden Entwickelung auf lange verscheucht worden – sehen wir zu – ein Jeder bei sich selber – ob es möglich ist, ihn wieder zurückzurufen!

464.

Maass. – Die volle Entschiedenheit des Denkens und Forschens, also die Freigeisterei, zur Eigenschaft des Charakters geworden, macht im Handeln mässig: denn sie schwächt die Begehrlichkeit, zieht viel von der vorhandenen Energie an sich, zur Förderung geistiger Zwecke, und zeigt das Halbnützliche oder Unnütze und Gefährliche aller plötzlichen Veränderungen.

465.

Auferstehung des Geistes. – Auf dem politischen Krankenbette verjüngt ein Volk gewöhnlich sich selbst und findet seinen Geist wieder, den es im Suchen und Behaupten der Macht allmählich verlor. Die Cultur verdankt das Allerhöchste den politisch geschwächten Zeiten.

466.

Neue Meinungen im alten Hause. – Dem Umsturz der Meinungen folgt der Umsturz der Institutionen nicht sofort nach, vielmehr wohnen die neuen Meinungen lange Zeit im verödeten und unheimlich gewordenen Hause ihrer Vorgängerinnen und conserviren es selbst, aus Wohnungsnoth.

467.

Schulwesen. – Das Schulwesen wird in grossen Staaten immer höchstens mittelmässig sein, aus dem selben Grunde, aus dem in grossen Küchen besten Falls mittelmässig gekocht wird.

468.

Unschuldige Corruption. – In allen Instituten, in welche nicht die scharfe Luft der öffentlichen Kritik hineinweht, wächst eine unschuldige Corruption auf, wie ein Pilz (also zum Beispiel in gelehrten Körperschaften und Senaten).

469.

Gelehrte als Politiker. – Gelehrten, welche Politiker werden, wird gewöhnlich die komische Rolle zugetheilt, das gute Gewissen einer Politik sein zu müssen.

470.

Der Wolf hinter dem Schafe versteckt. – Fast jeder Politiker hat unter gewissen Umständen einmal einen ehrlichen Mann so nöthig, dass er, gleich einem heisshungrigen Wolfe, in einen Schafstall bricht: nicht aber um dann den geraubten Widder zu fressen, sondern um sich hinter seinen wolligen Rücken zu verstecken.

471.

Glückszeiten. – Ein glückliches Zeitalter ist desshalb gar nicht möglich, weil die Menschen es nur wünschen wollen, aber nicht haben wollen und jeder Einzelne, wenn ihm gute Tage kommen, förmlich um Unruhe und Elend beten lernt. Das Schicksal der Menschen ist auf glückliche Augenblicke eingerichtet – jedes Leben hat solche –, aber nicht auf glückliche Zeiten. Trotzdem werden diese als "das jenseits der Berge" in der Phantasie des Menschen bestehen bleiben, als Erbstück der Urväter; denn man hat wohl den Begriff des Glückszeitalters seit uralten Zeiten her jenem Zustande entnommen, in dem der Mensch, nach gewaltiger Anstrengung durch Jagd und Krieg, sich der Ruhe übergiebt, die Glieder streckt und die Fittige des Schlafes um sich rauschen hört. Es ist ein falscher Schluss, wenn der Mensch jener alten Gewöhnung gemäss sich vorstellt, dass er nun auch nach ganzen Zeiträumen der Noth und Mühsal eines Zustandes des Glücks in entsprechender Steigerung und Dauer theilhaftig werden könne.

472.

Religion und Regierung. – Solange der Staat oder, deutlicher, die Regierung sich als Vormund zu Gunsten einer unmündigen Menge bestellt weiss und um ihretwillen die Frage erwägt, ob die Religion zu erhalten oder zu beseitigen sei: wird sie höchst wahrscheinlich sich immer für die Erhaltung der Religion entscheiden. Denn die Religion befriedigt das einzelne Gemüth in Zeiten des Verlustes, der Entbehrung, des Schreckens, des Misstrauens, also da, wo die Regierung sich ausser Stande fühlt, direct Etwas zur Linderung der seelischen Leiden des Privatmannes zu thun: ja selbst bei allgemeinen, unvermeidlichen und zunächst unabwendbaren Uebeln (Hungersnöthen, Geldkrisen, Kriegen) gewährt die Religion eine beruhigte, abwartende, vertrauende Haltung der Menge. Ueberall, wo die nothwendigen oder zufälligen Mängel der Staatsregierung oder die gefährlichen Consequenzen dynastischer Interessen dem Einsichtigen sich bemerklich machen und ihn widerspänstig stimmen, werden die Nicht-Einsichtigen den Finger Gottes zu sehen meinen und sich in Geduld den Anordnungen von Oben (in welchem Begriff göttliche und menschliche Regierungsweise gewöhnlich verschmelzen) unterwerfen: so wird der innere bürgerliche Frieden und die Continuität der Entwickelung gewahrt.

Die Macht, welche in der Einheit der Volksempfindung, in gleichen Meinungen und Zielen für Alle, liegt, wird durch die Religion beschützt und besiegelt, jene seltenen Fälle abgerechnet, wo eine Priesterschaft mit der Staatsgewalt sich über den Preis nicht einigen kann und in Kampf tritt. Für gewöhnlich wird der Staat sich die Priester zu gewinnen wissen, weil er ihrer allerprivatesten, verborgenen Erziehung der Seelen benöthigt ist und Diener zu schätzen weiss, welche scheinbar und äusserlich ein ganz anderes Interesse vertreten. Ohne Beihülfe der Priester kann auch jetzt noch keine Macht "legitim" werden: wie Napoleon begriff. – So gehen absolute vormundschaftliche Regierung und sorgsame Erhaltung der Religion nothwendig mit einander. Dabei ist vorauszusetzen, dass die regierenden Personen und Classen über den Nutzen, welchen ihnen die Religion gewährt, aufgeklärt werden und somit bis zu einem Grade sich ihr überlegen fühlen, insofern sie dieselbe als Mittel gebrauchen: wesshalb hier die Freigeisterei ihren Ursprung hat. – Wie aber, wenn jene ganz verschiedene Auffassung des Begriffes der Regierung, wie sie in demokratischen Staaten gelehrt wird, durchzudringen anfängt? Wenn man in ihr Nichts als das Werkzeug des Volkswillen sieht, kein Oben im Vergleich zu einem Unten, sondern lediglich eine Function des alleinigen Souverains, des Volkes? Hier kann auch nur die selbe Stellung, welche das Volk zur Religion einnimmt, von der Regierung eingenommen werden; jede Verbreitung von Aufklärung wird bis in ihre Vertreter hineinklingen müssen, eine Benutzung und Ausbeutung der religiösen Triebkräfte und Tröstungen zu staatlichen Zwecken wird nicht so leicht möglich sein (es sei denn, dass mächtige Parteiführer zeitweilig einen Einfluss üben, welcher dem des aufgeklärten Despotismus ähnlich sieht). Wenn aber der Staat keinen Nutzen mehr aus der Religion selber ziehen darf oder das Volk viel zu mannichfach über religiöse Dinge denkt, als dass es der Regierung ein gleichartiges, einheitliches Vorgehen bei religiösen Maassregeln gestatten dürfte, – so wird nothwendig sich der Ausweg zeigen, die Religion als Privatsache zu behandeln und dem Gewissen und der Gewohnheit jedes Einzelnen zu überantworten. Die Folge ist zu allererst diese, dass das religiöse Empfinden verstärkt erscheint, insofern versteckte und unterdrückte Regungen desselben, welchen der Staat unwillkürlich oder absichtlich keine Lebensluft gönnte, jetzt hervorbrechen und bis in's Extreme ausschweifen; später erweist sich, dass die Religion von Secten überwuchert wird und dass eine Fülle von Drachenzähnen in dem Augenblicke gesät worden ist, als man die Religion zur Privatsache machte. Der Anblick des Streites, die feindselige Bloslegung aller Schwächen religiöser Bekenntnisse lässt endlich keinen Ausweg mehr zu, als dass jeder

Bessere und Begabtere die Irreligiosität zu seiner Privatsache macht: als welche Gesinnung nun auch in dem Geiste der regierenden Personen die Ueberhand bekommt und, fast wider ihren Willen, ihren Maassregeln einen religionsfeindlichen Charakter giebt. Sobald diess eintritt, wandelt sich die Stimmung der noch religiös bewegten Menschen, welche früher den Staat als etwas Halb- oder Ganzheiliges adorirten, in eine entschieden staatsfeindliche um; sie lauern den Maassregeln der Regierung auf, suchen zu hemmen, zu kreuzen, zu beunruhigen, so viel sie können, und treiben dadurch die Gegenpartei, die irreligiöse, durch die Hitze ihres Widerspruchs in eine fast fanatische Begeisterung für den Staat hinein; wobei im Stillen noch mitwirkt, dass in diesen Kreisen die Gemüther seit der Trennung von der Religion eine Leere spüren und sich vorläufig durch die Hingebung an den Staat einen Ersatz, eine Art von Ausfüllung zu schaffen suchen. Nach diesen, vielleicht lange dauernden Uebergangskämpfen entscheidet es sich endlich, ob die religiösen Parteien noch stark genug sind, um einen alten Zustand heraufzubringen und das Rad zurückzudrehen: in welchem Falle unvermeidlich der aufgeklärte Despotismus (vielleicht weniger aufgeklärt und ängstlicher, als früher) den Staat in die Hände bekommt, – oder ob die religionslosen Parteien sich durchsetzen und die Fortpflanzung ihrer Gegnerschaft, einige Generationen hindurch, etwa durch Schule und Erziehung, untergraben und endlich unmöglich machen. Dann aber lässt auch bei ihnen jene Begeisterung für den Staat nach: immer deutlicher tritt hervor, dass mit jener religiösen Adoration, für welche er ein Mysterium, eine überweltliche Stiftung ist, auch das ehrfürchtige und pietätvolle Verhältniss zu ihm erschüttert ist. Fürderhin sehen die Einzelnen immer nur die Seite an ihm, wo er ihnen nützlich oder schädlich werden kann, und drängen sich mit allen Mitteln heran, um Einfluss auf ihn zu bekommen. Aber diese Concurrenz wird bald zu gross, die Menschen und Parteien wechseln zu schnell, stürzen sich gegenseitig zu wild vom Berge wieder herab, nachdem sie kaum oben angelangt sind. Es fehlt allen Maassregeln, welche von einer Regierung durchgesetzt werden, die Bürgschaft ihrer Dauer; man scheut vor Unternehmungen zurück, welche auf Jahrzehnte, Jahrhunderte hinaus ein stilles Wachsthum haben müssten, um reife Früchte zu zeitigen. Niemand fühlt eine andere Verpflichtung gegen ein Gesetz mehr, als die, sich augenblicklich der Gewalt, welche ein Gesetz einbrachte, zu beugen: sofort geht man aber daran, es durch eine neue Gewalt, eine neu zu bildende Majorität zu unterminiren. Zuletzt – man kann es mit Sicherheit aussprechen – muss das Misstrauen gegen alles Regierende, die Einsicht in das Nutzlose und Aufreibende dieser kurzathmigen

Kämpfe die Menschen zu einem ganz neuen Entschlusse drängen: zur Abschaffung des Staatsbegriffs, zur Aufhebung des Gegensatzes "privat und öffentlich". Die Privatgesellschaften ziehen Schritt vor Schritt die Staatsgeschäfte in sich hinein: selbst der zäheste Rest, welcher von der alten Arbeit des Regierens übrigbleibt (jene Thätigkeit zum Beispiel welche die Privaten gegen die Privaten sicher stellen soll), wird zu allerletzt einmal durch Privatunternehmer besorgt werden. Die Missachtung, der Verfall und der Tod des Staates, die Entfesselung der Privatperson (ich hüte mich zu sagen: des Individuums) ist die Consequenz des demokratischen Staatsbegriffes; hier liegt seine Mission. Hat er seine Aufgabe erfüllt – die wie alles Menschliche viel Vernunft und Unvernunft im Schoosse trägt –, sind alle Rückfälle der alten Krankheit überwunden, so wird ein neues Blatt im Fabelbuche der Menschheit entrollt, auf dem man allerlei seltsame Historien und vielleicht auch einiges Gute lesen wird. – Um das Gesagte noch einmal kurz zu sagen: das Interesse der vormundschaftlichen Regierung und das Interesse der Religion gehen mit einander Hand in Hand, so dass, wenn letztere abzusterben beginnt, auch die Grundlage des Staates erschüttert wird. Der Glaube an eine göttliche Ordnung der politischen Dinge, an ein Mysterium in der Existenz des Staates ist religiösen Ursprungs: schwindet die Religion, so wird der Staat unvermeidlich seinen alten Isisschleier verlieren und keine Ehrfurcht mehr erwecken. Die Souveränität des Volkes, in der Nähe gesehen, dient dazu, auch den letzten Zauber und Aberglauben auf dem Gebiete dieser Empfindungen zu verscheuchen; die moderne Demokratie ist die historische Form vom Verfall des Staates. – Die Aussicht, welche sich durch diesen sichern Verfall ergiebt, ist aber nicht in jedem Betracht eine unglückselige: die Klugheit und der Eigennutz der Menschen sind von allen ihren Eigenschaften am besten ausgebildet; wenn den Anforderungen dieser Kräfte der Staat nicht mehr entspricht, so wird am wenigsten das Chaos eintreten, sondern eine noch zweckmässigere Erfindung, als der Staat es war, zum Siege über den Staat kommen. Wie manche organisirende Gewalt hat die Menschheit schon absterben sehen, – zum Beispiel die der Geschlechtsgenossenschaft, als welche Jahrtausende lang viel mächtiger war, als die Gewalt der Familie, ja längst, bevor diese bestand, schon waltete und ordnete. Wir selber sehen den bedeutenden Rechts- und Machtgedanken der Familie, welcher einmal, so weit wie römisches Wesen reichte, die Herrschaft besass, immer blasser und ohnmächtiger werden. So wird ein späteres Geschlecht auch den Staat in einzelnen Strecken der Erde bedeutungslos werden sehen, – eine Vorstellung, an welche viele Menschen der Gegenwart kaum ohne

Angst und Abscheu denken können. An der Verbreitung und Verwirklichung dieser Vorstellung zu arbeiten, ist freilich ein ander Ding: man muss sehr anmaassend von seiner Vernunft denken und die Geschichte kaum halb verstehen, um schon jetzt die Hand an den Pflug zu legen, – während noch Niemand die Samenkörner aufzeigen kann, welche auf das zerrissene Erdreich nachher gestreut werden sollen. Vertrauen wir also "der Klugheit und dem Eigennutz der Menschen", dass jetzt noch der Staat eine gute Weile bestehen bleibt und zerstörerische Versuche übereifriger und voreiliger Halbwisser abgewiesen werden!

473.

Der Socialismus in Hinsicht auf seine Mittel » – Der Socialismus ist der phantastische jüngere Bruder des fast abgelebten Despotismus, den er beerben will; seine Bestrebungen sind also im tiefsten Verstande reactionär. Denn er begehrt eine Fülle der Staatsgewalt, wie sie nur je der Despotismus gehabt hat, ja er überbietet alles Vergangene dadurch, dass er die förmliche Vernichtung des Individuums anstrebt: als welches ihm wie ein unberechtigter Luxus der Natur vorkommt und durch ihn in ein zweckmässiges Organ des Gemeinwesens umgebessert werden soll. Seiner Verwandtschaft wegen erscheint er immer in der Nähe aller excessiven Machtentfaltungen, wie der alte typische Socialist Plato am Hofe des sicilischen Tyrannen; er wünscht (und befördert unter Umständen) den cäsarischen Gewaltstaat dieses Jahrhunderts, weil er, wie gesagt, sein Erbe werden möchte. Aber selbst diese Erbschaft würde für seine Zwecke nicht ausreichen, er braucht die allerunterthänigste Niederwerfung aller Bürger vor dem unbedingten Staate, wie niemals etwas Gleiches existirt hat; und da er nicht einmal auf die alte religiöse Pietät für den Staat mehr rechnen darf, vielmehr an deren Beseitigung unwillkürlich fortwährend arbeiten muss – nämlich weil er an der Beseitigung aller bestehenden Staaten arbeitet –, so kann er sich nur auf kurze Zeiten, durch den äussersten Terrorismus, hie und da einmal auf Existenz Hoffnung machen. Desshalb bereitet er sich im Stillen zu Schreckensherrschaften vor und treibt den halb gebildeten Massen das Wort "Gerechtigkeit" wie einen Nagel in den Kopf, um sie ihres Verstandes völlig zu berauben (nachdem dieser Verstand schon durch die Halbbildung sehr gelitten hat) und ihnen für das böse Spiel, das sie spielen sollen, ein gutes Gewissen zu schaffen. – Der Socialismus kann dazu dienen, die Gefahr aller Anhäufungen von Staatsgewalt recht brutal und eindringlich zu lehren und insofern vor dem Staate selbst Misstrauen einzuflössen. Wenn seine rauhe Stimme in das Feldgeschrei "so viel Staat wie möglich" einfällt, so wird dieses zunächst dadurch lärmender, als je: aber bald dringt auch das entgegengesetzte mit um so grösserer Kraft hervor: "so wenig Staat wie möglich".

474.

Die Entwickelung des Geistes, vom Staate gefürchtet. – Die griechische Polis war, wie jede organisirende politische Macht, ausschliessend und misstrauisch gegen das Wachsthum der Bildung, ihr gewaltiger Grundtrieb zeigte sich fast nur lähmend und hemmend für dieselbe. Sie wollte keine Geschichte, kein Werden in der Bildung gelten lassen; die in dem Staatsgesetz festgestellte Erziehung sollte alle Generationen verpflichten und auf Einer Stufe festhalten. Nicht anders wollte es später auch noch Plato für seinen idealen Staat. Trotz der Polis entwickelte sich also die Bildung: indirect freilich und wider Willen half sie mit, weil die Ehrsucht des Einzelnen in der Polis auf's Höchste angereizt wurde, so dass er, einmal auf die Bahn geistiger Ausbildung gerathen, auch in ihr bis in's letzte Extrem fortgieng. Dagegen soll man sich nicht auf die Verherrlichungsrede des Perikles berufen: denn sie ist nur ein grosses optimistisches Trugbild über den angeblich nothwendigen Zusammenhang von Polis und athenischer Cultur; Thukydides lässt sie, unmittelbar bevor die Nacht über Athen kommt (die Pest und der Abbruch der Tradition), noch einmal wie eine verklärende Abendröthe aufleuchten, bei der man den schlimmen Tag vergessen soll, der ihr vorangieng.

475.

Der europäische Mensch und die Vernichtung der Nationen. – Der Handel und die Industrie, der Bücher- und Briefverkehr, die Gemeinsamkeit aller höheren Cultur, das schnelle Wechseln von Ort und Landschaft, das jetzige Nomadenleben aller Nicht-Landbesitzer, – diese Umstände bringen nothwendig eine Schwächung und zuletzt eine Vernichtung der Nationen, mindestens der europäischen, mit sich: so dass aus ihnen allen, in Folge fortwährender Kreuzungen, eine Mischrasse, die des europäischen Menschen, entstehen muss. Diesem Ziele wirkt jetzt bewusst oder unbewusst die Abschliessung der Nationen durch Erzeugung nationaler Feindseligkeiten entgegen, aber langsam geht der Gang jener Mischung dennoch vorwärts, trotz jener zeitweiligen Gegenströmungen: dieser künstliche Nationalismus ist übrigens so gefährlich wie der künstliche Katholicismus es gewesen ist, denn er ist in seinem Wesen ein gewaltsamer Noth- und Belagerungszustand, welcher von Wenigen über Viele verhängt ist, und braucht List, Lüge und Gewalt, um sich in Ansehen zu halten. Nicht das Interesse der Vielen (der Völker), wie man wohl sagt, sondern vor Allem das Interesse bestimmter Fürstendynastien, sodann das bestimmter Classen des Handels und der Gesellschaft, treibt zu diesem Nationalismus; hat man diess einmal erkannt, so soll man sich nur ungescheut als guten Europäer ausgeben und durch die That an der Verschmelzung der Nationen arbeiten: wobei die Deutschen durch ihre alte bewährte Eigenschaft, Dolmetscher und Vermittler der Völker zusein, mitzuhelfen vermögen. – Beiläufig: das ganze Problem der Juden ist nur innerhalb der nationalen Staaten vorhanden, insofern hier überall ihre Thatkräftigkeit und höhere Intelligenz, ihr in langer Leidensschule von Geschlecht zu Geschlecht angehäuftes Geist- und Willens-Capital, in einem neid- und hasserweckenden Maasse zum Uebergewicht kommen muss, so dass die litterarische Unart fast in allen jetzigen Nationen überhand nimmt – und zwar je mehr diese sich wieder national gebärden –, die Juden als Sündenböcke aller möglichen öffentlichen und inneren Uebelstände zur Schlachtbank zu führen. Sobald es sich nicht mehr um Conservirung von Nationen, sondern um die Erzeugung einer möglichst kräftigen europäischen Mischrasse handelt, ist der Jude als Ingredienz ebenso brauchbar und erwünscht, als irgend ein anderer nationaler Rest. Unangenehme, ja gefährliche Eigenschaften hat jede Nation, jeder Mensch; es ist grausam, zu verlangen, dass der Jude eine Ausnahme machen soll. Jene Eigenschaften mögen sogar bei ihm in besonderem Maasse gefährlich und abschreckend sein; und vielleicht ist der jugendliche Börsen-Jude die widerlichste Erfindung des Menschengeschlechtes überhaupt. Trotzdem möchte ich wissen, wie viel man bei einer Gesammtabrechnung einem Volke nachsehen muss, welches, nicht ohne unser Aller Schuld, die leidvollste Geschichte unter allen Völkern gehabt hat und dem man den edelsten Menschen (Christus), den reinsten Weisen (Spinoza), das mächtigste Buch und das wirkungsvollste Sittengesetz der Welt verdankt. Ueberdiess: in den dunkelsten Zeiten des Mittelalters, als sich die asiatische Wolkenschicht schwer über Europa gelagert hatte, waren es jüdische Freidenker, Gelehrte und Aerzte, welche das Banner der Aufklärung und der geistigen Unabhängigkeit unter dem härtesten persönlichen Zwange festhielten und Europa gegen Asien vertheidigten; ihren Bemühungen ist es nicht am wenigsten zu danken, dass eine natürlichere, vernunftgemässere und jedenfalls unmythische Erklärung der Welt endlich wieder zum Siege kommen konnte und dass der Ring der Cultur, welcher uns jetzt mit der Aufklärung des griechisch-römischen Alterthums zusammenknüpft, unzerbrochen blieb. Wenn das Christenthum Alles gethan hat, um den Occident zu orientalisiren, so hat das judenthum wesentlich mit dabei geholfen, ihn immer wieder zu occidentalisiren: was in einem bestimmten Sinne so viel heisst als Europa's Aufgabe und Geschichte zu einer Fortsetzung der griechischen zumachen.

476.

Scheinbare Ueberlegenheit des Mittelalters. – Das Mittelalter zeigt in der Kirche ein Institut mit einem ganz universalen, die gesammte Menschheit in sich begreifenden Ziele, noch dazu einem solchen, welches den – vermeintlich – höchsten Interessen derselben galt: dagegen gesehen, machen die Ziele der Staaten und Nationen, welche die neuere Geschichte zeigt, einen beklemmenden Eindruck; sie erscheinen kleinlich, niedrig, materiell, räumlich beschränkt. Aber dieser verschiedene Eindruck auf die Phantasie soll unser Urtheil ja nicht bestimmen; denn jenes universale Institut entsprach erkünstelten, auf Fictionen beruhenden Bedürfnissen, welche es, wo sie noch nicht vorhanden waren, erst erzeugen musste (Bedürfniss der Erlösung); die neuen Institute helfen wirklichen Nothzuständen ab; und die Zeit kommt, wo Institute entstehen, um den gemeinsamen wahren Bedürfnissen aller Menschen zu dienen und das phantastische Urbild, die katholische Kirche, in Schatten und Vergessenheit zu stellen.

477.

Der Krieg unentbehrlich. – Es ist eitel Schwärmerei und Schönseelenthum, von der Menschheit noch viel (oder gar: erst recht viel) zu erwarten, wenn sie verlernt hat, Kriege zu führen. Einstweilen kennen wir keine anderen Mittel, wodurch mattwerdenden Völkern jene rauhe Energie des Feldlagers, jener tiefe unpersönliche Hass, jene Mörder-Kaltblütigkeit mit gutem Gewissen, jene gemeinsame organisirende Gluth in der Vernichtung des Feindes, jene stolze Gleichgültigkeit gegen grosse Verluste, gegen das eigene Dasein und das der Befreundeten, jenes dumpfe erdbebenhafte Erschüttern der Seele ebenso stark und sicher mitgetheilt werden könnte, wie diess jeder grosse Krieg thut: von den hier hervorbrechenden Bächen und Strömen, welche freilich Steine und Unrath aller Art mit sich wälzen und die Wiesen zarter Culturen zu Grunde richten, werden nachher unter günstigen Umständen die Räderwerke in den Werkstätten des Geistes mit neuer Kraft umgedreht. Die Cultur kann die Leidenschaften, Laster und Bosheiten durchaus nicht entbehren. – Als die kaiserlich gewordenen Römer der Kriege etwas müde wurden, versuchten sie aus Thierhetzen, Gladiatorenkämpfen und Christenverfolgungen sich neue Kraft zu gewinnen. Die jetzigen Engländer, welche im Ganzen auch dem Kriege abgesagt zu haben scheinen, ergreifen ein anderes Mittel, um jene entschwindenden Kräfte neu zu erzeugen: jene gefährlichen Entdeckungsreisen, Durchschiffungen, Erkletterungen, zu wissenschaftlichen Zwecken, wie es heisst, unternommen, in Wahrheit, um überschüssige Kraft aus Abenteuern und Gefahren aller Art mit nach Hause zu bringen. Man wird noch vielerlei solche Surrogate des Krieges ausfindig machen, aber vielleicht durch sie immer mehr einsehen, dass eine solche hoch cultivirte und daher nothwendig matte Menschheit, wie die der jetzigen Europäer, nicht nur der Kriege, sondern der grössten und furchtbarsten Kriege – also zeitweiliger Rückfälle in die Barbarei – bedarf, um nicht an den Mitteln der Cultur ihre Cultur und ihr Dasein selber einzubüssen.

478.

Fleiss im Süden und Norden. – Der Fleiss entsteht auf zwei ganz verschiedene Arten. Die Handwerker im Süden werden fleissig, nicht aus Erwerbstrieb, sondern aus der beständigen Bedürftigkeit der Anderen. Weil immer Einer kommt, der ein Pferd beschlagen, einen Wagen ausbessern lassen will, so ist der Schmied fleissig. Käme Niemand, so würde er auf dem Markte herumlungern. Sich zu ernähren, das hat in einem fruchtbaren Lande wenig Noth, dazu brauchte er nur ein sehr geringes Maass von Arbeit, jedenfalls keinen Fleiss; schliesslich würde er betteln und zufrieden sein. – Der Fleiss englischer Arbeiter hat dagegen den Erwerbssinn hinter sich: er ist sich seiner selbst und seiner Ziele bewusst und will mit dem Besitz die Macht, mit der Macht die grösstmögliche Freiheit und individuelle Vornehmheit.

479.

Reichthum als Ursprung eines Geblütsadels. – Der Reichthum erzeugt nothwendig eine Aristokratie der Rasse, denn er gestattet die schönsten Weiber zu wählen, die besten Lehrer zu besolden, er gönnt dem Menschen Reinlichkeit, Zeit zu körperlichen Uebungen und vor Allem Abwendung von verdumpfender körperlicher Arbeit. Soweit verschafft er alle Bedingungen, um, in einigen Generationen, die Menschen vornehm und schön sich bewegen, ja selbst handeln zu machen: die grössere Freiheit des Gemüthes, die Abwesenheit des Erbärmlich-Kleinen, der Erniedrigung vor Brodgebern, der Pfennig-Sparsamkeit. – Gerade diese negativen Eigenschaften sind das reichste Angebinde des Glückes für einen jungen Menschen; ein ganz Armer richtet sich gewöhnlich durch

Vornehmheit der Gesinnung zu Grunde, er kommt nicht vorwärts und erwirbt Nichts, seine Rasse ist nicht lebensfähig. – Dabei ist aber zu bedenken, dass der Reichthum fast die gleichen Wirkungen ausübt, wenn Einer dreihundert Thaler oder dreissigtausend jährlich verbrauchen darf: es giebt nachher keine wesentliche Progression der begünstigenden Umstände mehr. Aber weniger zu haben, als Knabe zu betteln und sich zu erniedrigen, ist furchtbar: obwohl für Solche, welche ihr Glück im Glanze der Höfe, in der Unterordnung unter Mächtige und Einflussreiche suchen oder welche Kirchenhäupter werden wollen, es der rechte Ausgangspunct sein mag. (- Es lehrt, gebückt sich in die Höhlengänge der Gunst einzuschleichen.)

480.

Neid und Trägheit in verschiedener Richtung. – Die beiden gegnerischen Parteien, die socialistische und die nationale – oder wie die Namen in den verschiedenen Ländern Europa's lauten mögen – sind einander würdig: Neid und Faulheit sind die bewegenden Mächte in ihnen beiden. In jenem Heerlager will man so wenig als möglich mit den Händen arbeiten, in diesem so wenig als möglich mit dem Kopf; in letzterem hasst und neidet man die hervorragenden, aus sich wachsenden Einzelnen, welche sich nicht gutwillig in Reih und Glied zum Zwecke einer Massenwirkung stellen lassen; in ersterem die bessere, äusserlich günstiger gestellte Kaste der Gesellschaft, deren eigentliche Aufgabe, die Erzeugung der höchsten Culturgüter, das Leben innerlich um so viel schwerer und schmerzensreicher macht. Gelingt es freilich, jenen Geist der Massenwirkung zum Geiste der höheren Classen der Gesellschaft zu machen, so sind die socialistischen Schaaren ganz im Rechte, wenn sie auch äusserlich zwischen sich und jenen zu nivelliren suchen, da sie ja innerlich, in Kopf und Herz, schon mit einander nivellirt sind. – Lebt als höhere Menschen und thut immerfort die Thaten der höheren Cultur, – so gesteht euch Alles, was da lebt, euer Recht zu, und die Ordnung der Gesellschaft, deren Spitze ihr seid, ist gegen jeden bösen Blick und Griff gefeit!

481.

Grosse Politik und ihre Einbussen. – Ebenso wie ein Volk die grössten Einbussen, welche Krieg und Kriegsbereitschaft mit sich bringen, nicht durch die Unkosten des Krieges, die Stauungen im Handel und Wandel erleidet, ebenso nicht durch die Unterhaltung der stehenden Heere – so gross diese Einbussen auch jetzt sein mögen, wo acht Staaten Europa's jährlich die Summe von zwei bis drei Milliarden darauf verwenden –, sondern dadurch, dass Jahr aus Jahr ein die tüchtigsten, kräftigsten, arbeitsamsten Männer in ausserordentlicher Anzahl ihren eigentlichen Beschäftigungen und Berufen entzogen werden, um Soldaten zu sein: ebenso erleidet ein Volk, welches sich anschickt, grosse Politik zu treiben und unter den mächtigsten Staaten sich eine entscheidende Stimme zu sichern, seine grössten Einbussen nicht darin, worin man sie gewöhnlich findet. Es ist wahr, dass es von diesem Zeitpuncte ab fortwährend eine Menge der hervorragendsten Talente auf dem "Altar des Vaterlandes" oder der nationalen Ehrsucht opfert, während früher diesen Talenten, welche jetzt die Politik verschlingt, andere Wirkungskreise offen standen. Aber abseits von diesen öffentlichen Hekatomben, und im Grunde viel grauenhafter als diese, begiebt sich ein Schauspiel, welches fortwährend in hunderttausend Acten gleichzeitig sich abspielt: jeder tüchtige, arbeitsame, geistvolle, strebende Mensch eines solchen nach politischen Ruhmeskränzen lüsternen Volkes wird von dieser Lüsternheit beherrscht und gehört seiner eigenen Sache nicht mehr, wie früher, völlig an: die täglich neuen Fragen und Sorgen des öffentlichen Wohles verschlingen eine tägliche Abgabe von dem Kopf- und Herz-Capitale jedes Bürgers: die Summe all dieser Opfer und Einbussen an individueller Energie und Arbeit ist so ungeheuer, dass das politische Aufblühen eines Volkes eine geistige Verarmung und Ermattung, eine geringere Leistungsfähigkeit zu Werken, welche grosse Concentration und Einseitigkeit verlangen, fast mit Nothwendigkeit nach sich zieht. Zuletzt darf man fragen: lohnt sich denn all diese Blüthe und Pracht des Ganzen (welche ja doch nur als Furcht der anderen Staaten vor dem neuen Coloss und als dem Auslande abgerungene Begünstigung der nationalen Handels- und Verkehrs-Wohlfahrt zu Tage tritt), wenn dieser groben und buntschillernden Blume der Nation alle die edleren, zarteren, geistigeren Pflanzen und Gewächse, an welchen ihr Boden bisher so reich war, zum Opfer gebracht werden müssen?

482.

Und nochmals gesagt. – Oeffentliche Meinungen – private Faulheiten.

Neuntes Hauptstück

Der Mensch mit sich allein

483.

Feinde der Wahrheit. – Ueberzeugungen sind gefährlichere Feinde der Wahrheit, als Lügen.

484.

Verkehrte Welt. – Man kritisirt einen Denker schärfer, wenn er einen uns unangenehmen Satz hinstellt; und doch wäre es vemünftiger, diess zu thun, wenn sein Satz uns angenehm ist.

485.

Charaktervoll. – Charaktervoll erscheint ein Mensch weit häufiger, weil er immer seinem Temperamente, als weil er immer seinen Principien folgt.

486.

Das Eine, was Noth thut. – Eins muss man haben: entweder einen von Natur leichten Sinn oder einen durch Kunst und Wissen erleichterten Sinn.

487.

Die Leidenschaft für Sachen. – Wer seine Leidenschaft auf Sachen (Wissenschaften, Staatswohl, Culturinteressen, Künste) richtet, entzieht seiner Leidenschaft für Personen viel Feuer (selbst wenn sie Vertreter jener Sachen sind, wie Staatsmänner, Philosophen, Künstler Vertreter ihrer Schöpfungen sind).

488.

Die Ruhe in der That. – Wie ein Wasserfall im Sturz langsamer und schwebender wird, so pflegt der grosse Mensch der That mit mehr Ruhe zu handeln, als seine stürmische Begierde vor der That es erwarten liess.

489.

Nicht zu tief. – Personen, welche eine Sache in aller Tiefe erfassen, bleiben ihr selten auf immer treu. Sie haben eben die Tiefe an's Licht gebracht: da giebt es immer viel Schlimmes zu sehen.

490.

Wahn der Idealisten. – Alle Idealisten bilden sich ein, die Sachen, welchen sie dienen, seien wesentlich besser, als die anderen Sachen in der Welt, und wollen nicht glauben, dass wenn ihre Sache überhaupt gedeihen soll, sie genau des selben übel riechenden Düngers bedarf, welchen alle anderen menschlichen Unternehmungen nöthig haben.

491.

Selbstbeobachtung. – Der Mensch ist gegen sich selbst, gegen Auskundschaftung und Belagerung durch sich selber, sehr gut vertheidigt, er vermag gewöhnlich nicht mehr von sich, als seine Aussenwerke wahrzunehmen. Die eigentliche Festung ist ihm unzugänglich, selbst unsichtbar, es sei denn, dass Freunde und Feinde die Verräther machen und ihn selber auf geheimem Wege hineinführen.

492.

Der richtige Beruf. – Männer halten selten einen Beruf aus, von dem sie nicht glauben oder sich einreden, er sei im Grunde wichtiger, als alle anderen. Ebenso geht es Frauen mit ihren Liebhabern.

493.

Adel der Gesinnung. – Der Adel der Gesinnung besteht zu einem grossen Teil aus Gutmüthigkeit und Mangel an Misstrauen, und enthält also gerade Das, worüber sich die gewinnsüchtigen und erfolgreichen Menschen so gerne mit Ueberlegenheit und Spott ergehen.

494.

Ziel und Wege. – Viele sind hartnäckig in Bezug auf den einmal eingeschlagenen Weg, Wenige in Bezug auf das Ziel.

495.

Das Empörende an einer individuellen Lebensart. – Alle sehr individuellen Maassregeln des Lebens bringen die Menschen gegen Den, der sie ergreift, auf; sie fühlen sich durch die aussergewöhnliche Behandlung, welche jener sich angedeihen lässt, erniedrigt, als gewöhnliche Wesen.

496.

Vorrecht der Grösse. – Es ist das Vorrecht der Grösse, mit geringen Gaben hoch zu beglücken.

497.

Unwillkürlich vornehm. – Der Mensch beträgt sich unwillkürlich vornehm, wenn er sich gewöhnt hat, von den Menschen Nichts zu wollen und ihnen immer zu geben.

498.

Bedingung des Heroenthums. – Wenn Einer zum Helden werden will, so muss die Schlange vorher zum Drachen geworden sein, sonst fehlt ihm sein rechter Feind.

499.

Freund. – Mit Freude, nicht Mitleiden, macht den Freund.

500.

Ebbe und Fluth zu benutzen. – Man muss zum Zwecke der Erkenntniss jene innere Strömung zu benutzen wissen, welche uns zu einer Sache hinzieht und wiederum jene, welche uns nach einer Zeit von der Sache fortzieht.

501.

Freude an sich.- "Freude an der Sache" so sagt man: aber in Wahrheit, ist es Freude an sich vermittelst einer Sache.

502.

Der Bescheidene. – Wer gegen Personen bescheiden ist, zeigt gegen Sachen (Stadt, Staat, Gesellschaft, Zeit, Menschheit) um so stärker seine Anmaassung. Das ist seine Rache.

503.

Neid und Eifersucht. – Neid und Eifersucht sind die Schamtheile der menschlichen Seele. Die Vergleichung kann vielleicht fortgesetzt werden.

504.

Der vornehmste Heuchler. – Gar nicht von sich zu reden, ist eine sehr vornehme Heuchelei.

505.

Verdruss. – Der Verdruss ist eine körperliche Krankheit, welche keineswegs dadurch schon gehoben ist, dass die Veranlassung zum Verdruss hinterdrein beseitigt wird.

506.

Vertreter der Wahrheit. – Nicht wenn es gefährlich ist, die Wahrheit zu sagen, findet sie am seltensten Vertreter, sondern wenn es langweilig ist.

507.

Beschwerlicher noch, als Feinde. – Die Personen, von deren sympathischem Verhalten wir nicht unter allen Umständen überzeugt sind, während uns irgend ein Grund (z. B. Dankbarkeit) verpflichtet, den Anschein der unbedingten Sympathie unsererseits aufrecht zu erhalten, quälen unsere Phantasie viel mehr, als unsere Feinde.

508.

Die freie Natur. – Wir sind so gern in der freien Natur, weil diese keine Meinung über uns hat.

509.

Jeder in Einer Sache überlegen. – In civilisirten Verhältnissen fühlt sich Jeder jedem Anderen in Einer Sache wenigstens überlegen: darauf beruht das allgemeine Wohlwollen, insofern Jeder einer ist, der unter Umständen helfen kann und desshalb sich ohne Scham helfen lassen darf.

510.

Trostgründe. – Bei einem Todesfall braucht man zumeist Trostgründe, nicht sowohl um die Gewalt des Schmerzes zu lindern, als um zu entschuldigen, dass man sich so leicht getröstet fühlt.

511.

Die Ueberzeugungstreuen. – Wer viel zu thun hat, behält seine allgemeinen Ansichten und Standpuncte fast unverändert bei. Ebenso jeder, der im Dienst einer Idee arbeitet: er wird die Idee selber nie mehr prüfen, dazu hat er keine Zeit mehr; ja es geht gegen sein Interesse, sie überhaupt noch für discutirbar zu halten.

512.

Moralität und Quantität. – Die höhere Moralität des einen Menschen, im Vergleich zu der eines anderen, liegt oft nur darin, dass die Ziele quantitativ grösser sind. Jenen zieht die Beschäftigung mit dem Kleinen, im engen Kreise, nieder.

513.

Das Leben als Ertrag des Lebens. – Der Mensch mag sich noch so weit mit seiner Erkenntniss ausrecken, sich selber noch so objectiv vorkommen: zuletzt trägt er doch Nichts davon, als seine eigene Biographie.

514.

Die eherne Nothwendigkeit. – Die eherne Nothwendigkeit ist ein Ding, von dem die Menschen im Verlauf der Geschichte einsehen, dass es weder ehern noch nothwendig ist.

515.

Aus der Erfahrung. – Die Unvernunft einer Sache ist kein Grund gegen ihr Dasein, vielmehr eine Bedingung desselben.

516.

Wahrheit. – Niemand stirbt jetzt an tödtlichen Wahrheiten: es giebt zu viele Gegengifte.

517.

Grundeinsicht. – Es giebt keine prästabilirte Harmonie zwischen der Förderung der Wahrheit und dem Wohle der Menschheit.

518.

Menschenloos. – Wer tiefer denkt, weiss, dass er immer Unrecht hat, er mag handeln und urtheilen, wie er will.

519.

Wahrheit als Circe. – Der Irrthum hat aus Thieren Menschen gemacht; sollte die Wahrheit im Stande sein, aus dem Menschen wieder ein Thier zu machen?

520.

Gefahr unserer Cultur. – Wir gehören einer Zeit an, deren Cultur in Gefahr ist, an den Mitteln der Cultur zu Grunde zu gehen.

521.

Grösse heisst: Richtung-geben. – Kein Strom ist durch sich selber gross und reich: sondern dass er so viele Nebenflüsse aufnimmt und fortführt, das macht ihn dazu. So steht es auch mit allen Grössen des Geistes. Nur darauf kommt es an, dass Einer die Richtung angiebt, welcher dann so viele Zuflüsse folgen müssen; nicht darauf, ob er von Anbeginn arm oder reich begabt ist.

522.

Schwaches Gewissen. – Menschen, welche von ihrer Bedeutung für die Menschheit sprechen, haben in Bezug auf gemeine bürgerliche Rechtlichkeit im Halten von Verträgen, Versprechungen, ein schwaches Gewissen.

523.

Geliebt sein wollen. – Die Forderung, geliebt zu werden, ist die grösste der Anmaassungen.

524.

Menschenverachtung. – Das unzweideutigste Anzeichen von einer Geringschätzung der Menschen ist diess, dass man Jedermann nur als Mittel zu seinem Zwecke oder gar nicht gelten lässt.

525.

Anhänger aus Widerspruch. – Wer die Menschen zur Raserei gegen sich gebracht hat, hat sich immer auch eine Partei zu seinen Gunsten erworben.

526.

Erlebnisse vergessen. – Wer viel denkt, und zwar sachlich denkt, vergisst leicht seine eigenen Erlebnisse, aber nicht so die Gedanken, welche durch jene hervorgerufen wurden.

527.

Festhalten einer Meinung. – Der Eine hält eine Meinung fest, weil er sich Etwas darauf einbildet, von selbst auf sie gekommen zu sein, der Andere, weil er sie mit

Mühe gelernt hat und stolz darauf ist, sie begriffen zu haben: Beide also aus Eitelkeit.

528.

Das Licht scheuen. – Die gute That scheut ebenso ängstlich das Licht, als die böse That: diese fürchtet, durch das Bekanntwerden komme der Schmerz (als Strafe), jene fürchtet, durch das Bekanntwerden schwinde die Lust (jene reine Lust an sich selbst nämlich, welche sofort aufhört, sobald eine Befriedigung der Eitelkeit hinzutritt).

529.

Die Länge des Tages. – Wenn man viel hineinzustecken hat, so hat ein Tag hundert Taschen.

530.

Tyrannengenie. – Wenn in der Seele eine unbezwingliche Lust dazu rege ist, sich tyrannisch durchzusetzen, und das Feuer beständig unterhält, so wird selbst eine geringe Begabung (bei Politikern, Künstlern) allmählich zu einer fast unwiderstehlichen Naturgewalt.

531.

Das Leben des Feindes. – Wer davon lebt, einen Feind zu bekämpfen, hat ein Interesse daran, dass er am Leben bleibt.

532.

Wichtiger. – Man nimmt die unerklärte dunkle Sache wichtiger, als die erklärte helle.

533.

Abschätzung erwiesener Dienste. – Dienstleistungen, die uns jemand erweist, schätzen wir nach dem Werthe, den Jener darauf legt, nicht nach dem, welchen sie für uns haben.

534.

Unglück. – Die Auszeichnung, welche im Unglück liegt (als ob es ein Zeichen von Flachheit, Anspruchslosigkeit, Gewöhnlichkeit sei, sich glücklich zu fühlen), ist so gross, dass wenn Jemand Einem sagt: "Aber wie glücklich Sie sind!" man gewöhnlich protestirt.

535.

Phantasie der Angst. – Die Phantasie der Angst ist jener böse äffische Kobold, der dem Menschen gerade dann noch auf den Rücken springt, wenn er schon am schwersten zu tragen hat.

536.

Werth abgeschmackter Gegner. – Man bleibt mitunter einer Sache nur desshalb treu, weil ihre Gegner nicht aufhören, abgeschmackt zu sein.

537.

Werth eines Berufes. – Ein Beruf macht gedankenlos; darin liegt sein grösster Segen. Denn er ist eine Schutzwehr, hinter welche man sich, wenn Bedenken und Sorgen allgemeiner Art Einen anfallen, erlaubtermaassen zurückziehen kann.

538.

Talent. – Das Talent manches Menschen erscheint geringer als es ist, weil er sich immer zu grosse Aufgaben gestellt hat.

539.

Jugend. – Die Jugend ist unangenehm; denn in ihr ist es nicht möglich oder nicht vernünftig, productiv zu sein, in irgend einem Sinne.

540.

Zugrosse Ziele. – Wer sich öffentlich grosse Ziele stellt und hinterdrein im Geheimen einsieht, dass er dazu zu schwach ist, hat gewöhnlich auch nicht Kraft genug, jene Ziele öffentlich zu widerrufen und wird dann unvermeidlich zum Heuchler.

541.

Im Strome. – Starke Wasser reissen viel Gestein und Gestrüpp mit sich fort, starke Geister viel dumme und verworrene Köpfe.

542.

Gefahren der geistigen Befreiung. – Bei der ernstlich gemeinten geistigen Befreiung eines Menschen hoffen im Stillen auch seine Leidenschaften und Begierden ihren Vortheil sich zu ersehen.

543.

Verkörperung des Geistes. – Wenn Einer viel und klug denkt, so bekommt nicht nur sein Gesicht, sondern auch sein Körper ein kluges Aussehen.

544.

Schlecht sehen und schlecht hören. – Wer wenig sieht, sieht immer weniger; wer schlecht hört, hört immer Einiges noch dazu.

545.

Selbstgenuss in der Eitelkeit. – Der Eitele will nicht sowohl hervorragen, als sich hervorragend fühlen, desshalb verschmäht er kein Mittel des Selbstbetruges und der Selbstüberlistung. Nicht die Meinung der Anderen, sondern seine Meinung von Deren Meinung liegt ihm am Herzen.

546.

Ausnahmsweise eitel. – Der für gewöhnlich Selbstgenügsame ist ausnahmsweise eitel und für Ruhm- und Lobsprüche empfänglich, wenn er körperlich krank ist. In dem Maasse, in welchem er sich verliert, muss er sich aus fremder Meinung, von Aussen her, wieder zu gewinnen suchen.

547.

Die "Geistreichen". – Der hat keinen Geist, welcher den Geist sucht.

548.

Wink für Parteihäupter. – Wenn man die Leute dazu treiben kann, sich öffentlich für Etwas zu erklären, so hat man sie meistens auch dazu gebracht, sich innerlich dafür zu erklären; sie wollen fürderhin als consequent erfunden werden.

549.

Verachtung. – Die Verachtung durch Andere ist dem Menschen empfindlicher, als die durch sich selbst.

550.

Schnur der Dankbarkeit. – Es giebt sclavische Seelen, welche die Erkenntlichkeit für erwiesene Wohlthaten so weit treiben, dass sie sich mit der Schnur der Dankbarkeit selbst erdrosseln.

551.

Kunstgriff des Propheten. – Um die Handlungsweise gewöhnlicher Menschen im Voraus zu errathen, muss man annehmen, dass sie immer den mindesten Aufwand an Geist machen, um sich aus einer unangenehmen Lage zu befreien.

552.

Das einzige Menschenrecht. – Wer vom Herkömmlichen abweicht, ist das Opfer des Aussergewöhnlichen; wer im Herkömmlichen bleibt, ist der Sclave desselben. Zu Grunde gerichtet wird man auf jeden Fall.

553.

Unter das Thier hinab. – Wenn der Mensch vor Lachen wiehert, übertrifft er alle Thiere durch seine Gemeinheit.

554.

Halbwissen. – Der, welcher eine fremde Sprache wenig spricht, hat mehr Freude daran, als Der, welcher sie gut spricht. Das Vergnügen ist bei den Halbwissenden.

555.

Gefährliche Hülfbereitschaft. – Es giebt Leute, welche das Leben den Menschen erschweren wollen, aus keinem andern Grunde, als um ihnen hinterdrein ihre Recepte zur Erleichterung des Lebens, zum Beispiel ihr Christenthum, anzubieten.

556.

Fleiss und Gewissenhaftigkeit. – Fleiss und Gewissenhaftigkeit sind oftmals dadurch Antagonisten, dass der Fleiss die Früchte sauer vom Baume nehmen will, die Gewissenhaftigkeit sie aber zu lange hängen lässt, bis sie herabfallen und sich zerschlagen.

557.

Verdächtigen. – Menschen, welche man nicht leiden kann, sucht man sich zu verdächtigen.

558.

Die Umstände fehlen. – Viele Menschen warten ihr Leben lang auf die Gelegenheit, auf ihre Art gut zu sein.

559.

Mangel an Freunden. – Der Mangel an Freunden lässt auf Neid oder Anmaassung schliessen. Mancher verdankt seine Freunde nur dem glücklichen Umstande, dass er keinen Anlass zum Neide hat.

560.

Gefahr in der Vielheit. – Mit einem Talente mehr steht man oft unsicherer, als mit einem weniger: wie der Tisch besser auf drei, als auf vier Füssen steht.

561.

Den Andern zum Vorbild. – Wer ein gutes Beispiel geben will, muss seiner Tugend einen Gran Narrheit zusetzen: dann ahmt man nach und erhebt sich zugleich über den Nachgeahmten, – was die Menschen lieben.

562.

Zielscheibe sein. – Die bösen Reden Anderer über uns gelten oft nicht eigentlich uns, sondern sind die Aeusserungen eines Aergers, einer Verstimmung aus ganz anderen Gründen.

563.

Leicht resignirt. – Man leidet wenig an versagten Wünschen, wenn man seine Phantasie geübt hat, die Vergangenheit zu verhässlichen.

564.

In Gefahr. – Man ist am Meisten in Gefahr, überfahren zu werden, wenn man eben einem Wagen ausgewichen ist.

565.

Je nach der Stimme die Rolle. – Wer gezwungen ist, lauter zu reden, als er gewohnt ist (etwa vor einem Halb-Tauben oder vor einem grossen Auditorium), übertreibt gewöhnlich die Dinge, welche er mitzutheilen hat. – Mancher wird zum Verschwörer, böswilligen Nachredner, Intriguanten, blos weil seine Stimme sich am besten zu einem Geflüster eignet.

566.

Liebe und Hass. – Liebe und Hass sind nicht blind, aber geblendet vom Feuer, das sie selber mit sich tragen.

567.

Mit Vortheil angefeindet. – Menschen, welche der Welt ihre Verdienste nicht völlig deutlich machen können, suchen sich eine starke Feindschaft zu erwecken. Sie haben dann den Trost, zu denken, dass diese zwischen ihren Verdiensten und deren Anerkennung stehe – und dass mancher Andere das Selbe vermuthe: was sehr vortheilhaft für ihre Geltung ist.

568.

Beichte. – Man vergisst seine Schuld, wenn man sie einem Andern gebeichtet hat, aber gewöhnlich vergisst der Andere sie nicht.

569.

Selbstgenügsamkeit. – Das goldene Vliess der Selbstgenügsamkeit schützt gegen Prügel, aber nicht gegen Nadelstiche.

570.

Schatten in der Flamme. – Die Flamme ist sich selber nicht so hell, als den Anderen, denen sie leuchtet: so auch der Weise.

571.

Eigene Meinungen. – Die erste Meinung, welche uns einfällt, wenn wir plötzlich über eine Sache befragt werden, ist gewöhnlich nicht unsere eigene, sondern nur die landläufige, unserer Kaste, Stellung, Abkunft zugehörige; die eigenen Meinungen schwimmen selten oben auf.

572.

Herkunft des Muthes. – Der gewöhnliche Mensch ist muthig und unverwundbar wie ein Held, wenn er die Gefahr nicht sieht, für sie keine Augen hat. Umgekehrt: der Held hat die einzig verwundbare Stelle auf dem Rücken, also dort, wo er keine Augen hat.

573.

Gefahr im Arzte. – Man muss für seinen Arzt geboren sein, sonst geht man an seinem Arzt zu Grunde.

574.

Wunderliche Eitelkeit. – Wer dreimal mit Dreistigkeit das Wetter prophezeit hat und Erfolg hatte, der glaubt im Grunde seiner Seele ein Wenig an seine Prophetengabe. Wir lassen das Wunderliche, Irrationelle gelten, wenn es unserer Selbstschätzung schmeichelt.

575.

Beruf. – Ein Beruf ist das Rückgrat des Lebens.

576.

Gefahr persönlichen Einflusses. – Wer fühlt, dass er auf einen Anderen einen grossen innerlichen Einfluss ausübt, muss ihm ganz freie Zügel lassen, ja gelegentliches Widerstreben gern sehen und selbst herbeiführen: sonst wird er unvermeidlich sich einen Feind machen.

577.

Den Erben gelten lassen. – Wer etwas Grosses in selbstloser Gesinnung begründet hat, sorgt dafür, sich Erben zu erziehen. Es ist das Zeichen einer tyrannischen und unedlen Natur, in allen möglichen Erben seines Werkes seine Gegner zu sehen und gegen sie im Stande der Nothwehr zu leben.

578.

Halbwissen. – Das Halbwissen ist siegreicher, als das Ganzwissen: es kennt die Dinge einfacher, als sie sind, und macht daher seine Meinung fasslicher und überzeugender.

579.

Nicht geeignet zum Parteimann. – Wer viel denkt, eignet sich nicht zum Parteimann: er denkt sich zu bald durch die Partei hindurch.

580.

Schlechtes Gedächtniss. – Der Vortheil des schlechten Gedächtnisses ist, dass man die selben guten Dinge mehrere Male zum Ersten Male geniesst.

581.

Sich Schmerzen machen. – Rücksichtslosigkeit des Denkens ist oft das Zeichen einer unfriedlichen inneren Gesinnung, welche Betäubung begehrt.

582.

Märtyrer. – Der Jünger eines Märtyrers leidet mehr, als der Märtyrer.

583.

Rückständige Eitelkeit. – Die Eitelkeit mancher Menschen, die es nicht nöthig hätten, eitel zu sein, ist die übriggebliebene und gross gewachsene Gewohnheit aus der Zeit her, wo sie noch kein Recht hatten, an sich zu glauben und diesen Glauben erst von Andern in kleiner Münze einbettelten.

584.

Punctum saliens der Leidenschaft. – Wer im Begriff ist, in Zorn oder in einen heftigen Liebesaffect zu gerathen, erreicht einen Punct, wo die Seele voll ist wie ein Gefäss: aber doch muss ein Wassertropfen noch hinzukommen, der gute Wille zur Leidenschaft (den man gewöhnlich auch den bösen nennt). Es ist nur dieses Pünctchen nöthig, dann läuft das Gefäss über.

585.

Gedanke des Unmuthes. – Es ist mit den Menschen wie mit den Kohlenmeilern im Walde. Erst wenn die jungen Menschen ausgeglüht haben und verkohlt sind, gleich jenen, dann werden sie nützlich. So lange sie dampfen und rauchen, sind sie vielleicht interessanter, aber unnütz und gar zu häufig unbequem. – Die Menschheit verwendet schonungslos jeden Einzelnen als Material zum Heizen ihrer grossen Maschinen: aber wozu dann die Maschinen, wenn alle Einzelnen (das heisst die Menschheit) nur dazu nützen, sie zu unterhalten? Maschinen, die sich selbst Zweck sind, – ist das die umana commedia?

586.

Vom Stundenzeiger des Lebens. – Das Leben besteht aus seltenen einzelnen Momenten von höchster Bedeutsamkeit und unzählig vielen Intervallen, in denen uns besten Falls die Schattenbilder jener Momente umschweben. Die Liebe, der Frühling, jede schöne Melodie, das Gebirge, der Mond, das Meer – Alles redet nur einmal ganz zum Herzen: wenn es überhaupt je ganz zu Worte kommt. Denn viele Menschen haben jene Momente gar nicht und sind selber Intervalle und Pausen in der Symphonie des wirklichen Lebens.

587.

Angreifen oder eingreifen. – Wir machen häufig den Fehler, eine Richtung oder Partei oder Zeit lebhaft anzufeinden, weil wir zufällig nur ihre veräusserlichte Seite, ihre Verkümmerung oder die ihnen nothwendig anhaftenden "Fehler ihrer Tugenden" zu sehen bekommen, – vielleicht weil wir selbst an diesen vornehmlich theilgenommen haben. Dann wenden wir ihnen den Rücken und suchen eine entgegengesetzte Richtung; aber das Bessere wäre, die starken guten Seiten aufzusuchen oder an sich selber auszubilden. Freilich gehört ein kräftigerer Blick und besserer Wille dazu, das Werdende und Unvollkommene zu fördern, als es in seiner Unvollkommenheit zu durchschauen und zu verleugnen.

588.

Bescheidenheit. – Es giebt wahre Bescheidenheit (das heisst die Erkenntniss, dass wir nicht unsere eigenen Werke sind); und recht wohl geziemt sie dem grossen Geiste, weil gerade er den Gedanken der völligen Unverantwortlichkeit (auch für das Gute, was er schafft) fassen kann. Die Unbescheidenheit des Grossen hasst man nicht, insofern er seine Kraft fühlt, sondern weil er seine Kraft dadurch erst erfahren will, dass er die Anderen verletzt, herrisch behandelt und zusieht, wie weit sie es aushalten. Gewöhnlich beweist diess sogar den Mangel an sicherem Gefühl der Kraft und macht somit die Menschen an seiner Grösse zweifeln. Insofern ist Unbescheidenheit vom Gesichtspuncte der Klugheit aus sehr zu widerrathen.

589.

Des Tages erster Gedanke. – Das beste Mittel, jeden Tag gut zu beginnen, ist: beim Erwachen daran zu denken, ob man nicht wenigstens einem Menschen an diesem Tage eine Freude machen könne. Wenn diess als ein Ersatz für die religiöse Gewöhnung des Gebetes gelten dürfte, so hätten die Mitmenschen einen Vortheil bei dieser Aenderung.

590.

Anmaassung als letztes Trostmittel. – Wenn man ein Missgeschick, seinen intellectuellen Mangel, seine Krankheit sich so zurecht legt, dass man hierin sein vorgezeichnetes Schicksal, seine Prüfung oder die geheimnissvolle Strafe für früher Begangenes sieht, so macht man sich sein eigenes Wesen dadurch interessant und erhebt sich in der Vorstellung über seine Mitmenschen. Der stolze Sünder ist eine bekannte Figur in allen kirchlichen Secten.

591.

Vegetation des Glückes. – Dicht neben dem Wehe der Welt, und oft auf seinem vulcanischen Boden, hat der Mensch seine kleinen Gärten des Glückes angelegt; ob man das Leben mit dem Blicke Dessen betrachtet, der vom Dasein Erkenntniss allein will, oder Dessen, der sich ergiebt und resignirt, oder Dessen, der an der überwundenen Schwierigkeit sich freut, – überall wird er etwas Glück neben dem Unheil aufgesprosst finden – und zwar um so mehr Glück, je vulcanischer der Boden war nur wäre es lächerlich, zu sagen, dass mit diesem Glück das Leiden selbst gerechtfertigt sei.

592.

Die Strasse der Vorfahren. – Es ist vernünftig, wenn jemand das Talent, auf welches sein Vater oder Grossvater Mühe verwendet hat, an sich selbst weiter ausbildet und nicht zu etwas ganz Neuem umschlägt; er nimmt sich sonst die Möglichkeit, zum Vollkommenen in irgend einem Handwerk zu gelangen. Desshalb sagt das Sprüchwort: "Welche Strasse sollst du reiten? – die deiner Vorfahren."

593.

Eitelkeit und Ehrgeiz als Erzieher. – So lange Einer noch nicht zum Werkzeug des allgemeinen menschlichen Nutzens geworden ist, mag ihn der Ehrgeiz peinigen; ist jenes Ziel aber erreicht, arbeitet er mit Nothwendigkeit wie eine Maschine zum Besten Aller, so mag dann die Eitelkeit kommen; sie wird ihn im Kleinen vermenschlichen, geselliger, erträglicher, nachsichtiger machen, dann, wenn der Ehrgeiz die grobe Arbeit (ihn nützlich zu machen) an ihm vollendet hat.

594.

Philosophische Neulinge. – Hat man die Weisheit eines Philosophen eben eingenommen, so geht man durch die Strassen mit dem Gefühle, als sei man umgeschaffen und ein grosser Mann geworden; denn man findet lauter Solche, welche diese Weisheit nicht kennen, hat also über Alles eine neue unbekannte Entscheidung vorzutragen: weil man ein Gesetzbuch anerkennt, meint man jetzt auch sich als Richter gebärden zu müssen.

595.

Durch Missfallen gefallen. – Die Menschen, welche lieber auffallen und dabei missfallen wollen, begehren das Selbe wie Die, welche nicht auffallen und gefallen wollen, nur in einem viel höheren Grade und indirect, vermittelst einer Stufe, durch welche sie sich scheinbar von ihrem Ziele entfernen. Sie wollen Einfluss und Macht, und zeigen desshalb ihre Ueberlegenheit, selbst so, dass sie unangenehm empfunden wird; denn sie wissen, dass Der, welcher endlich zur Macht gelangt ist, fast in Allem was er thut und sagt, gefällt, und dass selbst, wo er missfällt, er doch noch zu gefallen scheint. – Auch der Freigeist, und ebenso der Gläubige, wollen Macht, um durch sie einmal zu gefallen; wenn ihnen ihrer Lehre wegen ein übeles Schicksal, Verfolgung, Kerker, Hinrichtung, droht, so freuen sie sich des Gedankens, dass ihre Lehre auf diese Weise der Menschheit eingeritzt und eingebrannt wird; sie nehmen es hin als ein schmerzhaftes, aber kräftiges, wenngleich spät wirkendes Mittel, um doch noch zur Macht zu gelangen.

596.

Casus belli und Aehnliches – Der Fürst, welcher zu dem gefassten Entschlusse, Krieg mit dem Nachbar zu führen, einen casus belli ausfindig macht, gleicht dem Vater, der seinem Kinde eine Mutter unterschiebt, welche fürderhin als solche gelten soll. Und sind nicht fast alle öffentlich bekannt gemachten Motive unserer Handlungen solche untergeschobene Mütter?

597.

Leidenschaft und Recht. – Niemand spricht leidenschaftlicher von seinem Rechte, als Der, welcher im Grunde seiner Seele einen Zweifel an seinem Rechte hat. Indem er die Leidenschaft auf seine Seite zieht, will er den Verstand und dessen Zweifel betäuben: so gewinnt er das gute Gewissen und mit ihm den Erfolg bei den Mitmenschen.

598.

Kunstgriff des Entsagenden. – Wer gegen die Ehe protestirt nach Art der katholischen Priester wird diese nach ihrer niedrigsten, gemeinsten Auffassung zu verstehen suchen. Ebenso wer die Ehre bei den Zeitgenossen von sich abweist, wird deren Begriff niedrig fassen; so erleichtert er sich die Entbehrung und den Kampf dagegen. Uebrigens wird Der, welcher sich im Ganzen viel versagt, sich im Kleinen leicht Indulgenz geben. Es wäre möglich, dass Der, welcher über den Beifall der Zeitgenossen erhaben ist, doch die Befriedigung kleiner Eitelkeiten sich nicht versagen will.

599.

Lebensalter der Anmaassung. – Zwischen dem sechsundzwanzigsten und dreissigsten Jahre liegt bei begabten Menschen die eigentliche Periode der Anmaassung; es ist die Zeit der ersten Reife, mit einem starken Rest von Säuerlichkeit. Man fordert auf Grund dessen, was man in sich fühlt, von Mensen, welche Nichts oder wenig davon sehen, Ehre und Demüthigung, und rächt sich, weil diese zunächst ausbleiben, durch jenen Blick, jene Gebärde der Anmaassung, jenen Ton der Stimme, die ein feines Ohr und Auge an allen Productionen jenes Alters, seien es Gedichte, Philosophien, oder Bilder und Musik, wiedererkennt. Aeltere erfahrene Männer lächeln dazu und mit Rührung gedenken sie dieses schönen Lebensalters, in dem man böse über das Geschick ist, so viel zu sein und so wenig zu scheinen. Später scheint man wirklich mehr, – aber man hat den guten Glauben verloren, viel zu sein : man bleibe denn zeitlebens ein unverbesserlicher Narr der Eitelkeit.

600.

Trügerisch und doch haltbar. – Wie man, um an einem Abgrund vorbeizugehen oder einen tiefen Bach auf einem Balken zu überschreiten, eines Geländers bedarf, nicht um sich daran festzuhalten, – denn es würde sofort mit Einem zusammenbrechen, sondern um die Vorstellung der Sicherheit für das Auge zu erwecken, – so bedarf man als Jüngling solcher Personen, welche uns unbewusst den Dienst jenes Geländers erweisen; es ist wahr, sie würden uns nicht helfen, wenn wir uns wirklich, in grosser Gefahr, auf sie stützen wollten, aber sie geben die beruhigende Empfindung des Schutzes in der Nähe (zum Beispiel Väter, Lehrer, Freunde, wie sie, alle drei, gewöhnlich sind).

601.

Lieben lernen. – Man muss lieben lernen, gütig sein lernen, und diess von Jugend auf; wenn Erziehung und Zufall uns keine Gelegenheit zur Uebung dieser Empfindungen geben, so wird unsere Seele trocken und selbst zu einem Verständnisse jener zarten Erfindungen liebevoller Menschen ungeeignet. Ebenso muss der Hass gelernt und genährt werden, wenn Einer ein tüchtiger Hasser werden will: sonst wird auch der Keim dazu allmählich absterben.

602.

Die Ruine als Schmuck. – Solche, die viele geistige Wandlungen durchmachen, behalten einige Ansichten und Gewohnheiten früherer Zustände bei, welche dann wie ein Stück unerklärlichen Alterthums und grauen Mauerwerks in ihr neues Denken und Handeln hineinragen: oft zur Zierde der ganzen Gegend.

603.

Liebe und Ehre. – Die Liebe begehrt, die Furcht meidet. Daran liegt es, dass man nicht zugleich von derselben Person wenigstens in dem selben Zeitraume, geliebt und geehrt werden kann. Denn der Ehrende erkennt die Macht an, das heisst er fürchtet sie: sein Zustand ist Ehrfurcht. Die Liebe aber erkennt keine Macht an, Nichts was trennt, abhebt, über- und unterordnet. Weil sie nicht ehrt, so sind ehrsüchtige Menschen insgeheim oder öffentlich gegen das Geliebtwerden widerspänstig.

604.

Vorurtheil für die kalten Menschen. – Menschen, welche rasch Feuer fangen, werden schnell kalt und sind daher im Ganzen unzuverlässig. Desshalb giebt es für alle Die, welche immer kalt sind oder sich so stellen, das günstige Vorurtheil, dass es besonders vertrauenswerthe zuverlässige Menschen seien: man verwechselt sie mit Denen, welche langsam Feuer fangen und es lange festhalten.

605.

Das Gefährliche an freien Meinungen. – Das leichte Befassen mit freien Meinungen giebt einen Reiz, wie eine Art jucken; giebt man ihm mehr nach, so fängt man an, die Stellen zu reiben; bis zuletzt eine offene schmerzende Wunde entsteht, das heisst: bis die freie Meinung uns in unserer Lebensstellung, unsern menschlichen Beziehungen zu stören, zu quälen beginnt.

606.

Begierde nach tiefem Schmerz. – Die Leidenschaft lässt, wenn sie vorüber ist, eine dunkele Sehnsucht nach sich selber zurück und wirft im Verschwinden noch einen verführerischen Blick zu. Es muss doch eine Art von Lust gewährt haben, mit ihrer Geissel geschlagen worden zu sein. Die mässigeren Empfindungen erscheinen dagegen schaal; man will, wie es scheint, die heftigere Unlust immer noch lieber als die matte Lust.

607.

Unmuth über andere und die Welt. – Wenn wir, wie so häufig, unsern Unmuth an Anderen auslassen, während wir ihn eigentlich über uns empfinden, erstreben wir im Grunde eine Umnebelung und Täuschung unseres Urtheils: wir wollen diesen Unmuth a posteriori motiviren durch die Versehen, Mängel der Anderen und uns selber so aus den Augen verlieren. – Die religiös strengen Menschen, welche gegen sich selber unerbittliche Richter sind, haben zugleich am meisten Uebles der Menschheit überhaupt nachgesagt: ein Heiliger, welcher sich die Sünden und den Anderen die Tugenden vorbehält, hat nie gelebt: ebensowenig wie jener, welcher nach Buddha's Vorschrift sein Gutes vor den Leuten verbirgt und ihnen sein Böses allein sehen lässt.

608.

Ursache und Wirkung verwechselt. – Wir suchen unbewusst die Grundsätze und Lehrmeinungen, welche unserem Temperamente angemessen sind, so dass es zuletzt so aussieht, als ob die Grundsätze und Lehrmeinungen unseren Charakter geschaffen, ihm Halt und Sicherheit gegeben hätten: während es gerade umgekehrt zugegangen ist. Unser Denken und Urtheilen soll nachträglich, so scheint es, zur Ursache unseres Wesens gemacht werden: aber thatsächlich ist unser Wesen die Ursache, dass wir so und so denken und urtheilen. – Und was bestimmt uns zu dieser fast unbewussten Komödie? Die Trägheit und Bequemlichkeit und nicht am wenigsten der Wunsch der Eitelkeit, durch und durch als consistent, in Wesen und Denken einartig erfunden zu werden: denn diess erwirbt Achtung, giebt Vertrauen und Macht.

609.

Lebensalter und Wahrheit. – junge Leute lieben das Interessante und Absonderliche, gleichgültig wie wahr oder falsch es ist. Reifere Geister lieben Das an der Wahrheit, was an ihr interessant und absonderlich ist. Ausgereifte Köpfe endlich lieben die Wahrheit auch in Dem, wo sie schlicht und einfältig erscheint und dem gewöhnlichen Menschen Langeweile macht, weil sie gemerkt haben, dass die Wahrheit das Höchste an Geist, was sie besitzt, mit der Miene der Einfalt zu sagen pflegt.

610.

Die Menschen als schlechte Dichter. – So wie schlechte Dichter im zweiten Theil des Verses zum Reime den Gedanken suchen, so pflegen die Menschen in der zweiten Hälfte des Lebens, ängstlicher geworden, die Handlungen, Stellungen, Verhältnisse zu suchen, welche zu denen ihres früheren Lebens passen, so dass äusserlich Alles wohl zusammenklingt: aber ihr Leben ist nicht mehr von einem starken Gedanken beherrscht und immer wieder neu bestimmt, sondern an die Stelle desselben tritt die Absicht, einen Reim zu finden.

611.

Langeweile und Spiel. – Das Bedürfniss zwingt uns zur Arbeit, mit deren Ertrage das Bedürfniss gestillt wird; das immer neue Erwachen der Bedürfnisse gewöhnt uns an die Arbeit. In den Pausen aber, in welchen die Bedürfnisse gestillt sind und gleichsam schlafen, überfällt uns die Langeweile. Was ist diese? Es ist die Gewöhnung an Arbeit überhaupt, welche sich jetzt als neues, hinzukommendes Bedürfniss geltend macht; sie wird um so stärker sein, je stärker Jemand gewöhnt ist zu arbeiten, vielleicht sogar je stärker Jemand an Bedürfnissen gelitten hat. Um der Langeweile zu entgehen, arbeitet der Mensch entweder über das Maass seiner sonstigen Bedürfnisse hinaus oder er erfindet das Spiel, das heisst die Arbeit, welche kein anderes Bedürfniss stillen soll, als das nach Arbeit überhaupt. Wer des Spieles überdrüssig geworden ist und durch neue Bedürfnisse keinen Grund zur Arbeit hat, den überfällt mitunter das Verlangen nach einem dritten Zustand, welcher sich zum Spiel verhält, wie Schweben zum Tanzen, wie Tanzen zum Gehen, nach einer seligen, ruhigen Bewegtheit: es ist die Vision der Künstler und Philosophen von dem Glück.

612.

Lehre aus Bildern. – Betrachtet man eine Reihe Bilder von sich selber, von den Zeiten der letzten Kindheit bis zu der der Mannesreife, so findet man mit einer angenehmen Verwunderung, dass der Mann dem Kinde ähnlicher sieht, als der Mann dem Jünglinge: dass also, wahrscheinlich diesem Vorgange entsprechend, inzwischen eine zeitweilige Alienation vom Grundcharakter eingetreten ist, über welche die gesammelte, geballte Kraft des Mannes wieder Herr wurde. Dieser Wahrnehmung entspricht die andere, dass alle die starken Einwirkungen von Leidenschaften, Lehrern, politischen Ereignissen, welche in dem Jünglingsalter uns herumziehen, später wieder auf ein festes Maass zurückgeführt erscheinen: gewiss, sie leben und wirken in uns fort, aber das Grundempfinden und Grundmeinen hat doch die Uebermacht und benutzt sie wohl als Kraftquellen, nicht aber mehr als Regulatoren, wie diess wohl in den zwanziger Jahren geschieht. So erscheint auch das Denken und Empfinden des Mannes dem seines kindlichen Lebensalters wieder gemässer, – und diese innere Thatsache spricht sich in der erwähnten äusseren aus.

613.

Stimmklang der Lebensalter. – Der Ton, indem Jünglinge reden, loben, tadeln, dichten, missfällt dem Aelter gewordenen, weil er zu laut ist und zwar zugleich dumpf und undeutlich wie der Ton in einem Gewölbe, der durch die Leerheit eine solche Schallkraft bekommt; denn das Meiste, was Jünglinge denken, ist nicht aus der Fülle ihrer eigenen Natur herausgeströmt, sondern ist Anklang, Nachklang von dem, was in ihrer Nähe gedacht, geredet, gelobt, getadelt worden ist. Weil aber die Empfindungen (der Neigung und Abneigung) viel stärker, als die Gründe für jene, in ihnen nachklingen, so entsteht, wenn sie ihre Empfindung wieder laut werden lassen, jener dumpfe, hallende Ton, welcher für die Abwesenheit oder die Spärlichkeit von Gründen das Kennzeichen abgiebt. Der Ton des reiferen Alters ist streng, kurz abgebrochen, mässig laut, aber, wie alles deutlich Articulirte, sehr weit tragend. Das Alter endlich bringt häufig eine gewisse Milde und Nachsicht in den Klang und verzuckert ihn gleichsam: in manchen Fällen freilich versäuert sie ihn auch.

614.

Zurückgebliebene und vorwegnehmende Menschen. – Der unangenehme Charakter, welcher voller Misstrauen ist, alles glückliche Gelingen der Mitbewerbenden und Nächsten mit Neid fühlt, gegen abweichende Meinungen gewaltthätig und aufbrausend ist, zeigt, dass er einer früheren Stufe der Cultur zugehört, also ein Ueberbleibsel ist: denn die Art, in welcher er mit den Menschen verkehrt, war die rechte und zutreffende für die Zustände eines Faustrecht-Zeitalters; es ist ein zurückgebliebener Mensch. Ein anderer Charakter, welcher reich an Mitfreude ist, überall Freunde gewinnt, alles Wachsende und Werdende liebevoll empfindet, alle Ehren und Erfolge Anderer mitgeniesst und kein Vorrecht, das Wahre allein zu erkennen, in Anspruch nimmt, sondern voll eines bescheidenen Misstrauens ist, – das ist ein vorwegnehmender Mensch, welcher einer höheren Cultur der Menschen entgegenstrebt. Der unangenehme Charakter stammt aus den Zeiten, wo die rohen Fundamente des menschlichen Verkehrs erst zu bauen waren, der andere lebt auf deren höchsten Stockwerken, möglichst entfernt von dem wilden Thier, welches in den Kellern, unter den Fundamenten der Cultur, eingeschlossen wüthet und heult.

615.

Trost für Hypochonder. – Wenn ein großer Denker zeitweilig hypochondrischen Selbstquälereien unterworfen ist, so mag er sich zum Troste sagen: "es ist deine eigene grosse Kraft, von der dieser Parasit sich nährt und wächst; wäre sie geringer, so würdest du weniger zu leiden haben." Ebenso mag der Staatsmann sprechen, wenn Eifersucht und Rachegefühl, überhaupt die Stimmung des bellum omnium contra omnes, zu der er als Vertreter einer Nation nothwendig eine starke Begabung haben muss, sich gelegentlich auch in seine persönlichen Beziehungen eindrängt und ihm das Leben schwer macht.

616.

Der Gegenwart entfremdet. – Es hat große Vortheile, seiner Zeit sich einmal in stärkerem Maasse zu entfremden und gleichsam von ihrem Ufer zurück in den Ocean der vergangenen Weltbetrachtungen getrieben zu werden. Von dort aus nach der Küste zu blickend, überschaut man wohl zum ersten Male ihre gesammte Gestaltung und hat, wenn man sich ihr wieder nähert, den Vortheil, sie besser im Ganzen zu verstehen, als Die, welche sie nie verlassen haben.

617.

Auf persönlichen Mängeln säen und ernten. – Menschen wie Rousseau verstehen es, ihre Schwächen, Lücken, Laster gleichsam als Dünger ihres Talentes zu benutzen. Wenn jener die Verdorbenheit und Entartung der Gesellschaft als leidige Folge der Cultur beklagt, so liegt hier eine persönliche Erfahrung zu Grunde; deren Bitterkeit giebt ihm die Schärfe seiner allgemeinen Verurtheilung und vergiftet die Pfeile, mit denen er schiesst; er entlastet sich zunächst als ein Individuum und denkt ein Heilmittel zu suchen, das direct der Gesellschaft, aber indirect und vermittelst jener, auch ihm zu Nutze ist.

618.

Philosophisch gesinnt sein. – Gewöhnlich strebt man darnach, für alle Lebenslagen und Ereignisse eine Haltung des Gemüthes, eine Gattung von Ansichten zu erwerben, – das nennt man vornehmlich philosophisch gesinnt sein. Aber für die Bereicherung der Erkenntniss mag es höheren Werth haben, nicht in dieser Weise sich zu uniformiren, sondern auf die leise Stimme der verschiedenen Lebenslagen zu hören; diese bringen ihre eigenen Ansichten mit sich. So nimmt man erkennenden Antheil am Leben und Wesen Vieler, indem man sich selber nicht als starres, beständiges, Eines Individuum behandelt.

619.

Im Feuer der Verachtung. – Es ist ein neuer Schritt zum Selbständigwerden, wenn man erst Ansichten zu äussern wagt, die als schmählich für Den gelten, welcher sie hegt; da pflegen auch die Freunde und Bekannten ängstlich zu werden. Auch durch dieses Feuer muss die begabte Natur hindurch; sie gehört sich hinterdrein noch vielmehr selber an.

620.

Aufopferung. – Die grosse Aufopferung wird, im Falle der Wahl, einer kleinen Aufopferung vorgezogen: weil wir für die grosse uns durch Selbstbewunderung entschädigen, was uns bei der kleinen nicht möglich ist.

621.

Liebe als Kunstgriff. – Wer etwas Neues wirklich kennen lernen will (sei es ein Mensch, ein Ereigniss, ein Buch), der thut gut, dieses Neue mit aller möglichen Liebe aufzunehmen, von Allem, was ihm daran feindlich, anstössig, falsch vorkommt, schnell das Auge abzuwenden, ja es zu vergessen: so dass man zum

Beispiel dem Autor eines Buches den grössten Vorsprung giebt und geradezu, wie bei einem Wettrennen, mit klopfendem Herzen danach begehrt, dass er sein Ziel erreiche. Mit diesem Verfahren dringt man nähmlich der neuen Sache bis an ihr Herz, bis an ihren bewegenden Punct: und diess heisst eben sie kennen lernen. Ist man soweit, so macht der Verstand hinterdrein seine Restrictionen; jene Ueberschätzung, jenes zeitweilige Aushängen des kritischen Pendels war eben nur der Kunstgriff, die Seele einer Sache herauszulocken.

622.

Zu gut und zu schlecht von der Welt denken. – Ob man zu gut oder zu schlecht von den Dingen denkt, man hat immer den Vortheil dabei, eine höhere Lust einzuernten: denn bei einer vorgefassten zu guten Meinung legen wir gewöhnlich mehr Süssigkeit in die Dinge (Erlebnisse) hinein, als sie eigentlich enthalten. Eine vorgefasste zu schlechte Meinung verursacht eine angenehme Enttäuschung: das Angenehme, das an sich in den Dingen lag, bekommt einen Zuwachs durch das Angenehme der Ueberraschung. – Ein finsteres Temperament wird übrigens in beiden Fällen die umgekehrte Erfahrung machen.

623.

Tiefe Menschen. – Diejenigen, welche ihre Stärke in der Vertiefung der Eindrücke haben – man nennt sie gewöhnlich tiefe Menschen – sind bei allem Plötzlichen verhältnissmässig gefasst und entschlossen: denn im ersten Augenblick war der Eindruck noch flach, er wird dann erst tief. Lange vorhergesehene, erwartete Dinge oder Personen regen aber solche Naturen am meisten auf und machen sie fast unfähig, bei der endlichen Ankunft derselben noch Gegenwärtigkeit des Geistes zu haben.

624.

Verkehr mit dem höheren Selbst. – Ein jeder hat seinen guten Tag, wo er sein höheres Selbst findet; und die wahre Humanität verlangt, jemanden nur nach diesem Zustande und nicht nach den Werktagen der Unfreiheit und Knechtung zu schätzen. Man soll zum Beispiel einen Maler nach seiner höchsten Vision, die er zu sehen und darzustellen vermochte, taxiren und verehren. Aber die Menschen selber verkehren sehr verschieden mit diesem ihrem höheren Selbst und sind häufig ihre eigenen Schauspieler, insofern sie Das, was sie in jenen Augenblicken sind, später immer wieder nachmachen. Manche leben in Scheu und Demuth vor ihrem Ideale und möchten es verleugnen: sie fürchten ihr höheres Selbst, weil es, wenn es redet, anspruchsvoll redet. Dazu hat es eine geisterhafte Freiheit zu kommen und fortzubleiben wie es will; es wird desswegen häufig eine Gabe der Götter genannt, während eigentlich alles Andere Gabe der Götter (des Zufalls) ist: jenes aber ist der Mensch selber.

625.

Einsame Menschen. – Manche Menschen sind so sehr an das Alleinsein mit sich selber gewöhnt, dass sie sich gar nicht mit Anderen vergleichen, sondern in einer ruhigen, freudigen Stimmung, unter guten Gesprächen mit sich, ja mit Lachen ihr monologisches Leben fortspinnen. Bringt man sie aber dazu, sich mit Anderen zu vergleichen, so neigen sie zu einer grübelnden Unterschätzung ihrer selbst: so dass sie gezwungen werden müssen, eine gute, gerechte Meinung über sich erst von Anderen wieder zu lernen: und auch von dieser erlernten Meinung werden sie immer wieder Etwas abziehen und abhandeln wollen. – Man muss also gewissen Menschen ihr Alleinsein gönnen und nicht so albern sein, wie es häufig geschieht, sie desswegen zu bedauern.

626.

Ohne Melodie. – Es giebt Menschen, denen ein stätiges Beruhen in sich selbst und ein harmonisches Sich-zurecht-legen aller ihrer Fähigkeiten so zu eigen ist, dass ihnen jede zielesetzende Thätigkeit widerstrebt. Sie gleichen einer Musik, welche aus lauter langgezogenen harmonischen Accorden besteht, ohne dass je auch nur der Ansatz zu einer gegliederten bewegten Melodie sich zeigte. Alle Bewegung von Aussen her dient nur, dem Kahne sofort wieder sein neues Gleichgewicht auf dem See harmonischen Wohlklangs zu geben. Moderne Menschen werden gewöhnlich auf's Aeusserste ungeduldig, wenn sie solchen Naturen begegnen, aus denen Nichts wird, ohne dass man ihnen sagen dürfte, dass sie Nichts sind. Aber in einzelnen Stimmungen erregt ihr Anblick jene ungewöhnliche Frage: wozu überhaupt Melodie? Warum genügt es uns nicht, wenn das Leben sich ruhevoll in einem tiefen See spiegelt? – Das Mittelalter war reicher an solchen Naturen als unsere Zeit. Wie selten trifft man noch auf einen, der so recht friedlich und froh mit sich auch im Gedränge fortleben kann, zu sich redend wie Goethe: "das Beste ist die tiefe Stille, in der ich gegen die Welt lebe und wachse, und gewinne, was sie mir mit Feuer und Schwert nicht nehmen können."

627.

Leben und Erleben. – Sieht man zu, wie Einzelne mit ihren Erlebnissen – ihren unbedeutenden alltäglichen Erlebnissen – umzugehen wissen, so dass diese zu einem Ackerland werden, das dreimal des Jahres Frucht trägt; während Andere – und wie Viele! – durch den Wogenschlag der aufregendsten Schicksale, der mannigfaltigsten Zeit- und Volksströmungen hindurchgetrieben werden und doch immer leicht, immer obenauf, wie Kork, bleiben: so ist man endlich versucht, die Menschheit in eine Minorität (Minimalität) Solcher einzutheilen, welche aus Wenigem Viel zu machen verstehen: und in eine Majorität Derer, welche aus Vielem Wenig zu machen verstehen; ja man trifft auf jene umgekehrten Hexenmeister, welche, anstatt die Welt aus Nichts, aus der Welt ein Nichts schaffen.

628.

Ernst im Spiele. – In Genua hörte ich zur Zeit der Abenddämmerung von einem Thurme her ein langes Glockenspiel: das wollte nicht enden und klang, wie unersättlich an sich selber, über das Geräusch der Gassen in den Abendhimmel und die Meerluft hinaus, so schauerlich, so kindisch zugleich, so wehmuthsvoll. Da gedachte ich der Worte Plato's und fühlte sie auf einmal im Herzen: alles Menschliche insgesammt ist des grossen Ernstes nicht werth; trotzdem--

629.

Von der Ueberzeugung und der Gerechtigkeit. – Das, was der Mensch in der Leidenschaft sagt, verspricht, beschliesst, nachher in Kälte und Nüchternheit zu vertreten – diese Forderung gehört zu den schwersten Lasten, welche die Menschheit drücken. Die Folgen des Zornes, der aufflammenden Rache, der begeisterten Hingebung in alle Zukunft hin anerkennen zu müssen – das kann zu einer um so grösseren Erbitterung gegen diese Empfindungen reizen, je mehr gerade mit ihnen allerwärts und namentlich von den Künstlern ein Götzendienst getrieben wird. Diese züchten die Schätzung der Leidenschaften gross und haben es immer gethan; freilich verherrlichen sie auch die furchtbaren Genugthuungen der Leidenschaft, welche Einer an sich selber nimmt, jene Racheausbrüche mit Tod, Verstümmelung, freiwilliger Verbannung im Gefolge, und jene Resignation des zerbrochnen Herzens. Jedenfalls: halten sie die Neugierde nach den Leidenschaften wach, es ist, als ob sie sagen wollten: ihr habt ohne Leidenschaften gar Nichts erlebt. – Weil man Treue geschworen, vielleicht gar einem rein fingirten Wesen, wie einem Gotte, weil man sein Herz hingegeben hat, einem Fürsten, einer Partei, einem Weibe, einem priesterlichen Orden, einem Künstler, einem Denker, im Zustande eines verblendeten Wahnes, welcher Entzückung über uns legte und jene Wesen als jeder Verehrung, jedes Opfers würdig erscheinen liess – ist man nun unentrinnbar fest gebunden? Ja haben wir uns denn damals nicht selbst betrogen? War es nicht ein hypothetisches Versprechen, unter der freilich nicht laut gewordenen Voraussetzung, dass jene Wesen, denen wir uns weihten wirklich die Wesen sind, als welche sie in unserer Vorstellung erschienen? Sind wir verpflichtet, unsern Irrthümern treu zu sein, selbst mit der Einsicht, dass wir durch diese Treue an unserem höheren Selbst Schaden stiften? – Nein, es giebt kein Gesetz, keine Verpflichtung der Art, wir müssen Verräther werden, Untreue üben, unsere Ideale immer wieder preisgeben. Aus einer Periode des Lebens in die andere schreiten wir nicht, ohne diese Schmerzen des Verrathes zu machen und auch daran wieder zu leiden. Wäre es nöthig, dass wir uns, um diesen Schmerzen zu entgehen, vor den Aufwallungen unserer Empfindung hüten müssten? Würde dann die Welt nicht zu öde, zu gespenstisch für uns werden? Vielmehr wollen wir uns fragen, ob diese Schmerzen bei einem Wechsel der Ueberzeugung nothwendig sind oder ob sie nicht von einer irrthümlichen Meinung und Schätzung abhängen. Warum bewundert man Den, welcher seiner Ueberzeugung treu bleibt, und verachtet Den, welcher sie wechselt? Ich fürchte, die Antwort muss sein: weil Jedermann voraussetzt, dass nur Motive gemeineren Vortheils oder persönlicher Angst einen solchen Wechsel veranlassen. Das heisst: man glaubt im Grunde, dass Niemand seine Meinungen verändert, so lange sie ihm vortheilhaft sind, oder wenigstens so lange sie ihm keinen Schaden bringen. Steht es aber so, so liegt darin ein schlimmes Zeugniss über die intellectuelle Bedeutung aller Ueberzeugungen. Prüfen wir einmal, wie Ueberzeugungen entstehen, und sehen wir zu, ob sie nicht bei Weitem überschätzt werden: dabei wird sich ergeben, dass auch der Wechsel von Ueberzeugungen unter allen Umständen nach falschem Maasse bemessen wird und dass wir bisher zu viel an diesem Wechsel zu leiden pflegten.

630.

Ueberzeugung ist der Glaube, in irgend einem Puncte der Erkenntniss im Besitze der unbedingten Wahrheit zu sein. Dieser Glaube setzt also voraus, dass es unbedingte Wahrheiten gebe; ebenfalls, dass jene vollkommenen Methoden gefunden seien, um zu ihnen zu gelangen; endlich, dass jeder, der Ueberzeugungen habe, sich dieser vollkommenen Methoden bediene. Alle drei Aufstellungen beweisen sofort, dass der Mensch der Ueberzeugungen nicht der Mensch des wissenschaftlichen Denkens ist; er steht im Alter der theoretischen Unschuld vor uns und ist ein Kind, wie erwachsen er auch sonst sein möge. Ganze Jahrtausende aber haben in jenen kindlichen Voraussetzungen gelebt und aus ihnen sind die mächtigsten Kraftquellen der Menschheit herausgeströmt. jene zahllosen Menschen, welche sich für ihre Ueberzeugungen opferten, meinten es für die unbedingte Wahrheit zu thun. Sie alle hatten Unrecht darin: wahrscheinlich hat noch nie ein Mensch sich für die Wahrheit geopfert; mindestens wird der dogmatische Ausdruck seines Glaubens unwissenschaftlich oder halbwissenschaftlich gewesen sein. Aber eigentlich wollte man Recht behalten, weil man meinte, Recht haben zu müssen. Seinen Glauben sich entreissen lassen, das bedeutete vielleicht seine ewige Seligkeit in Frage stellen. Bei einer Angelegenheit von dieser äussersten Wichtigkeit war der "Wille" gar zu hörbar der Souffleur des Intellects. Die Voraussetzung jedes Gläubigen jeder Richtung war, nicht widerlegt werden zu können; erwiesen sich die Gegengründe als sehr stark, so blieb ihm immer noch übrig, die Vernunft überhaupt zu verlästern und vielleicht gar das "credo quia absurdum est" als Fahne des äussersten Fanatismus aufzupflanzen. Es ist nicht der Kampf der Meinungen, welcher die Geschichte so gewaltthätig gemacht hat, sondern der Kampf des Glaubens an die Meinungen, das heisst der Ueberzeugungen. Wenn doch alle Die, welche so gross von ihrer Ueberzeugung dachten, Opfer aller Art ihr brachten und Ehre, Leib und Leben in ihrem Dienste nicht schonten, nur die Hälfte ihrer Kraft der Untersuchung gewidmet hätten, mit welchem Rechte sie an dieser oder jener Ueberzeugung hiengen, auf welchem Wege sie zu ihr gekommen seien: wie friedfertig sähe die Geschichte der Menschheit aus! Wieviel mehr des Erkannten würde es geben! Alle die grausamen Scenen bei der Verfolgung der Ketzer jeder Art wären uns aus zwei Gründen erspart geblieben: einmal weil die Inquisitoren vor Allem in sich selbst inquirirt hätten und über die Anmaassung, die unbedingte Wahrheit zu vertheidigen, hinausgekommen wären; sodann weil die Ketzer selber so schlecht begründeten Sätzen, wie die Sätze aller religiösen Sectirer und "Rechtgläubigen" sind, keine weitere Theilnahme geschenkt haben würden, nachdem sie dieselben untersucht hätten.

631.

Aus den Zeiten her, in welchen Menschen daran gewöhnt waren, an den Besitz der unbedingten Wahrheit zu glauben, stammt ein tiefes Missbehagen an allen skeptischen und relativistischen Stellungen zu irgendwelchen Fragen der Erkenntniss; man zieht meistens vor, sich einer Ueberzeugung, welche Personen von Autorität haben (Väter, Freunde, Lehrer, Fürsten), auf Gnade oder Ungnade zu ergeben, und hat, wenn man diess nicht thut, eine Art von Gewissensbissen. Dieser Hang ist ganz begreiflich und seine Folgen geben kein Recht zu heftigen Vorwürfen gegen die Entwickelung der menschlichen Vernunft. Allmählich muss aber der wissenschaftliche Geist im Menschen jene Tugend der vorsichtigen Enthaltung zeitigen, jene weise Mässigung, welche im Gebiet des praktischen Lebens bekannter ist, als im Gebiet des theoretischen Lebens, und welche zum Beispiel Goethe im Antonio dargestellt hat, als einen Gegenstand der Erbitterung für alle Tasso's, das heisst für die unwissenschaftlichen und zugleich thatlosen Naturen. Der Mensch der Ueberzeugung hat in sich ein Recht, jenen Menschen des vorsichtigen Denkens) den theoretischen Antonio nicht zu begreifen; der wissenschaftliche Mensch hinwiederum hat kein Recht, jenen desshalb zu tadeln, er übersieht ihn und weiss ausserdem, im bestimmten Falle, dass jener sich an ihn noch anklammern wird, so wie es Tasso zuletzt mit Antonio thut.

632.

Wer nicht durch verschiedene Ueberzeugungen hindurchgegangen ist, sondern in dem Glauben hängen bleibt, in dessen Netz er sich zuerst verfieng, ist unter allen Umständen eben wegen dieser Unwandelbarkeit ein Vertreter zurückgebliebener Culturen; er ist gemäss diesem Mangel an Bildung (welche immer Bildbarkeit voraussetzt) hart, unverständig, unbelehrbar, ohne Milde, ein ewiger Verdächtiger, ein Unbedenklicher, der zu allen Mitteln greift, seine Meinung durchzusetzen, weil er gar nicht begreifen kann, dass es andere Meinungen geben müsse; er ist, in solchem Betracht, vielleicht eine Kraftquelle und in allzu frei und schlaff gewordenen Culturen sogar heilsam, aber doch nur, weil er kräftig anreizt, ihm Widerpart zu halten: denn dabei wird das zartere Gebilde der neuen Cultur, welche zum Kampf mit ihm gezwungen ist, selber stark.

633.

Wir sind im Wesentlichen noch dieselben Menschen, wie die des Zeitalters der Reformation: wie sollte es auch anders sein? Aber dass wir uns einige Mittel nicht mehr erlauben, um mit ihnen unsrer Meinung zum Siege zu verhelfen, das hebt uns gegen jene Zeit ab und beweist, dass wir einer höhern Cultur angehören. Wer jetzt noch, in der Art der Reformations-Menschen, Meinungen mit Verdächtigungen, mit Wuthausbrüchen bekämpft und niederwirft, verräth deutlich, dass er seine Gegner verbrannt haben würde, falls er in anderen Zeiten gelebt hätte, und dass er zu allen Mitteln der Inquisition seine Zuflucht genommen haben würde, wenn er als Gegner der Reformation gelebt hätte. Diese Inquisition war damals vernünftig, denn sie bedeutete nichts Anderes, als den allgemeinen Belagerungszustand, welcher über den ganzen Bereich der Kirche verhängt werden musste, und der, wie jeder Belagerungszustand, zu den äussersten Mitteln berechtigte, unter der Voraussetzung nämlich (welche wir jetzt nicht mehr mit jenen Menschen theilen), dass man die Wahrheit, in der Kirche, habe, und um jeden Preis mit jedem Opfer zum Heile der Menschheit bewahren müsse. Jetzt aber giebt man Niemandem so leicht mehr zu, dass er die Wahrheit habe: die strengen Methoden der Forschung haben genug Misstrauen und Vorsicht verbreitet, so dass Jeder, welcher gewaltthätig in Wort und Werk Meinungen vertritt, als ein Feind unserer jetzigen Cultur, mindestens als ein zurückgebliebener empfunden wird. In der That: das Pathos, dass man die Wahrheit habe, gilt jetzt sehr wenig im Verhältniss zu jenem freilich milderen und klanglosen Pathos des Wahrheit-Suchens, welches nicht müde wird, umzulernen und neu zu prüfen.

634.

Uebrigens ist das methodische Suchen der Wahrheit selber das Resultat jener Zeiten, in denen die Ueberzeugungen mit einander in Fehde lagen. Wenn nicht dem Einzelnen an seiner "Wahrheit", das heisst an seinem Rechtbehalten gelegen hätte, so gebe es überhaupt keine Methode der Forschung; so aber, bei dem ewigen Kampfe der Ansprüche verschiedener Einzelner auf unbedingte Wahrheit, gieng man Schritt vor Schritt weiter, um unumstössliche Prinzipien zu finden, nach denen das Recht der Ansprüche geprüft und der Streit geschlichtet werden könne. Zuerst entschied man nach Autoritäten, später, kritisirte man sich gegenseitig die Wege und Mittel, mit denen die angebliche Wahrheit gefunden worden war; dazwischen gab es eine Periode, wo man die Consequenzen des gegnerischen Satzes zog und vielleicht sie als schädlich und unglücklich machend erfand: woraus dann sich für Jedermanns Urtheil ergeben sollte, dass die Ueberzeugung des Gegners einen Irrthum enthalte. Der persönliche Kampf der Denker hat schliesslich die Methoden so verschärft, dass wirklich Wahrheiten entdeckt werden konnten und dass die Irrgänge früherer Methoden vor Jedermanns Blicken blosgelegt sind.

635.

Im Ganzen sind die wissenschaftlichen Methoden mindestens ein ebenso wichtiges Ergebniss der Forschung als irgend ein sonstiges Resultat: denn auf der Einsicht in die Methode beruht der wissenschaftliche Geist, und alle Resultate der Wissenschaft könnten, wenn jene Methoden verloren giengen, ein erneutes Ueberhandnehmen des Aberglaubens und des Unsinns nicht verhindern. Es mögen geistreiche Leute von den Ergebnissen der Wissenschaft lernen so viel sie wollen: man merkt es immer noch ihrem Gespräche und namentlich den Hypothesen in demselben an, dass ihnen der wissenschaftliche Geist fehlt: sie haben nicht jenes instinctive Misstrauen gegen die Abwege des Denkens, welches in der Seele jedes wissenschaftlichen Menschen in Folge langer Uebung seine Wurzeln eingeschlagen hat. Ihnen genügt es, über eine Sache überhaupt irgendeine Hypothese zu finden, dann sind sie Feuer und Flamme für dieselbe und meinen, damit sei es gethan. Eine Meinung haben heisst bei ihnen schon: dafür sich fanatisiren und sie als Ueberzeugung fürderhin sich an's Herz legen. Sie erhitzen sich bei einer unerklärten Sache für den ersten Einfall ihres Kopfes, der einer Erklärung derselben ähnlich sieht: woraus sich, namentlich auf dem Gebiete der Politik, fortwährend die schlimmsten Folgen ergeben. – Desshalb sollte jetzt Jedermann mindestens eine Wissenschaft von Grund aus kennen gelernt haben: dann weiss er doch, was Methode heisst und wie nöthig die äusserste Besonnenheit ist. Namentlich ist den Frauen dieser Rath zu geben; als welche jetzt rettungslos die Opfer aller Hypothesen sind, zumal wenn diese den Eindruck des Geistreichen, Hinreissenden, Belebenden, Kräftigenden machen. Ja bei genauerem Zusehen bemerkt man, dass der allergrösste Theil aller Gebildeten noch jetzt von einem Denker Ueberzeugungen und Nichts als Ueberzeugungen begehrt, und dass allein eine geringe Minderheit Gewissheit will. Jene wollen stark fortgerissen werden, um dadurch selber einen Kraftzuwachs zu erlangen; diese Wenigen haben jenes sachliche Interesse, welches von persönlichen Vortheilen, auch von dem des erwähnten Kraftzuwachses absieht. Auf jene bei Weitem überwiegende Classe wird überall dort gerechnet, wo der Denker sich als Genie benimmt und bezeichnet, also wie ein höheres Wesen drein schaut, welchem Autorität zukommt. Insofern das Genie jener Art die Glut der Ueberzeugungen unterhält und Misstrauen gegen den vorsichtigen und bescheidenen Sinn der Wissenschaft weckt, ist es ein Feind der Wahrheit und wenn es sich auch noch so sehr als deren Freier glauben sollte.

636.

Es giebt freilich auch eine ganz andere Gattung der Genialität, die der Gerechtigkeit; und ich kann mich durchaus nicht entschliessen, dieselbe niedriger zu schätzen, als irgend eine philosophische, politische oder künstlerische Genialität. Ihre Art ist es, mit herzlichem Unwillen Allem aus dem Wege zu gehen, was das Urtheil über die Dinge blendet und verwirrt; sie ist folglich eine Gegnerin der Ueberzeugungen, denn sie will Jedem, sei es ein Belebtes oder Todtes, Wirkliches oder Gedachtes, das Seine geben – und dazu muss sie es rein erkennen; sie stellt daher jedes Ding in das beste Licht und geht um dasselbe mit sorgsamem Auge herum. Zuletzt wird sie selbst ihrer Gegnerin, der blinden oder kurzsichtigen "Ueberzeugung" (wie Männer sie nennen: – bei Weibern heisst sie "Glaube") geben was der Ueberzeugung ist – um der Wahrheit willen.

637.

Aus den Leidenschaften wachsen die Meinungen; die Trägheit des Geistes lässt diese zu Ueberzeugungen erstarren. – Wer sich aber freien, rastlos lebendigen Geistes fühlt, kann durch beständigen Wechsel diese Erstarrung verhindern; und ist er gar insgesammt ein denkender Schneeballen, so wird er überhaupt nicht Meinungen, sondern nur Gewissheiten und genau bemessene Wahrscheinlichkeiten in seinem Kopfe haben. – Aber wir, die wir gemischten Wesens sind und bald vom Feuer durchglüht, bald vom Geiste durchkältet sind, wollen vor der Gerechtigkeit knieen, als der einzigen Göttin, welche wir über uns anerkennen. Das Feuer in uns macht uns für gewöhnlich ungerecht und, im Sinne jener Göttin, unrein; nie dürfen wir in diesem Zustande ihre Hand fassen, nie liegt dann das ernste Lächeln ihres Wohlgefallens auf uns. Wir verehren sie als die verhüllte Isis unsers Lebens; beschämt bringen wir ihr unsern Schmerz als Busse und Opfer dar, wenn das Feuer uns brennt und verzehren will. Der Geist ist es, der uns rettet, dass wir nicht ganz verglühen und verkohlen; er reisst uns hier und da fort von dem Opferaltare der Gerechtigkeit oder hüllt uns in ein Gespinnst aus Asbest. Vom Feuer erlöst, schreiten wir dann, durch den Geist getrieben von Meinung zu Meinung, durch den Wechsel der Parteien, als edle

Verräther aller Dinge, die überhaupt verrathen werden können – und dennoch ohne ein Gefühl von Schuld.

638.

Der Wanderer. – Wer nur einigermaassen zur Freiheit der Vernunft gekommen ist, kann sich auf Erden nicht anders fühlen, denn als Wanderer, – wenn auch nicht als Reisender nach einem letzten Ziele: denn dieses giebt es nicht. Wohl aber will er zusehen und die Augen dafür offen haben, was Alles in der Welt eigentlich vorgeht; desshalb darf er sein Herz nicht allzufest an alles Einzelne anhängen; es muss in ihm selber etwas Wanderndes sein, das seine Freude an dem Wechsel und der Vergänglichkeit habe. Freilich werden einem solchen Menschen böse Nächte kommen, wo er müde ist und das Thor der Stadt, welche ihm Rast bieten sollte, verschlossen findet; vielleicht, dass noch dazu, wie im Orient, die Wüste bis an das Thor reicht, dass die Raubthiere bald ferner bald näher her heulen, dass ein starker Wind sich erhebt, dass Räuber ihm seine Zugthiere wegführen. Dann sinkt für ihn wohl die schreckliche Nacht wie eine zweite Wüste auf die Wüste, und sein Herz wird des Wanderns müde. Geht ihm dann die Morgensonne auf, glühend wie eine Gottheit des Zornes, öffnet sich die Stadt, so sieht er in den Gesichtern der hier Hausenden vielleicht noch mehr Wüste, Schmutz, Trug, Unsicherheit, als vor den Thoren – und der Tag ist fast schlimmer, als die Nacht. So mag es wohl einmal dem Wanderer ergehen; aber dann kommen, als Entgelt, die wonnevollen Morgen anderer Gegenden und Tage, wo er schon im Grauen des Lichtes die Musenschwärme im Nebel des Gebirges nahe an sich vorübertanzen sieht, wo ihm nachher, wenn er still, in dem Gleichmaass der Vormittagsseele, unter Bäumen sich ergeht, aus deren Wipfeln und Laubverstecken heraus lauter gute und helle Dinge zugeworfen werden, die Geschenke aller jener freien Geister, die in Berg, Wald und Einsamkeit zu Hause sind und welche, gleich ihm, in ihrer bald fröhlichen bald nachdenklichen Weise, Wanderer und Philosophen sind. Geboren aus den Geheimnissen der Frühe, sinnen sie darüber nach, wie der Tag zwischen dem zehnten und zwölften Glockenschlage ein so reines, durchleuchtetes, verklärt-heiteres Gesicht haben könne: – sie suchen die Philosophie des Vormittages.

Unter Freunden

Ein Nachspiel

1.

Schön ist's, mit einander schweigen,
Schöner, mit einander lachen, –
Unter seidenem Himmels-Tuche
Hingelehnt zu Moos und Buche
Lieblich laut mit Freunden lachen
Und sich weisse Zähne zeigen.
Macht' ich's gut, so woll'n wir schweigen;
Macht' ich's schlimm –, so woll'n wir lachen
Und es immer schlimmer machen, Schlimmer machen,
schlimmer lachen, Bis wir in die Grube steigen.
Freunde! ja! So soll's geschehn? –
Amen! Und auf Wiedersehn!

2.

Kein Entschuld'gen! Kein Verzeihen!
Gönnt ihr Frohen, Herzens-Freien
Diesem unvernünft'gen Buche
Ohr und Herz und Unterkunft!
Glaubt mir, Freunde, nicht zum Fluche
Ward mir meine Unvernunft!
Was ich finde, was ich suche –
Stand das je in einem Buche?
Ehrt in mir die Narren-Zunft!
Lernt aus diesem Narrenbuche,
Wie Vernunft kommt – "zur Vernunft"!
Also, Freunde, soll's geschehn? –
Amen! Und auf Wiedersehn!